RENATE OHR

Budgetpolitik in offenen Volkswirtschaften

Volkswirtschaftliche Schriften

Begründet von Prof. Dr. Dr. h. c. J. Broermann

Heft 374

Budgetpolitik in offenen Volkswirtschaften

Eine modelltheoretische Analyse ihrer binnen- und außenwirtschaftlichen Wirkungen

Von

Prof. Dr. Renate Ohr

Vincit Veritas D&H

DUNCKER & HUMBLOT / BERLIN

CIP-Kurztitelaufnahme der Deutschen Bibliothek

Ohr, Renate:

Budgetpolitik in offenen Volkswirtschaften : e. modelltheoret. Analyse ihrer binnen- u. außenwirtschaftl. Wirkungen / von Renate Ohr. — Berlin : Duncker u. Humblot, 1987.
(Volkswirtschaftliche Schriften ; H. 374)
ISBN 3-428-06254-X

NE: GT

Satz: Hermann Hagedorn GmbH & Co, Berlin 46
Druck: Berliner Buchdruckerei Union GmbH, Berlin 61
Printed in Germany

ISBN 3-428-06254-X

Inhaltsverzeichnis

Erstes Kapitel

Einführung

Zweites Kapitel

Drittes Kapitel

Fiskalpolitik in Modellen offener Volkswirtschaften

Viertes Kapitel

Strom-Bestands-Analyse staatlicher Budgetpolitik in einer offenen Volkswirtschaft

Verzeichnis der Übersichten, Tabellen und Abbildungen

Symbolverzeichnis

A = Bestand an Arbeitskräften
A^{pr} = in der Privatwirtschaft eingesetzte Arbeitskräfte
A^{st} = vom Staat beschäftigte Arbeitskräfte
AL = Anzahl der Arbeitslosen
B = Bestand (Anzahl) an inländischen Staatspapieren, bzw. deren nominellen Dividenden
B^d = Nachfrage nach inländischen Staatspapieren
B^f = Bestand (Anzahl) inländischer Staatspapiere in ausländischer Hand
b, b_0, b_1, b_2, b_3 = Koeffizienten der inländischen Nachfrage nach inländischen Wertpapieren
C = realer privater inländischer Konsum
c_0, c_1, c_2 = Koeffizienten der Konsumnachfrage
$d\hat{e}$ = erwartete Wechselkursänderungsrate
e = Wechselkurs: Anzahl inländischer Währungseinheiten pro 1 ausländische Währungseinheit
e^e = für die Folgeperiode erwarteter Wechselkurs
$\tilde{e}$ = steady state-Wechselkurs
EQ = Anzahl inländischer privater Wertpapiere
Ex = realer Export
ex_0, ex_1, ex_2, ex_3 = Koeffizienten der Exportnachfrage
F = Bestand (Anzahl) ausländischer Wertpapiere in inländischer Hand, bzw. deren Dividenden (in ausländischer Währung gemessen)
F^d = inländische Nachfrage nach ausländischen Wertpapieren
f, f_0, f_3 = Koeffizienten der inländischen Nachfrage nach ausländischen Wertpapieren
f^*, f_0^*, f_3^* = Koeffizienten der ausländischen Nachfrage nach inländischen Wertpapieren
G = Staatsnachfrage
G^c = staatlicher Konsum
G^I = reale staatliche unproduktive Investitionen
I^{pr} = reale private Investitionen
I^{st} = reale staatliche Investitionen in den produktiven Kapitalstock
Im = reale Importe

im_0, im_1, im_2, im_3	= Koeffizienten der Importnachfrage
K^{pr}	= privater Realkapitalstock
K^{st}	= staatlicher Realkapitalstock
K^g	= gewünschter privater Realkapitalbestand
Kim	= Kapitalimporte
Kex	= Kapitalexporte
k_0, k_1, k_2	= Koeffizienten des gewünschten Kapitalbestands
LBS	= Leistungsbilanzsaldo
M	= nominale Geldmenge
M^d	= nominale Geldnachfrage
m, m_0, m_1, m_2	= Koeffizienten der Geldnachfrage
P	= inländisches Herstellerpreisniveau
P^V	= Verbraucherpreisniveau
P^{Ve}	= erwartetes Verbraucherpreisniveau
$\tilde{P}^V$	= steady state-Verbraucherpreisniveau
π	= Inflationsrate
Q, Q^s	= reale Produktion des privaten Sektors
Q^d	= reale Nachfrage nach inländischer Produktion
q_0, q_1	= Koeffizienten der privaten Arbeitsnachfrage
R	= internationale Renditedifferenz
r	= inländischer Zinssatz
S	= Staatsbudgetsaldo
s	= Beschäftigungssubvention
T	= Gesamtsteuerbetrag
T^{dir}	= Gesamtbetrag der direkten Steuern
T^{ind}	= Gesamtbetrag der indirekten Steuern
t, t_0, t^{dir}	= Koeffizienten der direkten Steuerfunktion
t^{ind}	= indirekter Steuersatz
Tr^H	= Transfers an private Haushalte
Tr^U	= Transfers an Unternehmen
tot	= Terms of Trade
V	= Nettoauslandsvermögen
v	= Anteil der Nettoauslandsverschuldung an der Neuverschuldung des Staates
W	= inländisches Vermögen
WP	= Bestand (Anzahl) an inländischen (privaten und staatlichen) Wertpapieren
WP^1	= Bestand (Anzahl) an inländischen Wertpapieren in inländischer Hand
WP^2	= Bestand (Anzahl) an inländischen Wertpapieren in ausländischer Hand

w	= Lohnsatz
w^g	= gewünschter Lohnsatz
w^s	= Sozialhilfesatz für Arbeitslose
w_0, w_1, w_2	= Koeffizienten des Lohnbildungsprozesses
Y	= Nominaleinkommen
Y^r	= Realeinkommen
Y^v	= verfügbares Nominaleinkommen der privaten Haushalte
Y^{rv}	= reales verfügbares Einkommen der privaten Haushalte
$\alpha_0, \alpha_1, \alpha_2$	= Produktionselastizitäten
β	= Anteil der Inlandsgüter am heimischen Verbrauch
γ	= Koeffizient der semi-rationalen Erwartungen
ε	= Vektor der exogenen Einflußgrößen
κ	= Niveauelastizität der Produktionsfunktion
λ	= Koeffizient der adaptiven Wechselkurserwartungshypothese
η	= Preiselastizität des Angebots
ϕ	= Lohnbildungskoeffizient
σ	= zeitlicher Lohnanpassungskoeffizient
X_u	= $\Delta X/\Delta U$: partielle Ableitung einer endogenen Variablen X nach einer im Index stehenden Variablen U
Index N	= Variable des nontradable-Sektors
Index T	= Variable des tradable-Sektors
Index t	= Variable der laufenden Periode
„d"	= mit „d" versehene Variablen sind Nachfragegrößen
„s"	= mit „s" versehene Variablen sind Angebotsgrößen
„*"	= mit einem * versehene Größen kennzeichnen Auslandsvariablen
Δ	= absolute Veränderung der folgenden Variablen

Erstes Kapitel

Einführung

1.1 Problemstellung

Die anhaltende Diskussion der Notwendigkeit und der Gefahren der Staatsverschuldung, verbunden mit der Auseinandersetzung um eine Begrenzung der Staatsquote und der Frage nach der Effektivität fiskalpolitischer Stabilisierungsmaßnahmen erfolgt überwiegend unter den Rahmenbedingungen einer geschlossenen Volkswirtschaft. Die besonderen Aspekte, die sich ergeben, wenn ein Land über die Güter-, Faktor- und Finanzmärkte durch eine Vielfalt von Handels- und Kapitaltransaktionen mit anderen Ländern verflochten ist, bleiben dabei weitgehend außer Betracht[1]. Diese — zumeist zu kurz gekommenen — internationalen Aspekte der staatlichen Ausgaben- und Budgetpolitik bedürfen jedoch näherer Erforschung, da sie gerade für eine „kleine offene Volkswirtschaft" mit hohen außenwirtschaftlichen Verflechtungen wie der Bundesrepublik Deutschland von großer Bedeutung sein können.

Es erscheint für die Bearbeitung dieses Problemfeldes zweckmäßig, die Argumentation, die sich im Rahmen geschlossener Volkswirtschaften bewegt, aufzugreifen und zu prüfen, welche zusätzlichen, differenzierteren und variierten Gesichtspunkte sich durch die Einbeziehung der internationalen Wirtschaftsbeziehungen ergeben. Auf der anderen Seite sind die vorhandenen makroökonomischen Untersuchungen zur „Fiskalpolitik in offenen Volkswirtschaften" um budgetpolitische Differentialwirkungen zu erweitern, da sie sich zumeist auf sehr restriktive Annahmen zur Budgetgestaltung stützen und dabei z. B. die Bedeutung des Unterschiedes zwischen konsumtiven, produktiven und verteilungswirksamen öffentlichen Ausgaben vernachlässigen bzw. auf der Einnahmenseite nicht zwischen direkten und indirekten Steuern unterscheiden.

Voraussetzung für die Verfolgung der genannten Ansatzpunkte ist eine konsistente Analyse staatlicher Ausgaben- und Budgetgestaltung und der Zahlungsbilanz- und Wechselkursentwicklung sowie deren gemeinsame Aus-

---

[1] Diese Aussage betrifft vor allem die beiden Problemkreise der Staatsverschuldung und der Staatsquote; zur stabilisierungspolitischen Effizienz der Fiskalpolitik gibt es dagegen schon eine Reihe von Analysen im Rahmen offener Volkswirtschaften, die allerdings in einem budgetpolitisch differenzierten Kontext an allgemeingültiger Aussagefähigkeit verlieren. Vgl. u. a. Fleming (1962), Mundell (1968), Scarth (1977), McKinnon (1976), Turnovsky/Kingston (1977), Prachowny (1977), Boyer (1978), Kenen (1978); als Überblicksartikel Frenkel/Mussa (1981).

wirkungen auf andere gesamtwirtschaftliche Größen unter den verschiedensten wirtschaftspolitischen Konstellationen.

Folgende Fragestellungen erscheinen in diesem Zusammenhang interessant:

— Welche Bedeutung hat die Einnahmen- und Ausgaben*struktur* für die Beurteilung einer Ausdehnung der Staatsquote in einer offenen Volkswirtschaft?
— Wie wirkt sich eine Veränderung der Budgetstruktur bei unverändertem Staatsanteil auf die außenwirtschaftliche Situation und — dies einbeziehend — auf die anderen gesamtwirtschaftlichen Zielgrößen aus?
— Welche ökonomischen Aspekte ergeben sich bei Finanzierung eines Staatsdefizits durch direkte Auslandsverschuldung?
— Lassen sich eindeutige Beziehungen zwischen Staatsbudget-, Leistungsbilanz- und Wechselkursentwicklung ableiten?

Die vorliegende Arbeit will sich der Beantwortung dieses Fragenkomplexes zuwenden, indem auf der Grundlage vielfach bekannter Thesen zur Staatsverschuldung, Staatsquote und Effizienz der Fiskalpolitik weitergehende Schlußfolgerungen vor dem speziellen Hintergrund einer hohen außenwirtschaftlichen Verflechtung entwickelt werden. Von besonderer Bedeutung wird dabei die Einbeziehung einer differenzierten Betrachtung der *Struktur* öffentlicher Einnahmen und Ausgaben sein. Als Finanzierungsalternativen staatlicher Ausgabenprogramme werden allerdings nur Steuerfinanzierung und Verschuldung im privaten Sektor betrachtet — eine Verschuldung bei der Notenbank und die damit verbundene Diskussion über geld- versus bondfinanzierte Fiskalpolitik wird hier ausgeklammert[2].

Als Analyseinstrument dient ein monetäres Makromodell postkeynesianischer, tobinscher Art[3], das mit Hilfe von Computersimulationen die Anpassungsprozesse der gesamtwirtschaftlichen Zielgrößen nach Veränderungen des staatlichen Ausgaben- und/oder Finanzierungsgebarens abbildet. Der Vorteil von dynamischen Simulationen, den Zeitraum der Anpassung zwischen Gleichgewichtszuständen vor und nach einer „Störung" darstellen zu können, beinhaltet hier u. a. die Möglichkeit, zu analysieren, inwieweit staatliche Nachfragepolitik als kurzfristiges stabilisierungspolitisches Instrument geeignet ist.

Der Betrachtung liegt ein Währungssystem flexibler Wechselkurse zugrunde, da insbesondere auch die Bedingungen für das Entstehen und die Auswirkungen von Wechselkursfluktuationen im Zusammenhang mit staatlichen budgetpolitischen Maßnahmen von Interesse sind.

Die Vorgehensweise gliedert sich in folgende Schritte: Nach einem knappen Einstieg in die historische Entwicklung der Diskussion um Staatsanteil und

---

[2] Vgl. hierzu u. a. Blinder/Solow (1973), Ando (1974), Buiter (1977), Cohen/McMenamin (1980), Anderson/Sheldon (1982), Shah (1984).

[3] Die Abgrenzung des Modelltypus erfolgt in Anlehnung an Felderer/Homburg (1984), S. 97ff.

Staatsverschuldung folgt im zweiten Kapitel einer Auseinandersetzung mit speziellen Teilaspekten dieser Thematik unter besonderer Berücksichtigung außenwirtschaftlicher Hintergründe. Das dritte Kapitel befaßt sich mit den in der Literatur vorhandenen Ansätzen zur Effizienz der Fiskalpolitik in offenen Volkswirtschaften. Es wird geprüft, inwieweit ihre Aussagekraft durch zu vereinfachte Budgetstrukturen begrenzt wird, d.h. welche budgetpolitischen Differentialwirkungen darin nicht erfaßt sind.

Im vierten Kapitel wird das eigene Modell vorgestellt. Zum einen verbindet es portfoliotheoretische Modellelemente tobinscher Prägung[4] mit einer Devisenmarktanalyse, zum anderen beinhaltet es eine postkeynesianische Gütermarktstruktur[5] mit einem differenzierten öffentlichen Sektor, in dem die verschiedensten Einnahme- und Ausgabearten des Staates Berücksichtigung finden. Das zunächst allgemein formulierte makroökonomische Kreislaufmodell[6] wird in eine simulationsfähige numerische Form gebracht, um für spezielle Datenkonstellationen die Auswirkungen verschiedenster fiskalpolitischer Maßnahmen durchzuspielen.

Die Auswertung der Simulationsergebnisse findet sich im fünften Kapitel. Es werden sowohl die Wirkungen einer Ausdehnung der Staatsquote als auch die einer Veränderung der Budgetstruktur bei konstanter Staatsquote analysiert. Besonderes Interesse gilt dabei den Zusammenhängen zwischen Staatsbudget-, Leistungsbilanz- und Wechselkursentwicklung und den Effekten einer Staatsfinanzierung durch direkte Auslandsverschuldung.

Das sechste Kapitel schließlich faßt die gewonnenen Ergebnisse zusammen, um daraus Rückschlüsse auf die Bedeutung internationaler Wirtschaftsverflechtungen für die Wirkung staatlicher Budgetpolitik ziehen zu können. Zielsetzung der Analyse ist es dabei nicht, allgemeingültige wirtschaftspolitische Schlußfolgerungen oder gar Empfehlungen abzuleiten, sondern allein, jene *Kausal*zusammenhänge aufzuzeigen, die für die Wirkung staatlicher Einflußnahme in einer offenen Volkswirtschaft von maßgeblicher Bedeutung sein können. Es soll ein theoretisches Modellgerüst vorgegeben werden, innerhalb dessen eine Wirkungsanalyse staatlicher Budgetpolitik unter Berücksichtigung der wichtigsten außenwirtschaftlichen Einflußgrößen erfolgen kann, — jedoch immer vor dem Hintergrund einer Restriktion der Allgemeingültigkeit durch das gewählte Theoriegebäude und die numerische Spezifikation.

1.2 Staatsverschuldung im Widerstreit

Die wirtschaftstheoretische und wirtschaftspolitische Auseinandersetzung um das Thema „öffentliche Verschuldung" ist vielfach gekoppelt an die

---

4 Vgl. Tobin (1974) und (1978).

5 Vgl. u.a. Kregel (1975).

6 Mikroökonomische Modellelemente sind in diesem Modellansatz ausgeklammert.

Diskussion über die richtige Höhe des Staatsanteils[7] und an die Frage der gesamtwirtschaftlichen Produktivität öffentlicher Ausgaben[8]. Je nach Einschätzung der Notwendigkeit und des Nutzens öffentlicher Aufgabenerfüllung ist zumeist auch die Beurteilung einer temporären oder dauerhaften Staatsverschuldung unterschiedlich.

So wurde im Merkantilismus (geprägt durch die Regierungsform eines mehr oder weniger aufgeklärten Absolutismus) der Staatstätigkeit ein außerordentlich positiver Wert zugesprochen und mit der Rechtfertigung, daß hohe Staatsausgaben die Voraussetzungen für eine dynamische Wirtschaftsentwicklung schaffen, eine sehr „verschuldungsfreundliche" Haltung eingenommen[9]. Öffentliche Verschuldung wurde allenfalls dann als negativ eingestuft, wenn sie in Form von Auslandsverschuldung erfolgte und damit die Zinsen an Ausländer gezahlt werden müßten[10].

Die Ablösung des Absolutismus, die wachsende Macht der Bourgeoisie und die Einführung des Steuerbewilligungsrechts der Parlamente waren der Auslöser einer veränderten Einstellung zum Staat und zur Staatsfinanzierung. Zum einen wurden von den entscheidungsbefugten Gruppen ein Großteil der bestehenden Ausgaben — insbesondere im sozialpolitischen Bereich — als unproduktiv und damit für die Volkswirtschaft als „verloren" betrachtet; zum anderen schränkte die staatliche Kreditaufnahme die über das Steuerbewilligungsrecht mögliche Einflußnahme der Stände auf die Staatsgewalt ein und wurde aus diesem Grunde abgelehnt[11].

Diese Reaktion spiegelt sich in der klassischen Nationalökonomie wieder, die dem Staat nur noch eine „Nachtwächter"-Rolle zuwies, das privatwirtschaftliche Element in der Wirtschaft in den Vordergrund rückte und Staatsverschuldung vollkommen ablehnte. Ähnlich wie für einen Privathaushalt wurde „Sparsamkeit" gefordert, d.h. eine weitestmögliche Beschränkung auch der steuerfinanzierten Staatsausgaben. Deutlich wird dies etwa an den Aussagen Ricardos, der die Staatsverschuldung als „schrecklichste Geißel, die je zur Plage der Nation

---

[7] Vgl. z.B. Ehrlicher (1979), S. 112ff. Unter Staatsverschuldung wird hier — soweit nicht explizit auch Geldmengenfinanzierung angesprochen wird — nur öffentliche Verschuldung im *privaten* Sektor verstanden. Eine Verschuldung bei der Notenbank impliziert die Verknüpfung fiskalpolitischer und geldpolitischer Elemente und soll hier aus Gründen einer möglichst straffen Einengung der Untersuchung auf rein finanz- und fiskalpolitische Maßnahmen und deren Auswirkungen in einer offenen Volkswirtschaft nicht weiter betrachtet werden.

[8] Eine sehr gute Auseinandersetzung mit dem Problem der Bestimmung der Produktivität öffentlicher Ausgaben findet sich bei Koetz (1983), S. 100ff.

[9] Vgl. Buchanan (1958), S. 17ff. Die Verschuldungsfreundlichkeit zeigt sich z.B. im Ausspruch Melons Mitte des 18. Jahrhunderts: „Les dettes d'un Etat sont des dettes de la main droite à la main gauche, dont le corps ne se trouvera point affaibli." (Vgl. Melon (1734)).

[10] Vgl. Leroy-Beaulieu (1906), S. 224.

[11] Vgl. Nowotny (1981), S. 29.

erfunden wurde", titulierte bzw. die These aufstellte, daß Schuldenfinanzierung „dazu führt, uns weniger sparsam werden zu lassen, — uns über unsere tatsächliche Situation zu verblenden" [12]. Hinter solchen Aussagen stand u.a. die Furcht vor einer Zahlungsunfähigkeit des Staates, die auch tatsächlich durch die seinerzeit vorherrschende Geldverfassung — der Goldwährung — begründet war, indem nur beschränkte Möglichkeiten bestanden, zusätzliches Geld zu schaffen.

Etwa 100 Jahre später, zu Ende des 19. Jahrhunderts, formulierte der deutsche Finanzwissenschaftler Lorenz von Stein dagegen eine extrem gegensätzliche Meinung: „Ein Staat ohne Staatsschuld tut entweder zu wenig für seine Zukunft oder er fordert zu viel von seiner Gegenwart" [13]. Zwar sprach man dem Wirken der Marktkräfte nicht den Hauptanteil an der wirtschaftlichen Dynamik ab, doch wurde wieder stärkeres Gewicht auf staatliche wirtschaftspolitische Einflußnahme gelegt. In jenen Bereichen, in denen die Staatstätigkeit als durchaus produktiv anerkannt wurde (z.B. Infrastruktur), wurde zudem eine Finanzierung hierfür notwendiger Ausgaben durch öffentliche Verschuldung empfohlen. Im engen Zusammenhang damit standen die Formulierungen von „Deckungsregeln", die vorgeben, welche spezifischen Ausgaben durch welche spezifischen Einnahmeformen finanziert werden sollen — Grundsätze, die sich zum Teil noch im Grundgesetz der Bundesrepublik niedergeschlagen haben[14].

Während sich die bisherigen Gegensätze nur darauf beschränkten, in welchem Ausmaß der öffentliche Haushalt verteilungspolitisch wirken soll, in welchem Umfang Ausgaben für die Bereitstellung öffentlicher Güter getätigt werden sollen und wodurch die staatlichen Ausgaben finanziert werden sollen, tritt seit der „Keynesschen Revolution" ein neuer Aspekt in die Diskussion ein: Aus der „Stabilisierungsfunktion" des Staates resultieren zusätzliche Kriterien für die Aufnahme öffentlicher Kredite, indem Budgetausmaß und -finanzierung in Abhängigkeit von der konjunkturellen Lage beurteilt werden. Die gegenwärtige Diskussion wird dabei u.a. in den kontroversen Standpunkten von Monetaristen einerseits und Fiskalisten andererseits deutlich. So negieren die Monetaristen mittel- und langfristige stabilisierungspolitische Erfolge fiskalpolitischer Maßnahmen (insbesondere infolge inflationärer Wirkungen bei geldmengenfinanzierter Fiskalpolitik bzw. infolge von crowding-out-Effekten bei Verschuldung im privaten Sektor), während die Fiskalisten die Fiskalpolitik als wirksames *konjunkturpolitisches* Instrument (mit eindeutig positiven Wirkungen

---

[12] Vgl. Ricardo (1951), S. 247.

[13] Vgl. von Stein (1978).

[14] Vgl. Art. 115 GG, alte Fassung (bis 1969), wonach Kredite „nur bei außerordentlichem Bedarf und in der Regel nur für Ausgaben zu werbenden Zwecken" aufgenommen werden durften. In der neuen Fassung des Art. 115 GG weicht die Zweckgebundenheit dem Gesamtdeckungsprinzip, wobei jedoch das *Ausmaß* der Kredite nach wie vor „die Summe der im Haushaltsplan veranschlagten Ausgaben für Investitionen nicht überschreiten" dürfen. „Ausnahmen sind nur zulässig zur Abwehr einer Störung des gesamtwirtschaftlichen Gleichgewichts".

in der kurzen und mittleren Frist und geringeren Erfolgen in der längeren Frist) einschätzen[15].

In den Modellen „offener" Volkswirtschaften zur Analyse der stabilisierungspolitischen Effizienz der Fiskalpolitik spielt das unterstellte Währungssystem eine ganz entscheidende Rolle. Als allgemeines Ergebnis folgt aus den traditionellen Modelltypen, daß bei festen Wechselkursen die Fiskalpolitik gewünschte Einkommenswirkungen erzeugen kann, während sie bei flexiblen Kursen um so weniger wirksam ist, je mobiler das Finanzkapital ist[16]. Jüngere Ansätze mit spezieller Einbeziehung von Vermögensmärkten kommen zu differenzierteren Aussagen über die Bedeutung der Vermögenseffekte, der Substituierbarkeit der Finanzanlagen und der Zinszahlungsströme für die Wirkungsmöglichkeiten fiskalpolitischer Maßnahmen[17]. Zudem wird zumeist noch zwischen kurz- und langfristigen Effekten differenziert, die Verwendungs*struktur* öffentlicher Mittel jedoch vernachlässigt.

Neben der stabilisierungspolitischen Kontroverse zeigen sich aber auch nach wie vor unterschiedliche Auffassungen über die Rolle des Staates insgesamt, wie sie z.B. durch die Ansichten zweier exponierter Vertreter — Galbraith und Friedman — wiedergegeben werden. Ausgangspunkt bei Galbraith[18] ist seine These, daß in entwickelten marktwirtschaftlich orientierten Industriegesellschaften die Versorgung mit öffentlichen Leistungen schlechter sei als die mit privaten Gütern. Daraus resultiere ein „soziales Ungleichgewicht" aus Unterversorgung mit öffentlichen Gütern (mangelnder Umweltschutz, überfüllte Schulklassen, zu hohe Verkehrsdichte, unzureichende Sicherheit und Ordnung) bei gleichzeitigem privaten Wohlstand (Ausstattung mit Luxus-Konsumgütern). Als Schlußfolgerung hieraus ergibt sich für ihn, daß nach Abwägung zwischen öffentlichen Leistungen und privaten Gütern eine Ausweitung des öffentlichen Sektors auf Kosten der privaten Aufgabenerfüllung notwendig erscheine[19].

Friedman[20] im Gegenzug sucht nach Wegen, ein „soziales Gleichgewicht" durch verstärkte private Aktivität zu erreichen, indem er Tätigkeiten nennt, die aus dem öffentlichen Aufgabenbereich herausfallen müßten (z.B. staatliche Preispolitik bei Mieten, Zinsen, Löhnen; staatliche Wohnungsbauförderung; Förderung der Landwirtschaft; öffentliches Verkehrswesen), so daß der Staatsanteil sinkt und die privatwirtschaftliche Komponente der Wirtschaftstätigkeit steigt.

---

[15] Vgl. als Überblick hierzu z.B. Carlson/Spencer (1975), S. 1ff., Stein (1976), S. 1ff. und Infante/Stein (1980), S. 259ff.

[16] Vgl. Mundell (1968), S. 261, Fleming (1962).

[17] Vgl. u.a. Scarth (1975), Turnovsky/Kingston (1977), Branson (1976), Mathieson (1977).

[18] Galbraith (1963), S. 220ff.

[19] Hiermit knüpft er an schon Ende des 19. Jahrhunderts erwogene Gedanken zur notwendigen „Verhältnismäßigkeit des öffentlichen und privaten Bedarfs" an. Vgl. Schäffle (1880), S. 17.

[20] Friedman, M. (1971), S. 59ff.

Neben den zuletzt angesprochenen allokationspolitischen Aspekten und der stabilitätsorientierten Kontroverse um die beschäftigungspolitische Effizienz kreditfinanzierter Fiskalpolitik werden in jüngerer Zeit auch wieder verteilungspolitische Gesichtspunkte in die Diskussion eingebracht. Zum einen werden interpersonelle Verteilungswirkungen aufgrund der Schuldendienstzahlungen, zum anderen intertemporale Verteilungswirkungen aufgrund der unterschiedlichen Periodizitäten der Leistungsabgabe öffentlicher Investitionen und des Kapitaldienstes der hierfür notwenigen Kreditaufnahme angesprochen[21].

Von wachsender Bedeutung sind schließlich noch die Thesen der „politischen Ökonomie“, die sich vor allem auch mit dem Einfluß der keynesianischen Theorie auf die Verhaltensweisen der Politiker und ihre Auswirkungen in demokratischen Systemen befaßt. Unter anderem wird darin behauptet, daß permanente Staatsdefizite langfristig gravierende Gefahren für das demokratische System nach sich ziehen[22]. Buchanan und Wagner begründen diese These wie folgt[23]: Die nach der keynesschen Lehre praktizierte Fiskalpolitik führe zu asymmetrischer Budgetgestaltung, d.h. zu anhaltenden Defiziten und steigendem Staatsanteil am Sozialprodukt sowie zu Inflation. Dies alles ergäbe Existenzgefahren für den demokratischen Staat. Entscheidend für diese Aussage ist die Annahme einer Art „Fiskalillusion“ der Steuerzahler und Wähler, denen der Preis zusätzlicher Staatsleistungen im Fall der Kreditfinanzierung niedriger erscheine als bei einer Finanzierung durch erhöhte Steuern, da die zukünftige Steuerbelastung infolge der Defizitfinanzierung systematisch unterschätzt werde[24].

Dieser kurze Abriß der historischen Entwicklung der theoretischen Diskussion um die interdependente Beurteilung von Staatsanteil, Staatsverschuldung und Effizienz fiskalpolitischer Stabilisierungsmaßnahmen kann naturgemäß nur schlaglichtartig einige Hauptgegensätze der kontroversen Einstellungen aufzeigen. Die unterschiedliche Argumentation, die sich vor allem auch in der wirtschaftspolitischen Diskussion fortsetzte und intensivierte, ist schließlich weitaus differenzierter und vielschichtiger, als es hieraus den Anschein haben mag. Im folgenden wird daher nun genauer zu untersuchen sein, welche Ansatzpunkte für den zu analysierenden Fragenkomplex von besonderer Bedeutung sind bzw. welche zusätzlichen Aspekte bei umfassender Einbeziehung internationaler Wirtschaftsbeziehungen zu berücksichtigen sind.

---

[21] Zu den divergierenden Thesen zur intertemporalen Lastverteilung vgl. Koetz (1983), S. 34ff.

[22] Vgl. Nowotny (1981), S. 27ff.

[23] Buchanan/Wagner (1977), S. 158ff.

[24] Eine diametral andere Ansicht zur hier implizierten Annahme wird jedoch z.B. von Barro (1974 und 1981) vertreten. Er geht davon aus, daß es keinen Unterschied macht, ob steigende Staatsausgaben durch Steuern oder Kredite finanziert werden, da bei Kreditfinanzierung die zu ihrer Tilgung künftig zu erwartenden Steuern von den Wirtschaftssubjekten bereits heute antizipiert werden.

Zweites Kapitel

Außenwirtschaftliche Aspekte in der Diskussion um Staatsquote und Staatsverschuldung

2.1 Maßstäbe zur Analyse einer wachsenden Staatsquote

Überlegungen zur Erklärung der in fast allen Ländern im Zeitablauf zu verzeichnenden relativen Ausdehnung der öffentlichen Ausgaben[1] gibt es seit langem. Dabei gilt das von Wagner[2] Ende des 19. Jahrhunderts formulierte und oft zitierte „Gesetz der wachsenden Staatstätigkeit" zumeist als Ursprung der Diskussion um eine steigende Staatsquote. Aber obwohl sich die von Wagner prognostizierte Entwicklung bis in die Gegenwart weitgehend fortsetzte, stellt sich die Frage, ob die von ihm hierfür angeführten — zum Teil recht allgemein gefaßten — Gründe auch für die heutige Situation ausschlaggebend sind.

Während Wagner vor allem den Übergang vom Ordnungsstaat zum ausgabenintensiven Wohlfahrtsstaat für das Ausgabenwachstum verantwortlich macht, rücken darauffolgende Untersuchungen andere Aspekte in den Vordergrund. So weisen Peacock und Wiseman[3] auf die unregelmäßigen Sprünge in der Entwicklung der Staatsausgaben hin (z.B. in Kriegszeiten), die nicht wieder rückgängig gemacht werden, und Timm[4] unterstellt u.a. eine höhere Einkommenselastizität der Nachfrage nach öffentlichen Gütern als nach privaten Leistungen. Schmidt[5] dagegen hebt das Wachstum der staatlichen „gruppenbezogenen" Leistungen hervor, die Ergebnis politisch erfolgreich vertretener Sonderinteressen sind. Heute schließlich ist es unumstritten, daß als zusätzliche entscheidende Erklärungshilfe die Entwicklung der Struktur der öffentlichen Ausgaben herangezogen werden muß[6].

---

[1] Zum internationalen Vergleich der jüngeren Entwicklung der Staatsquoten siehe Krupp (1982), S. 16 und 19; ein internationaler Vergleich über frühere Zeiträume findet sich bei Timm (1961), S. 201ff., Recktenwald (1980), S. 151f.

[2] Wagner (1892), S. 893ff.

[3] Peacock/Wiseman (1967), S. 42ff.

[4] Timm (1961), S. 235ff.

[5] Schmidt (1966), S. 233ff.

[6] Vgl. u.a. Knoll (1983), Wittmann (1982), S. 304ff.

2.1.1 Abgrenzung des Begriffs Staatsquote

Neben der bisher angesprochenen rein deskriptiven Ursachenanalyse ist die Diskussion um die Staatsquote jedoch zumeist geprägt von normativen Aussagen bezüglich der zu akzeptierenden Höhe des Staatsanteils. Bei der Beurteilung scheiden sich die Geister allerdings schon bei der zugrunde zu legenden Definition des Terminus „Staatsquote".

Im allgemeinen wird der Staatsanteil als Quotient aus Staatsausgaben und Bruttosozialprodukt ermittelt[7]. Wenn daraus zugleich Rückschlüsse auf den vom Staat beanspruchten Teil des Sozialprodukts gezogen werden sollen, so ist diese Abgrenzung nicht aussagefähig[8]. Die Aufteilung der Gesamtausgaben in monetäre Transfers (Unterstützungszahlungen an private Haushalte, Subventionen an Unternehmen) und Ausgaben für die Bereitstellung von öffentlichen Gütern und Diensten („Realausgaben" in der Definition von Littman[9]) läßt klar ersichtlich werden, daß der Staat im Ausmaß der monetären Transfers keine Verfügung über materielle Ressourcen erhält, sondern letztlich nur eine Umverteilung innerhalb des privaten Verfügungsbereiches erfolgt. Zugleich umfaßt der zu dieser Staatsquote korrespondierende „private" Anteil am Sozialprodukt (Eins minus Staatsquote) nicht vollständig die private Aktivität (wie es in der polemischen Diskussion oft unterstellt wird[10]), da die aufgrund von Transfers ermöglichten privaten Ausgaben darin nicht enthalten sind.

Als andere Maßgrößen werden daher vielfach sogenannte „Strukturquoten" vorgeschlagen, die ein besserer Ausdruck für die Beanspruchung der Wirtschaftstätigkeit durch den Staat sein sollen. Legt man der Bemessung der staatlichen Aktivität etwa nur noch Staatsverbrauch und öffentliche Investitionen zugrunde, so ergänzen sich diese öffentlichen Ausgaben mit den privaten Ausgaben zum Sozialprodukt. Die Relation dieser „Realausgaben" zum Sozialprodukt spiegelt dann ungefähr den Anteil der vom Staat bereitgestellten Güter an der gesamtwirtschaftlichen Produktion wider[11].

Für speziellere Fragestellungen werden Maßzahlen wie der Anteil der Transfers am Sozialprodukt, der Anteil der öffentlichen Investitionen am Sozialprodukt oder der Anteil der staatlichen Wertschöpfung am Sozialprodukt

---

[7] In manchen Fällen wird allerdings auch das Produktionspotential als Bezugsgröße gewählt (so z.B. in den Jahresgutachten des Sachverständigenrates). Hiergegen spricht jedoch, daß die Höhe des Produktionspotentials einer Volkswirtschaft weniger exakt bestimmt werden kann als das Sozialprodukt und daß die Staatsquote dann nichts mehr aussagen kann über Verwendung und Verteilung des jeweils vorhandenen Sozialprodukts. Vgl. Oberhauser (1975), S. 6.

[8] Vgl. Rahmeyer (1975), S. 38f.

[9] Vgl. Littmann (1976), S. 72.

[10] Vgl. z.B. Miegel (1981), S. 220.

[11] Auf die Problematik der Erfassung und Bewertung öffentlicher Güter mit Hilfe der Faktorkosten sei hier nicht näher eingegangen. Vgl. auch Littmann (1975), S. 67.

herangezogen. Die letzte Strukturkennziffer wird durch Verringerung der staatlichen „Realausgaben“ um die Vorleistungen privater Unternehmen ermittelt und entspricht damit nahezu der Entlohnung der beim Staat Beschäftigten. Hiermit soll der eigene Beitrag des Staates zur Entstehung des Sozialprodukts ausgewiesen werden[12]. Unterschiedliche Werte für die Staatsquote und die einzelnen Strukturkennziffern ergeben sich auch, je nachdem, ob nur die Gebietskörperschaften oder die öffentlichen Haushalte einschließlich der Sozialversicherungen einbezogen werden[13].

Relativiert wird schließlich die Aussagefähigkeit aller genannten Quoten, wenn man die nominelle Betrachtung durch reale Maßstäbe ersetzt. Weicht die Preisentwicklung der vom Staat in Anspruch genommenen Güter und Dienste von den Preisveränderungen des übrigen Sozialprodukts ab, so bringt die Entwicklung der nominellen Staatsanteile nicht exakt zum Ausdruck, wie sich der Anteil des Staates an der realen gesamtwirtschaftlichen Güterproduktion verändert hat. Da der Staat zur Erbringung seiner Leistungen in großem Umfang Dienstleistungen benötigt, die erstens einen vergleichsweise geringen Produktivitätsfortschritt und zweitens — zeitweise — überproportionale Preissteigerungen zu verzeichnen haben, bedeutet ein konstanter nomineller Staatsanteil, daß die reale staatliche Beanspruchung des Sozialprodukts sinkt[14].

2.1.2 Auswirkungen einer wachsenden Staatsquote

Gegner einer hohen Staatsquote befürchten vor allem eine zu große Beschränkung des privatwirtschaftlichen Wachstumsprozesses, indem der Staat ständig neue Aufgabenbereiche übernimmt, ohne bisherige Aufgaben zurückzuführen. Dieses Argument bezieht sich schwerpunktmäßig auf eine Ausdehnung der „Realausgaben“-Quote, da hierdurch die private Nachfrage und die Produktion privat gewünschter Güter entsprechend begrenzt werden.

Eine Ausdehung des Anteils der Staatsnachfrage am Sozialprodukt geht entweder zu Lasten des relativen Anteils der privaten Investitionen, des privaten Konsums oder des Außenbeitrags. Dies sagt jedoch nichts darüber aus, inwieweit tatsächlich private Wirtschaftstätigkeit *absolut* verdrängt wird oder nur der Staatssektor c.p. stärker expandiert, als der private Sektor wächst. Nur im ersten Fall liegen allein durch die Staatsausgabenerhöhung selbst echte Verdrängungswirkungen vor[15].

---

[12] Vgl. Littmann (1976), S. 79.

[13] Dies zeigt sich ganz deutlich z.B. in den unterschiedlichen Berechnungen der Finanzstatistik im Vergleich zur volkswirtschaftlichen Gesamtrechnung, wobei sich hier jedoch auch noch jeweils unterschiedliche Abgrenzungen der zu erfassenden Ausgaben und der Perioden auswirken.

[14] Vgl. Oberhauser (1975), S. 7

[15] Friedman bezeichnet diesen Fall „real crowding out“. Steigt dagegen nur der Staats*anteil* bei gleichzeitigem — hierdurch induzierten — absoluten Wachstum des privaten Sektors, so spricht er von „real crowding in“. Vgl. Friedman (1978), S. 596f.

Ob insgesamt positive Produktionseffekte resultieren, so daß ein Anstieg der Staatsquote ohne Zurückdrängung des absoluten Wertes privater Investitions-, Konsum- oder Exportnachfrage möglich ist, hängt neben der Art der Finanzierung vor allem auch von der Ausgabenstruktur ab[16].

Ein Anstieg der Staatsquote bei zugleich absolutem Sinken der privaten Investitionen senkt die Wachstumschancen der Volkswirtschaft, außer wenn der Staatsanteil zugunsten „produktiver" öffentlicher Investitionen erhöht wird, die das Wachstumspotential der verdrängten privaten Investitionen kompensieren[17]. Erfolgt der Anstieg der Staatsnachfrage zu Lasten des Anteils privaten Konsums, so verringert sich die heutige private Konsumquote entweder zugunsten künftigen Wachstums und künftigen Konsums — bei Anstieg des Staatsanteils durch mehr öffentliche produktive Investitionen —, oder der Anteil öffentlichen Konsums steigt zu Lasten des Anteils privaten Konsums bei unveränderten künftigen Konsummöglichkeiten.

Ob der Anteil privater Konsumnachfrage oder der Anteil privater Investitionen am Sozialprodukt zurückgedrängt wird, hängt unter anderem von der Art der Finanzierung wachsender Staatsnachfrage ab. Während Lohn- und Einkommensteuersteigerungen wesentlich mehr den Konsum belasten[18], ist die Wirkung einer Kreditfinanzierung von den entstehenden Zinseffekten und der Zinselastizität der Konsum- und Investitionsgüternachfrage abhängig[19].

In einer nahezu vollbeschäftigten Wirtschaft wird die allokative Umschichtung des Anteils privater und öffentlicher Gütererstellung zudem kaum ohne Preissteigerungen vonstatten gehen. Ob durch die Preissteigerungen verstärkt Investitions- oder Konsumgüternachfrage beeinträchtigt wird, hängt davon ab, aus welchen Bereichen der Staat vorwiegend Güter und Leistungen nachfragt und welche Faktorpreise dementsprechend stärker steigen[20].

Die Beurteilung einer Ausdehnung der Staatsquote hängt nach dem bisher Gesagten also ganz wesentlich auch von den damit verbundenen Angebotswirkungen ab. Diese ergeben sich zum einen aus den Einflüssen auf die private

---

16 Vgl. hierzu u.a. die empirische Untersuchung für die BRD von Schmidt (1977).

17 Ansatzpunkte zur Bestimmung der optimalen Höhe staatlicher und privater Investitionen finden sich in der sehr differenzierten und vielschichtigen Analyse optimaler Budgetgestaltung von Koetz (1983).

18 Dies hängt auch davon ab, ob die Steuererhöhung als transitorisch angesehen wird (die Finanzierung erfolgt dann vornehmlich durch Entsparen) oder als permanent (die Finanzierung erfolgt nun durch Einschränkung des Konsums).

19 Hieraus leitet z.B. Gandenberger (1981), S. 167 eine „Zukunftslast" der Kreditfinanzierung (bei Vollbeschäftigung) ab, da sie im Vergleich zur Steuerfinanzierung eher die private Sachkapitalbildung beeinträchtige und damit den Bestand an privaten Produktionsmitteln in der Zukunft. Die hier angesprochene Kreditfinanzierung bezieht sich auch wieder nur auf eine Verschuldung im privaten Sektor und nicht auf eine Verschuldung bei der Notenbank.

20 Vgl. Ehrlicher (1979), S. 397f.

Investitionsneigung, zum anderen aus der Entscheidung über produktive oder unproduktive staatliche Ausgaben. Angebotserweiternd wirken staatliche Ausgaben entweder, wenn sie direkt den gesamtwirtschaftlichen Kapitalstock erhöhen[21] oder die Produktivität des eingesetzten Privatkapitals bzw. der Arbeit steigern[22]. Die Trennung der staatlichen Ausgaben in konsumtive und investive Teile nach der volkswirtschaftlichen Gesamtrechnung oder der Finanzstatistik entspricht allerdings nicht eindeutig der Unterscheidung in unproduktive und produktive staatliche Ausgaben[23]. So sind z. B. Investitionen in das Humankapital kaum unter staatlichen Investitionen zu erfassen, der Sachaufwand im Verteidigungsbereich wird als Staatskonsum behandelt und Investitionszuschüsse sind zwar dem Investitionsbereich zugeordnet, dem gleichen Zweck dienende Steuerkürzungen werden hier jedoch nicht erfaßt. Andererseits haben zahlreiche öffentliche Investitionen mehr den Charakter langlebiger Konsumgüter, da ihre volkswirtschaftliche Produktivität gering ist[24].

Eine eigene positive Angebotswirkung zusätzlicher staatlicher Ausgaben ist um so wichtiger, je mehr die Ausdehnung der Staatsquote zu Lasten privater Investitionen anstelle privaten Konsums geht. Letztlich besteht jedoch auch die Alternative, daß der steigende Staatsanteil durch einen Rückgang des Außenbeitrags ermöglicht wird. Dies geschieht zum einen in dem Ausmaß, in dem der Staat zur Erstellung seiner zusätzlichen Leistungen nicht binnenländische Faktoren, sondern importierte Güter einsetzt und nicht in gleichem Umfang private Einfuhren abnehmen. Wenn des weiteren verstärkte Staatsnachfrage mit einem Anstieg des gesamtwirtschaftlichen Preisniveaus verbunden ist, so werden ceteris paribus durch diese Verbesserung der Terms of Trade — in Abhängigkeit von der Preiselastizität der Export- und Importnachfrage — Ausfuhren zurückgedrängt und Einfuhren verstärkt.

In einem System flexibler Wechselkurse kann eine solche Verringerung des Außenbeitrags jedoch c. p. nur bei entsprechender Verbesserung der Kapitalbilanz erfolgen. Ist dies nicht gegeben, so sinkt der inländische Wechselkurs, bis hierdurch die inländischen Preissteigerungen kompensiert sind und die Leistungsbilanz wieder ihren Ausgangswert erreicht hat. Eine Verbesserung der Kapitalbilanz ist allerdings zu erwarten, wenn die Staatsfinanzierung mit steigenden Zinssätzen (ohne gleichzeitige Herausbildung von Abwertungserwartungen) verbunden ist oder der wachsende Staatsanteil positive Zukunftserwar-

---

[21] In theoretischen Modellen werden dann Staatsinvestitionen als eigenständiges Argument in der Produktionsfunktion berücksichtigt. Vgl. Negishi (1979), S. 192f.

[22] Zur Erhöhung der Kapitalproduktivität z. B. durch staatliche Infrastrukturinvestitionen vgl. Dieckheuer (1983a), Jaeger (1982), S. 416f. und Lachmann (1982b), S. 487ff. Letzterer untersucht auch die Auswirkungen von Staatsausgaben (z. B. in Humankapital), die die Arbeitsproduktivität verbessern. (Staatsausgaben als Argument in der Funktion für den Effizienzgrad der Arbeit innerhalb der Produktionsfunktion.)

[23] Vgl. Rahmeyer (1975), S. 51ff.

[24] Zur Abgrenzung und Beurteilung der Produktivität staatlicher Investitionen vgl. Koetz (1983), S. 100ff.

tungen für die inländische Wirtschaftsentwicklung induziert. Auch wenn anfänglich keine preisbedingte Zurückdrängung des Außenbeitrags vorliegt, bewirkt ein solcher Kapitalzufluß eine Aufwertung, die hierdurch den Außenbeitrag entsprechend verringert[25].

In einer wachsenden Wirtschaft muß eine Ausdehnung des Staatsanteils — selbst wenn sie über eine Verringerung des Anteils des Außenbeitrags am Sozialprodukt ermöglicht wird — allerdings nicht unbedingt zu einer absoluten Verringerung des Außenbeitrags bzw. des Leistungsbilanzsaldos führen. Es genügt unter gewissen Bedingungen, daß der Exportsektor langsamer wächst als die übrigen Sektoren der Volkswirtschaft.

Die angesprochenen möglichen außenwirtschaftlichen Wirkungen einer Ausdehnung der Staatsquote hängen im einzelnen von der spezifischen Art der staatlichen Ausgabensteigerung und der hierzu benötigten Produktionsfaktoren ab. Realistischerweise kann unterstellt werden, daß die Ausdehnung des Staatsanteils vorwiegend durch staatliche Produktion und staatlichen Verbrauch von Nichthandelsgütern[26] erfolgt. Werden die notwendigen Produktionsfaktoren aus dem privaten Sektor für Nichthandelsgüter abgezogen und ändert sich auch die gesamtwirtschaftliche Aufteilung der Nachfrage auf „tradables“ und „non tradables“ nicht, so wird die Produktion privater „non tradables“ durch die Produktion staatlicher „non tradables“ ersetzt. Die Verdrängung privater Nachfrage gelingt nur innerhalb der Volkswirtschaft.

Werden dagegen Produktionsfaktoren aus beiden privaten Sektoren der Volkswirtschaft abgezogen, so entsteht unter sonst gleichen Voraussetzungen ein Nachfrageüberhang im Sektor für „tradables“ und ein Angebotsüberhang im Sektor für „non tradables“. Bei gegebenem Weltmarktpreis für „tradables“ (kleines Land) verringert sich das inländische Exportangebot, und die Importnachfrage steigt, bis der Nachfrageüberhang dieses Sektors ausgeglichen ist; der wachsende Staatsanteil bewirkt eine Verdrängung ausländischer Nachfrage bzw. erhöht die inländische Absorption fremdländischer Güter[27].

Führt die Ausdehnung der Staatsquote allerdings vor allem zu einer Reduktion privater Nachfrage nach „tradables“, so kann der Nachfragerückgang im „tradables“-Sektor die Produktionseinschränkungen dort (aufgrund des Abzugs von Produktionsfaktoren) überkompensieren, und es bildet sich ein Angebotsüberhang im Bereich der Handelsgüter heraus. Bei konstantem Weltmarktpreis kann die Überschußproduktion ohne weiteres am Weltmarkt abgesetzt werden, und es resultiert sogar eine Verbesserung des Außenbeitrags.

---

[25] Vgl. Lehment (1980), S. 57.

[26] Hiermit sind Güter gemeint, die *international* nicht gehandelt werden; „tradables“ dagegen sind Güter, die im Inland erstellt bzw. verbraucht werden und zugleich exportiert bzw. importiert werden können.

[27] Abgeschwächt wird diese Entwicklung jedoch durch relativ sinkende Preise im „non tradables“-Sektor, die eine Nachfrageumlenkung in diesen Sektor bewirken.

Der komplementäre Nachfrageüberhang im Nichthandelsgüter-Sektor erhöht dort allerdings die Preise und induziert damit eine Substitution der inländischen Nachfrage nach „non tradables" durch Nachfrage nach „tradables", wodurch das Überschußangebot dort abgebaut werden könnte. Eine Erhöhung des Außenbeitrags kann trotzdem dann bestehen bleiben, wenn dieser Substitutionseffekt durch den negativen Einkommenseffekt (Senkung des Realeinkommens aufgrund steigender „non tradables"-Preise senkt die Nachfrage nach „tradables") zum Teil aufgehoben würde.

Beruht die Staatsnachfrage auf einem wachsenden Anteil staatlicher produktiver Investitionen, die nicht vollkommen zu Lasten privater Investitionen gehen, so kann damit die Voraussetzung für höhere Produktivität und höheres Wachstum privater Gütererstellung geschaffen werden. Dies wird zum einen zwar wahrscheinlich auch mit steigenden Importen (z. B. von Vorleistungsprodukten), aber unter Umständen auch mit einer verbesserten internationalen Wettbewerbsfähigkeit verbunden sein, die den Exportsektor und den Importsubstitutionssektor expandieren läßt. Ein absolut steigender Außenbeitrag — bei allerdings gegebenenfalls trotzdem sinkendem oder konstantem Anteil am Sozialprodukt — ist die Folge, solange nicht Terms-of-Trade-Effekte dieser Entwicklung entgegenwirken.

Als Zwischenresultat kann festgehalten werden, daß ein steigender Staatsanteil unter gewissen Umständen mit einem sinkenden Anteil des Außenbeitrags am Sozialprodukt einhergehen kann. Unter welchen Bedingungen dies zugleich einen konstanten, sich erhöhenden oder sich verringernden absoluten Leistungsbilanzsaldo induziert, hängt im einzelnen von der Struktur der erhöhten Ausgaben und deren Finanzierung ab und — bei flexiblen Wechselkursen — zugleich entscheidend von den damit verbundenen Einflußfaktoren auf die Kapitalbilanz[28].

2.2 Staatsverschuldung und crowding out

Unter crowding out wird generell das Phänomen der Verdrängung privater durch staatliche Wirtschaftsaktivitäten verstanden[29], wobei sich die Diskussion zum einen mit Verdrängungswirkungen der Staatsausgaben selbst (real crowding out), zum anderen mit den durch die Finanzierungsart induzierten möglichen Verdrängungsmechanismen befaßt (financial crowding out)[30]. Das Spektrum der kontroversen Aspekte zu diesem Thema repräsentiert sich in einer kaum noch überschaubaren Fülle von theoretischen, empirischen und wirt-

---

[28] Auf die Bedeutung des Grads der internationalen Kapitalmobilität für die Entwicklung des Wechselkurses und damit auch der relativen Anteile der „tradables"- und „non tradables"-Sektoren in einer offenen Volkswirtschaft weist u. a. schon Sohmen (1969), S. 155 hin.

[29] Vgl. Buiter (1977), S. 309.

[30] Vgl. Friedman (1978), S. 597.

schaftspolitischen Veröffentlichungen. Die unterschiedlichen Ansichten und Ergebnisse sind vor allem in unterschiedlichen Definitionen des Crowding-out-Effektes, in unterschiedlichen Zeithorizonten und in unterschiedlichen Mutmaßungen über die empirischen Wertebereiche der für die Crowding-out-Debatte relevanten theoretischen Modellkoeffizienten begründet.

Die vorliegende Arbeit will sich jedoch nicht an eine Gegenüberstellung und Diskussion der vielfältigen Ansätze begeben — hier liegen genügend umfassende kritische und differenzierte Darstellungen vor[31] —, sondern nur die für die zugrunde gelegte Fragestellung relevanten Aspekte herausgreifen und ihre Bedeutung unter den hier gewählten Rahmenbedingungen prüfen.

Als Ansatzpunkt der Untersuchung über mögliche Crowding-out-Wirkungen wird zumeist eine Staatsausgabenerhöhung gewählt, deren letztendliches Ziel eine Anregung der gesamtwirtschaftlichen Aktivität sein soll. Eine Verdrängung nicht staatlicher Nachfrage liegt nach Ansicht vieler dann vor, wenn der Einkommensmultiplikator dieses Fiskalimpulses kurz- oder längerfristig kleiner als Eins ist[32]. Das crowding out ist danach vollkommen, wenn der Einkommensmultiplikator den Wert Null aufweist oder gar negativ wird. Hierbei ist natürlich zwischen Veränderungen des nominalen Einkommens und des Realeinkommens zu unterscheiden, wobei für die Crowding-out-Diskussion im allgemeinen nur Auswirkungen auf das Realeinkommen von Bedeutung sind.

2.2.1 Direktes crowding out

Bei konstanter Faktorausstattung und konstanten Faktorproduktivitäten sowie Vollauslastung der Kapazitäten ist eine Erhöhung der staatlichen Produktion unbestrittenermaßen nur durch eine Verdrängung privater Produktion erreichbar, unabhängig davon, auf welche Weise die Ausdehnung der Staatsquote finanziert wird. Für diese Ausgangskonstellation ist die Kritik der Monetaristen an keynesianischer Befürwortung von expansiver Fiskalpolitik überflüssig, da „kein Keynesianer behauptet, daß die Wirtschaft durch eine bloße Nachfragebelebung in der Lage wäre, die durch die gesamtwirtschaftliche Transformationskurve gegebene Beschränkung des Güterraumes zu überwinden. Wohl behauptet er aber, daß eine Nachfragebelebung den Produktionspunkt in Richtung auf die Transformationskurve verschieben kann, wenn er in

---

[31] Als kritische neuere Literaturübersichten und -verarbeitungen seien hier u.a. genannt: Carlson/Spencer (1975), Modigliani/Ando (1976), Bruce (1977), Buiter (1977), Friedman (1978) und Dieckheuer (1981). Zur aktuellen politischen Diskussion vgl. Wissenschaftlicher Beirat beim Bundesministerium der Finanzen (1984).

[32] Vgl. Carlson/Spencer (1975), S. 3. Diese Definition ist allerdings etwas undifferenziert, da trotz anfänglicher Verdrängung privater Nachfrage über die Multiplikatorwirkungen des restlichen expansiven Effektes c.p. langfristig ein Gesamtmultiplikator von > 1 erreicht werden kann, der danach das Ergebnis „kein crowding out“ implizieren würde.

der Ausgangslage darunter lag[33].“ Von Interesse können hier allenfalls noch der „Mechanismus“ des crowding out und die langfristigen (Wachstums-) Konsequenzen solcher Verschiebungen der relativen Anteile der Produktion für das künftige Produktionspotential sein[34].

Relevanter sind jedoch mögliche Verdrängungseffekte in einer Situation der Unterbeschäftigung, die einer realen Produktionsausweitung keine ressourcenbedingten Grenzen setzt. Unabhängig von der Art der Finanzierung können — nachfragebedingte — Verdrängungswirkungen dann nur auftreten, wenn gewisse direkte Substitutionsbeziehungen zwischen privaten und öffentlichen Ausgaben bestehen, die eine Einschränkung privater Wirtschaftsaktivität bei Ausweitung des staatlichen Sektors induzieren. Ein solches „direktes crowding out“[35] kommt zustande, wenn aufgrund von „Ultrarationalität“[36] staatlicher Konsum und staatliche Investitionen als Argument in die private Konsum- und Investitionsnachfrage eingehen.

Da die Vertreter der Ultrarationalität den staatlichen Sektor nur als „Erweiterung“ des privaten Sektors ansehen, so daß staatliche Ausgaben als vollkommenes Substitut für private Konsum- oder Investitionsausgaben gelten[37], wird diese These in ihrer strengen Form zumeist abgelehnt[38]. Sie kann jedoch als Ansatzpunkt genommen werden, um mögliche (ex ante) Crowding-out-Effekte zu erfassen, die im Standard-IS-LM-Modell vollkommen ausgeschlossen sind[39]. Denn eine gewisse Substituierbarkeit zwischen staatlichen und privaten Ausgaben ist wohl unbestreitbar, das Ausmaß hängt jedoch ganz entscheidend von der Ausgabenart ab[40]. Allerdings ist auch der Fall einer Komplementarität denkbar, die zu *zusätzlichen* privaten Ausgaben infolge höherer Staatsausgaben führt[41].

---

[33] Sinn (1983a), S. 490.

[34] Vgl. Artis (1979), S. 22.

[35] Dies entspricht der Terminologie von Buiter (1977), S. 311f.; Carlson/Spencer (1975), S. 7f. u.a. „Indirektes crowding out“ bedeutet in diesem Zusammenhang dagegen Verdrängungswirkungen, die erst über Zins-, Preis-, Einkommens-, Vermögens- oder Wechselkursveränderungen induziert werden.

[36] Die Feststellung substitutiver Beziehungen zwischen staatlichen Ausgaben und privaten Ausgaben geht auf Bailey (1962) zurück und wird unter dem Begriff Ultrarationalität z.B. bei Barro (1974), Feldstein (1976) und David/Scadding (1974) analysiert.

[37] Diese Ansicht gilt auch als Erklärung für „Denison's Law“, in dem eine langfristige Stabilität der Sparquote in den USA festgestellt wird (Denison (1958)). Bei Ultrarationalität ändert sich durch staatliche Budgetpolitik am privaten Sparverhalten nichts, da private und öffentliche Schuld als vollkommene Substitute zur Finanzierung von Investitionen angesehen werden und ebenso steuerfinanzierter staatlicher Konsum als gleichwertig zu privatem Konsum angenommen wird.

[38] Vgl. z.B. Feldstein (1982).

[39] Vgl. Carlson/Spencer (1975), S. 7f.

[40] Vgl. Baltensperger (1977), Lachmann (1982b), S. 483ff. Eine relativ hohe Substituierbarkeit weisen nach Buiter (1977), S. 312 z.B. Ausgaben für Bildung, Recht und Ordnung, Gesundheitsfürsorge und Altersfürsorge auf.

Die bisher dargestellte Form des direkten crowding out oder real crowding out — allein durch die Staatsausgaben selbst und unabhängig von der Finanzierung — bezieht sich nur auf die binnenwirtschaftliche Komponente der privaten Gesamtnachfrage. Es gibt dagegen keine Ansatzpunkte, die eine direkte Substitutionsbeziehung zwischen Exportnachfrage und inländischer Staatsnachfrage erklären könnten. Berücksichtigt man jedoch auch mögliche Komplementaritätsbeziehungen, so könnte statt dessen ein „real crowding in" stattfinden, wenn die Exportnachfrage positiv von gewissen Staatsausgaben abhängig wäre. Vorstellbar ist dies z. B. in sehr tourismusabhängigen Ländern, wenn dort der öffentliche Sektor zusätzliche Ausgaben z. B. zur Verbesserung des Verkehrsnetzes, des Ausbaus der Kanalisation, der Stromversorgung oder zur Reinhaltung der Fremdenverkehrsorte tätigt. Dies könnte direkt zu steigenden Touristenzahlen und damit c. p. über eine Verbesserung der Leistungsbilanz zu steigender Gesamtnachfrage führen.

Berücksichtigt man schließlich auch die Angebotsseite, so sind noch weitere finanzierungsunabhängige Verdrängungseffekte möglich. Staatsausgaben in Form produktiver Investitionen steigern direkt (in Form von Humankapital) oder indirekt (z. B. durch induzierten technischen Fortschritt) die Produktivität der Arbeit (wenn nicht ein Rückgang privater Investitionen diesen Effekt kompensiert). Wird die hierdurch mögliche Mehrproduktion nicht durch eine entsprechend steigende Gesamtnachfrage absorbiert, so müssen Arbeitskräfte entlassen werden. Es erfolgt kein crowding out realer Produktion, aber ein crowding out von Beschäftigten[42].

2.2.2 Indirektes crowding out bei statischen Erwartungen[43]

Während für das mögliche Eintreten des direkten crowding out vor allem die Art der zusätzlichen Staatsausgaben eine Rolle spielt, ist für das indirekte crowding out die Finanzierungsform von entscheidender, allerdings nicht ausschließlicher Bedeutung.

(1) Zins- und Wechselkurseffekte

Als Haupttransmissionsweg für Verdrängungseffekte staatlicher Budgetdefizite werden nach verbreiteter Ansicht induzierte Zinssteigerungen angesehen.

---

[41] So testet Cerea (1982), inwieweit private Konsumentscheidungen von der Höhe und der Zusammensetzung der Staatsausgaben mitbeeinflußt werden. Er kommt zu dem Ergebnis, daß keine Abhängigkeit der Konsumnachfrage von den staatlichen Ausgaben insgesamt, aber ein Einfluß der Höhe der Ausgaben für „merit goods" nachweisbar ist. So ermittelt er Substitutionseffekte bei staatlichen Ausgaben für Wohlfahrtsleistungen, jedoch Komplementaritätseffekte bei staatlichen Ausgaben für Erziehung. Vgl. hierzu auch Buiter (1977), S. 318f.

[42] Vgl. Lachmann (1982b), S. 488ff.

[43] Die Auswirkungen von Inflations- und Wechselkurs*erwartungen* werden in diesem Abschnitt nicht berücksichtigt. Vgl. hierzu Kapitel 2.2.3.

Gegensätze in der Beurteilung der Zinswirkungen staatlicher Kreditaufnahme[44] zeigen sich zwischen Vertretern der Lückentheorie und der Fontänentheorie einerseits sowie der Verdrängungstheorie und der Quellentheorie andererseits. Gegen Zinssteigerungen spricht zum einen die These, der Staat absorbiere auf den Finanzmärkten nur ohnehin brachliegendes Kapital und trete damit in die Lücke, die die Privatwirtschaft eröffne[45]. Dies betrifft allerdings vor allem die konjunkturelle Staatsverschuldung. Zum anderen wird das Argument vorgebracht, die Ausgabenwirtschaft des Staates könne mit einer Fontäne verglichen werden, die die geliehenen Finanzmittel direkt wieder dem Kreditmarkt zurückführe[46]. Wird allerdings von einer Konkurrenzsituation zwischen privater und staatlicher Nachfrage um knappe Finanzmittel ausgegangen, so sind Zinssteigerungen unvermeidlich, die dem zinsrobusten Staat einen Vorteil vor privaten Kreditnehmern verschaffen[47]. Dieser Verdrängungseffekt ist natürliche Folge im Ansatz der Quellentheorie, die davon ausgeht, daß der Kapitalmarkt durch eine bestimmte *begrenzte* Menge an liquiden Mitteln gespeist werde[48].

In der theoretischen Darstellung können solche Zinssteigerungen zweierlei Ursachen haben: Erstens die mit zunehmender ökonomischer Aktivität relativ zum Geldangebot steigende Geldnachfrage (transactions crowding out) und zweitens die Portfolioeffekte zusätzlicher Staatspapiere in Abhängigkeit von der Substituierbarkeit der verschiedenen Assets im privaten Vermögensbestand (portfolio crowding out)[49]. Im ersten Fall hängt die Zinssteigerung — in der Argumentation des Hicksschen IS-LM-Paradigmas — von der Steigung und eventuellen Verschiebung der LM-Kurve und damit wesentlich von der Zinselastizität der Geldnachfrage ab. Im zweiten Fall sind Zinssteigerungen die Folge von Vermögens- und Substitutionseffekten in der Portfolionachfrage; je nach Substituierbarkeit zwischen den Vermögensarten Geld, Staatspapiere und Realkapital können allerdings auch zinssenkende Wirkungen auftreten[50]. In beiden Fällen hängt die letztendliche Zinsentwicklung schließlich auch noch von der — oftmals vernachlässigten — Elastizität des Geldangebots ab.

Inwieweit entstehende Zinserhöhungen tatsächlich zu Verdrängungswirkungen bezüglich der privaten Absorption führen, hängt des weiteren von der

[44] Wie erwähnt, beziehen sich die Ausführungen nur auf staatliche Kreditaufnahme im privaten Sektor und nicht bei der Notenbank.

[45] Vgl. z. B. Lahnstein (1981), S. 318; Duwendag (1983), S. 88 und Lenk (1980), S. 224ff.

[46] Vgl. Stützel (1978), S. 445f.

[47] Vgl. Schmid (1982), S. 126f.

[48] Vgl. z. B. die entsprechenden Passagen in den Jahresgutachten des Sachverständigenrates 1977 und 1978.

[49] Vgl. Friedman (1978), S. 599ff.

[50] Letzteres ist der Fall, wenn die zusätzlichen Staatspapiere sehr liquide und daher engere Substitute zu Geld als zu Realkapital sind. Vgl. Friedman (1978), S. 617ff.; Cohen/McMenami (1978); Siebke (1977). Für die Bundesrepublik weisen Karman/Ketterer (1981) sowohl Perioden eines „portfolio crowding in“ als auch eines „portfolio crowding out“ nach.

Zinselastizität der privaten Nachfrage (Steigung der IS-Kurve) ab. Anders ist der Fall jedoch in einer offenen Volkswirtschaft bei flexiblen Wechselkursen und einer positiven Zinselastizität der internationalen Kapitalbewegungen. Unabhängig von der Zinselastizität der inländischen privaten Absorption kann hier c.p. (in Abwesenheit von Preis- und Wechselkurserwartungen) ein zins- bzw. wechselkursinduziertes crowding out auftreten. Dies ist der Fall, wenn der inländische Zinsanstieg Kapitalimporte induziert, die eine Aufwertung der heimischen Währung einleiten, bis hierdurch eine entsprechende Leistungsbilanzverschlechterung eingetreten ist. Bei vollkommener Substituierbarkeit internationaler Kapitalanlagen und vollkommener Kapitalmobilität (und unter Vernachlässigung der Realeinkommenseffekte einer Aufwertung) werden die zusätzlichen Staatsausgaben c.p. in vollem Umfang durch einen Exportrückgang kompensiert — das crowding out ist vollständig[51].

Bei vollkommener Substituierbarkeit und vollkommener internationaler Kapitalmobilität erfolgt zwar unter obigen Annahmen eine Verdrängung von Exporten und Importsubstituten im Ausmaß der Staatsausgabensteigerung, diese ist jedoch verbunden mit einem unveränderten inländischen Zinsniveau (Zinsparität).

Dies bedeutet, daß eine Verdrängung zinsabhängiger heimischer Absorption in diesem Fall nicht auftritt. Bei — realistischer — unvollständiger Substituierbarkeit nationaler und fremdländischer Assets ist eine Abweichung des heimischen Zinsniveaus vom Weltmarktzins möglich, doch ist die Zinssteigerung geringer als in einer geschlossenen Volkswirtschaft. Ein zinsinduziertes crowding out über sinkende inländische Investitionen ist nun möglich, aber in geringerem Maße als in einer Welt ohne internationalen Kapitalverkehr. Das verminderte crowding out inländischer Absorption wird allerding ersetzt durch ein zins- und wechselkursinduziertes crowding out von Exportnachfrage[52].

Die Gesamtbeurteilung dieser beiden gegenläufigen — nachfrageabhängigen — Crowding-out-Effekte hängt unter anderem vom gewählten Zeithorizont ab. Kurzfristig wird der Verdrängungseffekt um so gewichtiger sein, je zinselastischer die internationalen Kapitalströme sind. Da bei flexiblen Wechselkursen eine Leistungsbilanzverschlechterung im vollen Ausmaß der Kapitalimporte eintritt, senkt dies auch in diesem Umfang die inländische Gesamtnachfrage, während die verbleibende Zinssteigerung nur nach Maßgabe der Zinselastizität heimischer Absorption Binnennachfrage verdrängt. Bei geringer Zinselastizität internationaler Kapitalströme ist der Kapitalimport und damit die Leistungsbi-

[51] Vgl. Mundell (1963); Fleming (1962), S. 369ff.

[52] Der Rückgang der Exportnachfrage muß dabei nicht nur direkt wechselkursbedingt sein, sondern kann auch aufgrund der im Ausland (im Zuge der Kapitalabflüsse ins Inland) steigenden Zinsen zustande kommen. Vgl. zu den Rückwirkungen inländischer Fiskalpolitik auf ausländische Zinsen, Preise und Einkommen Ohr (1980), S. 74ff., 111ff. und 152ff. Zur Bedeutung einer solchen direkt zinsabhängigen Exportnachfrage vgl. Lehment (1983), S. 424f.

lanzverschlechterung relativ gering, doch wird dafür der inländische Zinsanstieg kaum durch Zustrom fremdländischen Kapitals gemildert. Solange jedoch die Investitionsnachfrage nicht unendlich zinselastisch ist, wird der Verdrängungseffekt heimischer Investitionen kleiner sein als der anderenfalls — bei höheren Kapitalimporten — induzierte Rückgang der Exportnachfrage. Insgesamt muß daher — unter diesen Bedingungen — in einer offenen Volkswirtschaft mit flexiblen Wechselkursen kurzfristig mit stärkeren Crowding-out-Wirkungen gerechnet werden als in einer geschlossenen Volkswirtschaft.

Langfristig spielt jedoch auch der Kapazitätseffekt der Investitionsgüter eine entscheidende Rolle. Eine Zurückdrängung inländischer Investitionsnachfrage zugunsten einer geringeren Beeinträchtigung der Exporte verschlechtert die Produktionsvoraussetzungen der Zukunft. Langfristig wird das crowding out also um so gravierender sein, je weniger das internationale Kapital auf Zinsveränderungen reagiert. Um so geringer sind dann Kapitalimport und Leistungsbilanzdefizit, um so mehr kann das inländische Zinsniveau vom Auslandszinsniveau abweichen, und um so stärker ist die Beeinträchtigung inländischer Investitionen. Eine Verlangsamung des Wachstums des Kapitalstocks kann weitaus negativere Wirkungen für die Entwicklung des Sozialprodukts hervorrufen als eine — kurzfristig stärkere — Verlangsamung des Exportwachstums. Langfristig ist also in einer offenen Volkswirtschaft mit geringeren Crowding-out-Effekten zu rechnen als in einer geschlossenen Volkswirtschaft, da ein Teil der Verdrängungseffekte über Kapitalimporte und entsprechend steigende Zinsen im Ausland exportiert werden kann.

Eine zinsinduzierte Aufwertung kann jedoch neben der direkten Verschlechterung der Leistungsbilanz auch andere, über die *Angebots*seite wirkende — positive — Effekte auslösen. Zum einen verbilligen sich hierdurch importierte Vorleistungen[53], zum anderen besteht ein gewisser Einfluß auf die Reallohnentwicklung. Während sich das Arbeitsangebot und damit die Lohnforderungen an dem mit dem Verbraucherpreisniveau deflationierten Reallohn orientieren, ist für die Arbeitsnachfrage der mit dem inländischen Herstellerpreisniveau deflationierte Reallohn maßgeblich. Eine Aufwertung senkt c.p. das Verbraucherpreisniveau und damit auch in gewissem Umfang die Lohnforderungen[54]. Der für die inländische Produktion ausschlaggebende Reallohn sinkt, so daß das inländische Güterangebot ausgedehnt wird und/oder die inländischen Herstellerpreise zurückgenommen werden. Der aufwertungsbedingte Zuwachs des Verteilungsspielraums im Inland wird sich also sowohl auf die Tariflohnabschlüsse als auch auf die Preisgestaltung der Unternehmen dämpfend auswirken[55]. Sinkende Herstellerpreise verbessern die internationale Wettbewerbsfä-

---

[53] Vgl. zur Verstärkung oder Dämpfung fiskalpolitisch bewirkter expansiver Impulse durch induzierte Aufwertungseffekte u.a. Rose (1980), S. 350ff., Lipp (1983), S. 414f. Zum Einbau importierter Vorleistungen in eine makroökonomische Produktionsfunktion vgl. Findlay/Rodriguez (1977).

[54] Vgl. u.a. Argy/Salop (1979); Bender/Lang/Ohr (1982).

higkeit wieder etwas (steigende Exportnachfrage), und das durch das verringerte Verbraucherpreisniveau gestiegene Realeinkommen erhöht die inländische Absorption. Über diesen Kausalzusammenhang ist also c.p. sogar ein gewisses „crowding in“ zusätzlicher Nachfrage nach inländischer Produktion denkbar, das das zuvor genannte zins- und wechselkursinduzierte crowding out teilweise kompensieren kann.

Umstritten bleibt zudem noch, ob ein möglicherweise verbleibendes — über die Investitions- oder Exportnachfrage wirkendes — zinsabhängiges crowding out allein der staatlichen expansiven Ausgabenpolitik zuzurechnen ist. So argumentiert Buiter hinsichtlich einkommens- und vermögensabhängiger Zinssteigerungen und ihrer negativen Einflüsse auf den Staatsausgabenmultiplikator wie folgt[56]: „The multiplier is reduced by a scarcity not of real resources (labour and capital) but of money, which pushes up interest rates when the economy begins to expand. This situation would therefore be better described as the crowding out of private spending by restrictive monetary policy than by public spending.“ Eine durch die Staatsausgabenerhöhung erwünschte Sozialproduktsteigerung sollte also monetär durch eine entsprechende Geldmengenerhöhung alimentiert werden, wenn die Zinselastizität der Geldnachfrage zu gering ist, um eine flexible Anpassung der Geldnachfrage an eine gegebene Geldmenge bei erhöhtem Transaktionsbedarf zu ermöglichen[57].

(2) Preiswirkungen

Die Diskussion um indirektes crowding out befaßt sich jedoch auch mit möglichen Verdrängungswirkungen über andere Transmissionskanäle als die Zinsen. Oftmals werden etwa inflationäre Effekte als Auslöser von Crowding-out-Wirkungen genannt. Solche Preiseffekte können nun sowohl gleichzeitig als auch anstelle von Zinssteigerungen auftreten.

So geht z.B. Oberhauser[58] von einem relativ zinselastischen Geldangebot aus[59], das zunehmende Staatsverschuldung ohne wesentlichen Zinsanstieg ermöglicht. Allerdings sind dafür Preissteigerungen unvermeidlich, die eine Einkommensumverteilung zugunsten der Gewinne bedingen und damit eine höhere Ersparnis gewährleisten. Eine zinsinduzierte Verdrängung privater Investitionen wird nun ersetzt durch eine preisbedingte Verdrängung privater

---

55 Vgl. Filc (1983), S. 88; SVR-Gutachten (1981), S. 76.

56 Vgl. Buiter (1977), S. 313.

57 Vgl. hierzu auch Lachmann (1982a), der — allerdings in einem recht restriktiven Modell — zu dem Ergebnis kommt, daß „Inflationsbekämpfung bei gleichzeitiger Erhöhung der Staatsnachfrage beschäftigungshemmend wirkt“ (S. 127).

58 Vgl. Oberhauser (1983), S. 6ff.

59 Dies gilt seiner Meinung nach in besonderem Maße für ein Währungssystem fester Wechselkurse, aber in beschränktem Umfang auch für den Fall flexibler Wechselkurse (vgl. ebenda, S. 10).

Konsumnachfrage und Exportnachfrage. Bei flexiblen Wechselkursen wird allerdings hierdurch c. p. eine Abwertung der Inlandswährung induziert, die den preisbedingten internationalen Wettbewerbsnachteil kompensiert, so daß — in Abwesenheit von Zins- und Wechselkurserwartungseffekten — keine Verschlechterung der Leistungsbilanz zu erwarten ist. Unter diesen Bedingungen ist die private Ersparnis keine exogene Größe, sondern paßt sich in starkem Maße über preisinduzierte Änderungen der Einkommensverteilung an die Summe aus privater Investition, staatlicher Neuverschuldung und Leistungsbilanzsaldo an.

Preissteigerungen *infolge* von vorherigem zinsinduzierten crowding out dagegen untersucht Cebula[60]. Er hebt hervor, daß Preissteigerungen und damit preisinduziertes crowding out nicht nur durch den Nachfrageimpuls steigender Staatsausgaben, sondern auch durch die Angebotsverknappung aufgrund eingeschränkter Investitionen zustande kommen kann.

Unabhängig von eventuellem teilweisen Zins-crowding-out sind dagegen rein nachfragebedingte inflationäre Impulse. Sie setzen allerdings voraus, daß die Gesamtnachfrage zunächst auf jeden Fall gestiegen sein muß, kurzfristig also kein vollständiges crowding out vorgelegen hat. Induzieren diese Preissteigerungen Lohnanpassungen, so verschiebt sich die Angebotskurve wieder nach links, und die private Produktion wird vermindert, so daß im Endeffekt sogar ein vollständiges crowding out resultieren kann[61].

Ein eindeutiger empirischer Nachweis inflationärer Auswirkungen staatlicher Budgetdefizite steht allerdings noch aus. Im Gegenteil wird z. B. für die USA nachgewiesen, daß die Preisentwicklung dominant von der Entwicklung der Geldmenge bestimmt wird. Da kein statistisch gesicherter Zusammenhang zwischen staatlicher Budgetpolitik und Geldmengenpolitik feststellbar ist, hat das Budgetdefizit danach weder direkt noch indirekt — über eine Ausdehnung der Geldmenge — Einfluß auf das Preisniveau[62]. Dieses Ergebnis muß allerdings nicht für andere Länder und auch nicht für die USA zu allen Zeiten gelten.

Sind preissteigernde Impulse nicht generell auszuschließen, so spielt die Frage, ob sie mit steigenden oder relativ konstanten Zinsen verbunden sind, eine entscheidende Rolle für die Entwicklung des Wechselkurses. Treten keine Zinserhöhungen auf, so wertet bei flexiblen Wechselkursen die inländische Währung c. p. ab, bis der preisbedingte Wettbewerbsnachteil ausgeglichen ist; die Leistungsbilanz verschlechtert sich nicht, Exportnachfrage und Nachfrage nach Importsubstitutionsgütern werden nicht verdrängt. Allerdings erhöht sich das inländische Verbraucherpreisniveau nun auch noch über steigende Importpreise, ein zusätzlicher negativer Einfluß auf die Konsumnachfrage ist möglich[63].

---

[60] Vgl. Cebula (1978). Er untersucht empirisch für Kanada und die USA einen Zusammenhang zwischen Staatsdefizit und privaten Investitionen sowie zwischen Staatsdefizit und Inflation.

[61] Vgl. Neumann (1981), S. 96.

[62] Vgl. Niskanen (1978), eine empirische Studie für den Zeitraum 1947 - 1976.

Ist zudem noch die Güterproduktion von importierten Vorleistungen abhängig, so kann die wechselkursbedingte Kostensteigerung eine Angebotsverknappung hervorrufen[64] und damit ein crowding out inländischer Produktion.

Bewirkt das staatliche Budgetdefizit jedoch Zinssteigerungen, so wird die Abwertung der inländischen Währung (bei statischen Wechselkurserwartungen) geringer ausfallen, unter Umständen wertet die Währung sogar auf. Die preisbedingte Leistungsbilanzverschlechterung wird nicht mehr vollkommen durch eine Abwertung kompensiert, bzw. sie wird vielleicht sogar durch eine Aufwertung verstärkt — eine Verdrängung der Nachfrage nach inländischen „tradables" liegt vor. Kommt insgesamt eine Aufwertung zustande, so steht dem allerdings ein positiver Angebotseffekt gegenüber, da die Verbilligung importierter Vorleistungen und durch sinkendes Verbraucherpreisniveau reduzierte Lohnforderungen die Angebotskurve nach rechts verschieben.

2.2.3 Indirektes crowding out bei veränderten Erwartungen

Zwei Hauptaspekte charakterisieren die Diskussion um die durch staatliche Budgetpolitik ausgelösten Erwartungseffekte. Der erste Aspekt befaßt sich mit veränderten Ertragserwartungen privater Investoren. Diese können zum einen aus der Furcht vor inflationären Impulsen resultieren, die durch eine Ausweitung der Ansprüche des Staates an das reale Sozialprodukt entstehen mögen. Solche inflationären Impulse könnten steigende Lohnforderungen induzieren und/oder eine restriktive Geldpolitik mit der Folge steigender Zinsen auslösen. Zum anderen kann eine mit staatlicher Ausgabensteigerung verbundene Ausweitung der Staatsverschuldung zur Erwartung einer steigenden Belastung des Kapitalmarktes mit hierdurch induzierten Zinssteigerungen führen[65].

Zur Berücksichtigung dieser ertragsbezogenen Erwartungseffekte müßte das Budgetdefizit des Staates mit negativer Einflußrichtung in die private Investitionsfunktion eingehen[66] bzw. Zinserwartungen in der Zinsbestimmung eine Rolle spielen[67]. Inwieweit solche Ertragserwartungen tatsächlich wirksam sind, hängt nach Ansicht des Sachverständigenrates[68] von der Unterscheidung in konjunkturelle und strukturelle Staatsdefizite ab. Vor allem bei letzteren treten

---

[63] Hinzu kommen möglicherweise aufgrund des erhöhten Verbraucherpreisniveaus steigende Lohnforderungen und damit verbundene negative Angebotsfolgen.

[64] Zur Berücksichtigung importierter Vorleistungen in der Wirkungsanalyse expansiver Fiskalpolitik bei flexiblen Wechselkursen, vgl. Herberg/Hesse/Schuseil (1982).

[65] Vgl. Dieckheuer (1981), S. 135f.

[66] Vgl. z.B. Cebula (1973), S. 362ff.

[67] Vgl. hierzu auch Cebula (1978), S. 424. Er impliziert, daß höhere Staatsausgaben und/oder höhere Staatsverschuldung das Vertrauen in die Wirtschaft verringern und damit eine höhere Liquiditätspräferenz bewirken. Die damit verbundene zinstreibende Tendenz spiegelt sich im IS-LM-Paradigma in einer Verschiebung der LM-Kurve wider.

[68] Vgl. z.B. Sondergutachten des Sachverständigenrates (1981), Ziffer 14f.

nach seiner Meinung diese negativen Begleiterscheinungen auf. Hier stellt sich allerdings die Frage, ob tatsächlich davon auszugehen ist, daß ein Unternehmer „vor einer möglichen Investitionsentscheidung zunächst einmal die strukturelle Zusammensetzung des Staatsdefizits — vielleicht gar mit Hilfe der Jahresgutachten des Sachverständigenrates — studiert"[69].

Der zweite Hauptaspekt bezüglich der Frage, ob durch staatliche Defizite negative Erwartungseffekte ausgelöst werden, betrifft das sogenannte ex-ante-crowding-out. Nach Barro[70] existiert bei einer defizitfinanzierten Staatsausgabenerhöhung ein ex-ante-crowding-out dadurch, daß die zusätzlichen Staatspapiere nicht als Nettovermögenszuwachs angesehen werden. Statt dessen werden die künftigen höheren Steuern (für Zins- und Tilgungszahlungen) sofort von den privaten Wirtschaftssubjekten antizipiert und in ihren Absorptionsentscheidungen berücksichtigt[71].

Als theoretische Gegenargumente können u.a. intergenerative Lastverschiebungen, externe Effekte des Steuersystems, Liquiditätsbegrenzungen oder Verteilungseffekte genannt werden, die jeweils zu Unterschieden in der Wirkung von Steuern und Kreditaufnahme führen können. Eine deutlichere Aussage über diese sogenannte „Neutralitätshypothese der Staatsverschuldung" ist jedoch erst durch empirische Analysen möglich[72]. Bisherige empirische Untersuchungen haben allerdings die Neutralitätshypothese nicht bestätigen können[73]. Die private Konsumnachfrage reagiert danach eindeutig unterschiedlich darauf, ob zusätzliche Staatsausgaben durch Steuererhöhungen oder durch Staatsverschuldung finanziert werden. Allerdings wird die noch zu Anfang der 70er Jahre vorherrschende „Fiskalillusion" (Annahme, daß kreditfinanzierte Staatsausgaben den Bürger nichts kosten) mit zunehmendem Schuldenstand und Schuldendienst abgebaut und weicht einer gewissen Verunsicherung über mögliche negative Folgen wachsender Staatsverschuldung[74].

Berücksichtigt man auch den außenwirtschaftlichen Sektor, so können negative Erwartungen allerdings noch verstärkt werden. Die Erwartungen steigender Preise und Zinsen beinhaltet bei rationalen Überlegungen auch die Erwartung einer Verschlechterung der Leistungsbilanz — sowohl inflations- als auch wechselkursbedingt (letzteres, wenn hohe Zinsen zu Kapitalimporten und damit zu einer realen Aufwertung der heimischen Währung führen). Investitions-

---

69 Vgl. Krause-Junk (1982), S. 19.

70 Vgl. Barro (1974).

71 Unter dem Begriff „ex-ante-crowding-out" wird allerdings vielfach auch noch das direkte crowding out aufgrund von Substitutionsbeziehungen zwischen öffentlichen und privaten Ausgaben subsumiert. Vgl. Cook/Jackson (1979), S. 5.

72 Vgl. Koskela/Viren (1983), S. 576.

73 Vgl. Koskela/Viren (1983); Feldstein (1982).

74 Solche Verunsicherungen können natürlich zu einer verstärkten Verdrängung risikobehafteter privater Investitionen führen. Vgl. Maier (1983), S. 256ff.

entscheidungen in der Export- und Importsubstitutionsgüterindustrie können hierdurch beeinträchtigt werden.

Andererseits führen Inflationserwartungen auch zu Abwertungserwartungen, die den Nettozinsvorteil des Inlands kompensieren können. Es existiert dann keine internationale Renditedifferenz mehr und damit kein Anreiz für Kapitalimporte. Erfolgt die Abwertung tatsächlich (aufgrund der Verschlechterung der Leistungsbilanz), so gleicht dies die internationale Inflationsdifferenz teilweise oder ganz aus, und die Leistungsbilanz verbessert sich wieder. Die Auswirkungen auf die Investitionsentscheidungen im „tradables"-Sektor hängen daher maßgeblich davon ab, inwieweit erwartet wird, daß der Wechselkurs sich langfristig gemäß den internationalen Kaufkraftdifferenzen entwickelt oder daß er von spekulativen Kapitalbewegungen dominant beeinflußt wird.

Aber auch für das ex-ante-crowding-out können nun noch zusätzliche Argumente angeführt werden. Sie beziehen sich jedoch nicht mehr auf eine entsprechende Einschränkung des privaten Konsums, sondern auf eine eventuelle Verlagerung von Produktionsstätten ins Ausland. Werden aufgrund länger anhaltender hoher Staatsverschuldung für die Zukunft stark steigende Steuern erwartet, so kann es für ein Unternehmen sinnvoll sein, rechtzeitig seine Produktionsstätten ins Ausland zu verlegen, um dieser Belastung zu entgehen. Die mit der staatlichen Kreditaufnahme zusätzlich finanzierten produktiven oder unproduktiven Staatsausgaben verdrängen damit unter Umständen produktive, wachstumsnotwendige private Investitionen aus dem Inland. Ein solcher erwartungsbedingter Crowding-out-Effekt, der mit einer äußerst langfristigen Umorientierung von Unternehmen verbunden ist, wird allerdings allenfalls bei dauerhaft extrem hoher Staatsverschuldung und Zinsbelastung (vor allem auch in Verbindung mit hoher Auslandsverschuldung) eine gewisse Rolle spielen.

2.2.4 Zur Rolle des Vermögens in der theoretischen Crowding-out-Diskussion

Trotz der Vielfalt theoretisch möglicher Verdrängungseffekte beziehen sich die meisten Vertreter der Crowding-out-Hypothese nach wie vor entweder auf die direkte Konkurrenz um knappe Realressourcen in der Volkswirtschaft oder auf verschuldungsbedingte Zinssteigerungen und damit verbundene Investitionsbeeinträchtigungen[75].

Während früher im Mittelpunkt der Kontroverse um das zinsabhängige crowding out die Zinselastizität von Geld- und Güternachfrage stand und sich der Streit vor allem um die kurzfristige Wirksamkeit der Fiskalpolitik drehte, sind Pro und Contra des zinsabhängigen crowding out heute vorwiegend mit unterschiedlichen Beurteilungen der Vermögenseffekte in Geld- und Konsum-

---

[75] Vgl. u.a. Koetz (1983), S. 123ff., Milbradt (1980), S. 35ff., Nguyen/Turnovsky (1983), Willms (1978).

nachfrage verknüpft[76]. Ausgangspunkt der — nun längerfristig orientierten — Argumentation ist die Annahme, daß die Wirtschaftssubjekte bei einer Ausweitung ihres Portefeuillevolumens auch ihre Geldbestände ausweiten wollen[77].

Ein Anstieg des Vermögens aufgrund staatlicher Verschuldung im privaten Sektor erhöht c.p. die Geldnachfrage in jeder Periode eines neuen Budgetdefizits. Geldmarktgleichgewicht erfordert damit jeweils höhere Zinsen oder ein niedrigeres Volkseinkommen. Dementgegen stehen die positiven Nachfrageeffekte — einmalig durch die höhere Staatsnachfrage und laufend, jedoch geringfügiger, in den Perioden weiterer Budgetdefizite aufgrund des Anstiegs vermögensabhängiger Konsumnachfrage[78]. Bei einem schwachen Vermögenseffekt auf den privaten Konsum und relativ hoher Vermögensabhängigkeit der Geldnachfrage dominieren langfristig die zinssteigernden Effekte einer Erhöhung der Geldnachfrage die Entwicklung, und eine durch Kreditaufnahme im privaten Sektor finanzierte Erhöhung der Staatsausgaben wirkt langfristig kontraktiv[79].

Berücksichtigt man jedoch das Vorhandensein verzinslicher kurzfristiger Anlageformen wie Tagesgeld oder Sparguthaben, so kann es unplausibel erscheinen, bei steigendem Vermögen, allein aus Gründen der Konstanthaltung der Struktur des Gesamtvermögens, zusätzliches Geld halten zu wollen[80]. Allein das Transaktionsmotiv und die Opportunitätskosten der Geldhaltung gegenüber der liquidesten verzinslichen Anlageform bestimmen dann die Geldnachfrage. Erfolgt die staatliche Kreditaufnahme in Form sehr liquider Papiere, so kann dies unter obigen Voraussetzungen sogar die Geldnachfrage c.p. verringern, wenn statt des ertraglosen Geldes nun die jederzeit liquidierbaren, zinstragenden Bonds präferiert werden. Nur über die Annahme, daß das Transaktionsvolumen in gewissem Maße vom Vermögen abhängt, besteht in diesem Rahmen noch eine kleine positive Einflußmöglichkeit des Portefeuillevolumens auf die Geldnachfrage, während der positive Einfluß des Vermögens auf die Konsumnachfrage unbestritten bleibt[81].

---

[76] Vgl. Pfähler (1982), S. 285.

[77] Vgl. u.a. Friedman (1970), S. 202ff.

[78] Im Rahmen der IS-LM-Analyse zeigen sich diese Zusammenhänge in Linksverschiebungen der LM-Kurve in jeder Periode eines neuen Budgetdefizits und in Rechtsverschiebungen der IS-Kurve infolge der höheren Staatsnachfrage und der vermögensabhängig steigenden Konsumnachfrage. Je nachdem, ob die Verschiebung der LM-Kurve oder der IS-Kurve stärker ausfällt, ergibt sich im Endeffekt ein negativer oder positiver Realeinkommenseffekt.

[79] Zur mit dem Vermögenseffekt der staatlichen Budgetrestriktion verbundenen Frage der Stabilität oder Instabilität bondfinanzierter Fiskalpolitik vgl. u.a. Blinder/Solow (1973), Tobin/Buiter (1976), Brunner/Meltzer (1972), Pyle/Turnovsky (1976). Zur genaueren Diskussion dieses Problems — auch unter den Rahmenbedingungen einer offenen Volkswirtschaft — vgl. Kapitel 4.2.4 dieser Arbeit.

[80] Vgl. Sinn (1983), S. 500f. Anhand eines nutzentheoretischen Ansatzes wird hier abgeleitet, daß die Geldnachfrage eines rationalen Anlegers allein von der Rendite der liquidesten verzinslichen Anlageform sowie vom Transaktionsvolumen abhängt.

In diesem Zusammenhang kann zwar nach wie vor c.p. eine gewisse Zinssteigerung sowie eine entsprechende Reduktion der privaten Investitionen eintreten. Dies ist jedoch dann die Folge einer Belebung der Konjunktur durch das staatliche Ausgabenprogramm und der damit verbundenen erhöhten Geldnachfrage aus Transaktionsmotiven, so daß damit immer ein positiver Einkommensmultiplikator einhergehen muß.

Unterstellt man jedoch vollkommene internationale Kapitalmobilität und perfekte Substituierbarkeit in- und ausländischer Kapitalanlagen, so können sich (bei Abwesenheit von Wechselkurserwartungen und unter Vernachlässigung wechselkursbedingter Realeinkommensveränderungen) überhaupt keine Vermögenseffekte ergeben. Die Tendenz des inländischen Zinssatzes, vom ausländischen Zinsniveau abzuweichen, induziert Kapitalimporte, die wiederum eine Aufwertung bewirken. Im Ausmaß des Kapitalbilanzüberschusses entsteht ein aufwertungsbedingtes Leistungsbilanzdefizit, das das inländische Vermögen verringert. Dieser Prozeß hält an, bis im Ausmaß der staatlichen Kreditaufnahme (Vermögensanstieg) Leistungsbilanzdefizite und entsprechende Nettokapitalimporte zu verzeichnen sind (Vermögensverlust). Das staatliche Budgetdefizit wird letztendlich in vollem Umfang durch gesamtwirtschaftliche Auslandsverschuldung finanziert, so daß das Vermögen konstant bleibt[82]; der Anstieg der Staatsnachfrage wird durch einen Rückgang des Außenbeitrags kompensiert. Weder vermögens- noch einkommensbedingt besteht schließlich noch eine Tendenz des inländischen Zinssatzes, vom Weltmarktzins abzuweichen[83].

Die Realität ist zwar durch weitgehend unbeschränkte internationale Kapitalmobilität gekennzeichnet, doch spielen zum einen Wechselkurserwartungen eine entscheidende Rolle für den internationalen Renditevergleich, zum anderen liegt zumeist keine vollständige Substituierbarkeit der Anlagemöglichkeiten vor.

Perfekte Kapitalmobilität muß daher — selbst bei perfekter Substituierbarkeit der in- und ausländischen Kapitalanlagen — kurzfristig nicht zur vollständigen Angleichung des heimischen und fremdländischen Zinssatzes führen, sondern die Zinsparität ist um erwartete Auf- oder Abwertungsraten zu erweitern. Führt eine aktuelle Aufwertung der Inlandswährung zur Erwartung einer nachfolgenden Abwertung, so wird dies die Renditeerwartung bezüglich inländischer Anlagen vermindern, — die Kapitalimporte sind geringer als im zuvor genannten Fall. Unter solchen Voraussetzungen kommt kurzfristig nur

---

[81] Ein guter Literaturüberblick zur Entstehung und Wirkung von Vermögenseffekten auf die Konsumnachfrage findet sich bei Meier (1974).

[82] Vgl. Currie (1979), S. 112.

[83] Damit wird das Ergebnis Mundells auch unter Einbeziehung von Vermögenseffekten bestätigt. Vgl. Siebke/Knoll/Schmidberger (1981), S. 252f. Berücksichtigt man allerdings die aufwertungsbedingte Verringerung des inländischen Gesamtpreisniveaus so steigt hierdurch das reale Geldangebot, und es sind (bei unverändertem Zins) Einkommens- und/oder Vermögenseffekte möglich.

ein partielles wechselkursbedingtes crowding out zustande, und der Vermögensanstieg durch die Ausgabe der Staatsschuldtitel überwiegt den Vermögensrückgang durch die Auslandsverschuldung (Leistungsbilanzdefizite). Im langfristigen Gleichgewicht muß jedoch — bei komparativ statischer Betrachtung — ein unveränderbarer Wechselkurs erwartet werden, so daß dann wieder das o.g. Ergebnis Mundells gilt[84].

Etwas anders ist der Fall unvollständiger Substituierbarkeit internationaler Kapitalanlagen gelagert, wie er z.B. in Bransons Asset-Markt-Ansatz unterstellt wird[85]. Danach werden sich die Kapitalanleger nicht nur an den jeweiligen unterschiedlichen nationalen Ertragsraten orientieren, sondern aus Gründen der Risikodiversifizierung generell eine gewisse Streuung des Vermögens auf verschiedene Portfolioaktiva betreiben. Auch dies stellt sicher, daß Abweichungen des heimischen Zinssatzes vom Weltzinsniveau nicht ein solches Ausmaß an Kapitalströmen hervorrufen, daß sich die Zinssätze genau angleichen bzw. daß der Vermögenszuwachs durch Staatspapiere vollkommen durch einen Vermögensabfluß aufgrund von Auslandsverschuldung kompensiert wird.

Die Abhängigkeit der Nachfrage nach in- und ausländischen Wertpapieren vom Gesamtvermögen (Portfolioeffekt) dämpft den möglichen oben beschriebenen außenwirtschaftsbedingten Crowding-out-Effekt noch aus einem anderen Grund. Der durch die Staatsverschuldung eintretende Vermögensanstieg erhöht auch die Nachfrage nach fremdländischen Kapitalanlagen (Anregung von Kapitalabflüssen). Dominiert dieser Vermögenseffekt den Zinseffekt, der ja zu Kapitalimporten führen würde, so entsteht insgesamt ein Nettokapitalexport, der Abwertungstendenzen der heimischen Währung einleitet. Überwiegt diese Abwertung mögliche Preissteigerungen, so ist hiermit wiederum eine Verbesserung der Leistungsbilanz und damit eine steigende Gesamtnachfrage verbunden. Der Crowding-out-Effekt wird durch ein crowding in ersetzt, das Vermögen steigt nun auch noch durch Leistungsbilanzüberschüsse.

In beiden letztgenannten Fällen resultiert ein — mehr oder minder großer — Nettovermögensanstieg, so daß das langfristige Ausmaß des Crowding-out-Effektes daher auch wieder von der Vermögenselastizität von Geld- und Konsumnachfrage abhängt[86].

---

[84] Es gilt auch hier allerdings die schon angesprochene Restriktion fehlender Realeinkommenseffekte.

[85] Vgl. Branson (1977). Bei ihm ist die Nachfrage nach in- und ausländischen Wertpapieren neben der internationalen Renditedifferenz vom Gesamtvermögen abhängig, so daß ein Vermögensanstieg unabhängig von der Zinsdifferenz die Nachfrage nach beiden Assets erhöht.

[86] Die langfristige Entwicklung ist natürlich auch durch die Angebotswirkungen der staatlichen Budgetpolitik gekennzeichnet, wobei sich die hier zuletzt beschriebenen beiden Fälle u.a. aufgrund der unterschiedlichen Wechselkursentwicklung erheblich unterscheiden.

2.2.5 Empirische Untersuchungen

Aufgrund der großen Gegensätze in der theoretischen Argumentation um Vorhandensein oder Ausmaß von Crowding-out-Effekten staatlicher Ausgabenpolitik wurde vielfach versucht, solche Verdrängungswirkungen empirisch zu erfassen. Generell sind dabei zwei unterschiedliche Vorgehensweisen möglich: Ansätze mit einem reduzierten, unspezifizierten Gleichungssystem und Ansätze mit einer Vielzahl struktureller, spezifizierter Gleichungen.

Die insbesondere von den Monetaristen verwendeten „reduced-form"-Ansätze kommen vielfach zum Ergebnis, daß Staatsausgabenerhöhungen schon nach kurzer Zeit Crowding-out-Effekte implizieren und langfristig sogar negative Einkommensentwicklungen bewirken können[87]. Problematisch ist bei diesen Ansätzen allerdings die mangelnde Erfassung der direkten und indirekten Transmissionswege zwischen den staatlichen Instrumentvariablen und den makroökonomischen Zielgrößen und damit verbunden die Unmöglichkeit der Isolation der Einflüsse der Instrumentvariablen von den Einflüssen exogener Störimpulse auf die Zielvariablen[88]. Hinzu kommt, daß eine bestimmte reduzierte Form mit einer Vielzahl von möglichen Modellstrukturen vereinbar ist, so daß nicht genau bestimmt werden kann, welche potentielle Strukturform sich hinter einer empirisch bewährten reduzierten Form verbirgt (Identifikationsproblem)[89].

Das Problem bei den Strukturmodellen ist die Annahmevielfalt der zugrundeliegenden Theorien und das Umsetzen der theoretisch als richtig unterstellten Verhaltenshypothesen in quantitative Beziehungen. Werden die relevanten Wirkungskanäle unvollständig oder quantitativ falsch erfaßt, so lassen sich auch nur mangelhafte Aussagen über die faktischen Auswirkungen staatlicher Budgetpolitik auf die gesamtwirtschaftlichen Zielgrößen ableiten.

Als Vorteil dieser — sehr viel arbeitsaufwendigeren — Methode der empirischen Analyse wird die Möglichkeit gesehen, durch die strukturelle Überprüfung auch *Erklärungen* für die beobachteten Phänomene mitzuerfassen, indem etwa die direkten Transmissionswege wirtschaftspolitischer Maßnahmen bei der Wirkungsanalyse berücksichtigt werden können. Im Gegensatz zu den reduzierten Modellen werden hierbei allerdings zumeist eher keynesianische Ergebnisse erzielt[90]. In den kurzfristigen — für die praktische Wirtschaftspolitik zweifellos

---

[87] Als repräsentativ hierfür kann der Ansatz der Federal Reserve Bank St. Louis für die USA gelten (vgl. Fromm/Klein (1973), S. 385ff); für die USA und Kanada sei die Untersuchung von Cebula (1978) genannt.

[88] Bestehen zwischen den Störvariablen und den wirtschaftspolitischen Instrumentvariablen Korrelationen, so werden die Schätzungen der Wirkungen der Instrumentvariablen auf die Zielgrößen verzerrt. Genaue Aussagen über diese Wirkungen sind demnach nicht möglich. Vgl. Dieckheuer (1980), S. 143.

[89] Vgl. Gschwendtner (1980), S. 44f. Zum Identifikationsproblem siehe Assenmacher (1980), S. 59ff.

besonders relevanten — Zeiträumen werden überwiegend Einkommensmultiplikatoren von größer als Eins ermittelt; in der langen Frist zeigen sich auch hier allerdings zum Teil gewisse Crowding-out-Effekte, jedoch werden keine negativen Multiplikatoren festgestellt[91].

Vielfach beschränken sich die empirischen Untersuchungen auf Ansätze geschlossener Volkswirtschaften oder berücksichtigen nur ein Währungssystem fester Wechselkurse. Erfolgt eine spezifische Einbeziehung der Devisenmarkt- und Wechselkursbedingungen, so deuten die empirischen Ergebnisse darauf hin, daß im Fall flexibler Wechselkurse der Multiplikatoreffekt geringer ist als bei festen Wechselkursen[92]. Dies beruht auf den zusätzlichen expansiven Wirkungen, die bei festen Wechselkursen durch einen zinsinduzierten Kapitalimport und damit verbundenen Devisenreservenzufluß entstehen, und dem bei floating resultierenden leistungsbilanzverschlechternden Aufwertungseffekt. Allerdings sind dadurch für den Fall fester Wechselkurse die geld- und fiskalpolitischen Wirkungen nicht mehr exakt zu trennen. Weiterhin sind Wechselkurserwartungen und Vermögenseffekte nicht berücksichtigt, und auch die Angebotseffekte von Wechselkursänderungen sind allenfalls rudimentär erfaßt.

Insgesamt kann festgehalten werden, daß die empirischen Untersuchungen die These stützen, daß vollständiges crowding out für die kurze Frist (bis zu zwei Jahren) nicht zu erwarten ist, auch wenn eine teilweise Beeinträchtigung der privaten Konsum- und Investitionsnachfrage durch Zins-, Wechselkurs- oder Inflationseffekte nicht auszuschließen ist. Die Möglichkeit eines langfristig sogar negativen Einkommensmultiplikators erscheint dagegen für die Wirkungsanalyse konjunkturpolitisch motivierter staatlicher Budgetpolitik weniger von Bedeutung. Zudem stellt sich für langfristige Analysen die Frage, ob überhaupt nach einer Datenänderung ein stabiles Gleichgewicht der ökonomischen Variablen erreicht wird[93].

---

[90] Die sich aus der „Detailprüfung" der Modelle ergebenden Lerneffekte über die Struktur des realen Wirtschaftssystems führen u.a. nach Gschwendtner vielleicht dazu, daß „Vertreter traditioneller ökonomischer Arbeitsweisen (gemeint sind Strukturmodelle, d. Verf.) tendenziell weniger einseitige Standpunkte vertreten als manche Vertreter monetaristischer Denkweise". (Gschwendtner (1980), S. 46).

[91] U.a. seien hier für die Bundesrepublik die Untersuchungen von Dieckheuer (1978), Tewes (1982), Westphal (1981), Krelle/Conrad/Grisse/Martiensen (1979) und Zwiener (1983) genannt, für Großbritannien die Analysen von Arestis (1979) und Taylor (1979), für die Schweiz die Arbeit von Jaeger/Schips (1980) und für die USA das MPS-Modell von Ando/Modigliani (vgl. Ando (1974); Modigliani/Ando (1976). Eine ländervergleichende Simulationsstudie auf Basis des Federal Reserve Board Staff's Multicountry Model findet sich bei Caprio/Henderson/Hooper/Lubitz/Symansky (1983). Hier werden z.B. für die USA aufgrund niedriger Zinselastizität der Geldnachfrage vergleichsweise hohe Zinssteigerungen festgestellt. In der BRD ist dagegen danach wegen niedriger Zinselastizität der privaten Absorption, eines hohen Akzeleratoreffektes und stärkeren Abwertungswirkungen der Realeinkommenseffekt vergleichsweise hoch.

[92] Vgl. Dieckheuer (1978), S. 245f.; Taylor (1982), S. 105.

[93] Dies ergibt sich u.a. auch in der oben genannten empirischen Simulation von Dieckheuer (vgl. ebenda, S. 245 und S. 249).

2.3 Verteilungs- und Wachstumswirkungen kreditfinanzierter Ausgabenpolitik

Als weiterer Aspekt in der Diskussion um die Beurteilung der Staatsverschuldung werden oft interpersonelle und intertemporale Verteilungswirkungen genannt. Die interpersonellen Verteilungswirkungen beziehen sich vornehmlich auf den Akt der Zinszahlungen auf die entstandene Staatsschuld. Nach vielfacher Ansicht profitieren danach die „reicheren" Mitglieder der Gesellschaft als Anleihegläubiger von den Zinseinnahmen, während *alle* Mitglieder der Gesellschaft an den Zins- und Tilgungslasten beteiligt seien. Eine Umverteilung von der Vielzahl der Steuerzahler auf eine kleinere Gruppe der Anleihezeichner wird damit angenommen[94].

Allerdings beruhen die Zinseinnahmen der „reicheren" Schichten nicht primär auf der Tatsache, daß der Staat Kredite benötigt, sondern auf der Tatsache, daß Kapital gebildet worden ist, das nun — an private oder öffentliche Kreditnachfrager — vergeben werden kann. Die Zinseinkünfte würden bei geringerer staatlicher Verschuldung in ähnlichem Umfang durch Kredite an private Investoren erzielt werden können[95]. Die zins- und tilgungsbedingte Steuerbelastung beinhaltet daher keine Umverteilung zugunsten der staatlichen Anleihezeichner, sondern ist nur Ersatz für verringerte Steuerzahlungen im Zeitpunkt der staatlichen Kreditaufnahme[96].

Erfolgt die staatliche Kreditaufnahme allerdings im Ausland, so ist im Ausmaß der Schuldzinsen eine Umverteilung zwischen in- und ausländischer Volkswirtschaft zu verzeichnen. Werden mit Hilfe der Auslandskredite jedoch staatliche Investitionen finanziert, deren pekuniäre und nichtpekuniäre (soziale) Erträge die Zinszahlungen an das Ausland übersteigen, so kann damit insgesamt auch eine reale Umverteilung vom Ausland ins Inland verbunden sein. Dies ist der Fall, wenn im Ausland die Zinserträge nicht die aus dem Entzug der Kapitalressourcen resultierenden Produktions- und Wachstumsverluste kompensieren.

Die zweite Form der Verteilungswirkungen, die intertemporalen Verteilungseffekte, werden auch unter dem Begriff zeitliche Lastverschiebung diskutiert. Im folgenden sollen nur zwei Aspekte herausgegriffen werden[97]: Wird die Last staatlicher Ausgabenpolitik im Entzug von Ressourcen aus der privaten

---

[94] Vgl. z.B. Gantner (1979), S. 154.

[95] Wobei hier allerdings von einer Veränderung der Zinssätze durch die staatliche Kreditaufnahme abstrahiert wird. Vgl. Milbradt (1980), S. 49, Gandenberger (1970), S. 1ff.

[96] Vgl. u.a. Andel (1969), S. 69ff.; Gandenberger (1974), Ehrlicher (1979) S. 398f., Koetz (1983), S. 33f. Eine ausführliche theoretische und empirische Kritik am hier angesprochenen „Transferansatz" findet sich bei Kurz (1984).

[97] Für einen umfassenden Gesamtüberblick sei hier auf Gandenberger (1972) hingewiesen. Eine ausgezeichnete problemorientierte Verarbeitung der verschiedenen Konzepte findet sich bei Koetz (1983), S. 34ff.

Verwendung gesehen, so spielt es keine Rolle, ob der Ressourcenentzug über steigende Steuern oder Kreditaufnahme erfolgt[98].

Nur bei einer Verschuldung im Ausland ist dies anders. Hier kann der Staat in der Verschuldungsperiode u. U. auf zusätzliche Ressourcen zurückgreifen, die das Ausland zur Verfügung stellt. Die Last des Ressourcenentzuges ist damit in die Phase der Rückzahlungsperiode verschoben, in der die Volkswirtschaft Ressourcen in entsprechender Höhe an das Ausland abgeben muß.

Wird die Last allerdings im Sinne der Auferlegung von Zwangsabgaben interpretiert, so entsteht keine Last in der Phase der Kreditnahme, sondern erst im Zeitpunkt der steuerfinanzierten Zins- und Tilgungsraten[99]. Hiermit liegen also intergenerative Umverteilungseffekte vor. Wird jedoch mit dem Pay-as-you-use-Ansatz von Musgrave[100] argumentiert, so entspricht der Last der Zins- und Tilgungszahlungen in den späteren Jahren auch die Möglichkeit der Nutzung des kreditfinanzierten öffentlichen Projektes (sofern es ein Investitionsobjekt war). Unter diesem Aspekt entstünde im Gegenteil nur bei Steuerfinanzierung öffentlicher Investitionsobjekte eine Umverteilung, und zwar zu Lasten der jetzigen Generation und zugunsten künftiger Generationen.

Erweitert wird der Ansatz noch von Modigliani[101], der die Einschränkung privater Investitionen bei staatlicher Kreditaufnahme einbezieht. Er sieht einen intertemporalen Verteilungseffekt darin, daß durch Staatsverschuldung höhere Konsumnachfrage in der laufenden Periode möglich ist, aber in späteren Perioden sich ein Einkommensverlust infolge der Reduktion von privater Investition und Kapitalstockwachstum ergibt. Nicht berücksichtigt wird hierbei die Möglichkeit „produktiver" staatlicher Investitionen, die das geringere Wachstum des privaten Kapitalstocks z. B. durch Schaffung höherer Kapitalproduktivität ausgleichen.

Auch diese intertemporalen Verteilungseffekte erhalten noch ein anderes Gewicht, wenn keine interne Verschuldung, sondern Auslandsverschuldung vorliegt. Nun erfolgt u. U. keine Einschränkung privater Investitionen im Inland in der Kreditnahmephase und damit keine Wachstumseinbuße in den Folgejahren[102]. Statt dessen sind nur Konsumminderungen in den Zins- und Tilgungsjahren zu verzeichnen, denen entsprechende Nutzenzuwächse aus den staatlichen Investitionsprojekten entgegenstehen. Eine intertemporale Umverteilung liegt

---

[98] Der reale Entzug von Gütern und Leistungen, die von den Wirtschaftssubjekten aufgrund der Hingabe von Geld an den Staat nicht mehr gekauft werden können, findet immer in der Gegenwart statt. Vgl. ebenda, S. 35.

[99] Vgl. Buchanan (1958), S. 59ff., Cavaco-Silva (1977), S. 31ff.

[100] Vgl. Musgrave (1959), S. 558ff.

[101] Last wird hier im Sinne des Aggregate Investment Approach definiert. Vgl. Modigliani (1961).

[102] Dies erfordert natürlich, daß die staatliche Auslandsverschuldung zu *zusätzlichen* Kapitalimporten führt und nicht nur zum Ersatz privater durch staatliche Auslandskredite.

im Sinne von Musgrave/Modigliani nicht mehr vor. Es bleibt eine internationale Umverteilung: Dem Inland stehen längerfristig mehr Produktionsmöglichkeiten zur Verfügung als bei interner Verschuldung, das Ausland verzeichnet infolge der Kapitalexporte ein geringeres Wachstum, kann jedoch in den Phasen der Zins- und Tilgungseinnahmen eine höhere Konsumnachfrage verwirklichen.

2.4 Aspekte staatlicher Auslandsverschuldung

In den bisherigen Betrachtungen spielten durch die Staatsverschuldung induzierte Kapitalimporte eine nicht unwesentliche Rolle. Dabei wurde jedoch zumeist implizit unterstellt, daß entweder diese Kapitalimporte nur durch Verkauf *privater* Wertpapiere an Ausländer zustande kommen oder daß private und staatliche Wertpapiere vollkommene Substitute sind, so daß eine Unterscheidung für die Wirkungsanalyse überflüssig ist. Sieht man jedoch von einer Homogenität der Gesamtheit inländischer Wertpapiere ab, so ist zu prüfen, ob mit einer direkten staatlichen Auslandsverschuldung nicht spezifische Wirkungen verbunden sind, die sich von denen einer internen Verschuldung (bei eventuellen privaten Kapitalimporten) unterscheiden.

Die hier angesprochene Fragestellung erfaßt nun allerdings nicht mehr die Abhängigkeit des Erfolgs expansiver Fiskalpolitik vom *Ausmaß* der damit verbundenen Staatsverschuldung, sondern es wird die Bedeutung der Schulden *strukturpolitisch* angesprochen. Es geht also um die gesamtwirtschaftlichen Wirkungen einer bestimmten Gestaltung des Gläubigerkreises — bei unverändertem Niveau der Staatsverschuldung.

Eine direkte staatliche Auslandsverschuldung kann generell unter zwei Rahmenbedingungen erfolgen:

a) Die ausländischen Gläubiger sehen die inländischen — privaten und staatlichen — Wertpapiere als vollkommene Substitute an; eine direkte Auslandsverschuldung des Staates führt c.p. zu einem entsprechenden Abzug an ausländischen Kapitalmitteln aus privaten Anlagen.
b) Die ausländischen Gläubiger messen den inländischen Staatspapieren ein geringeres Risiko und u.U. auch geringere Transaktionskosten zu[103]. Es erfolgt eine zusätzliche Kreditvergabe ohne gleich große Rücknahme von ausländischen Finanzmitteln aus privaten inländischen Anlagen.

Im ersten Fall tritt keine „Entlastung“ des inländischen Kapitalmarktes durch die staatliche Auslandsverschuldung im Vergleich zur Inlandsfinanzierung auf. Kapitalimporte und Wechselkursveränderungen entsprechen den bisher festgestellten Entwicklungen[104]. Von Bedeutung ist hier nur, ob der Staat sich in

---

[103] So erfolgt die Auslandsverschuldung der öffentlichen Hand im allgemeinen bei hohen Quantitäten in wesentlich geringerer Stückelung als bei privaten Kreditnachfragern, wodurch die Fixkostenbelastung der Kredittransaktionen relativ geringer ist. Vgl. Diller (1982), S. 347.

[104] Vgl. Borchert (1983), S. 523.

inländischer oder ausländischer Valuta verschuldet. In beiden Fällen wertet der Wechselkurs c.p. zwar zunächst gleichermaßen auf, doch entsteht ein unterschiedliches Währungsrisiko bezüglich der Zins- und Tilgungszahlungen.

Bei einem Staatskredit in Auslandswährung trägt der inländische Staat das Wechselkursrisiko, und die künftige Budgetbelastung ist daher nicht genau kalkulierbar. Eine Verschuldung in heimischer Währung ist dagegen nur durchsetzbar, wenn der ausländische Gläubiger Vertrauen in die Wirtschaftsentwicklung und damit in die Währung des Inlands hat. Gelingt es dem Staat, sich in heimischer Währung zu verschulden, so umgeht er das Risiko einer wechselkursinduzierten Erhöhung der Kreditkostenbelastung, doch ist für eine anhaltende Revolvierung dieser Kredite auch eine konsequente Stabilitätspolitik erforderlich, die das Vertrauen in die Stabilität der heimischen Währung festigt[105].

Sind die Kreditkosten im Ausland niedriger als im Inland, so kann aus „fiskalischen“ Erwägungen eine staatliche Auslandsverschuldung präferiert werden, auch wenn sich insgesamt damit kein größerer Kreditspielraum auf dem inländischen Finanzmarkt ergibt. Die Kosten der inländischen, höheren Kreditkosten werden nun nur in stärkerem Maße von den Privaten statt vom Staat getragen.

Im zweiten Fall jedoch kann tatsächlich eine Entlastung des inländischen Kapitalmarktes resultieren. In der Realität kann man davon ausgehen, daß ausländische Anleger einen Staat als Schuldner über reine Renditeerwägungen hinaus attraktiv finden können, so daß die Möglichkeit einer Kreditgewährung dann in stärkerem Maße genutzt wird, als es bei rein privaten inländischen Anlagealternativen der Fall wäre[106]. Unter solchen Rahmenbedingungen ist bei einer direkten staatlichen Auslandsverschuldung im Vergleich zur Inlandsverschuldung mit einem geringeren Zinsauftrieb im Inland zu rechnen[107]. Je nach Größe des Inlands und Kapazität der ausländischen Finanzmärkte ist allerdings dafür eine gewisse Zinssteigerung im Ausland möglich.

Die aufgrund der direkten staatlichen Auslandsverschuldung in diesem Fall höheren Kapitalimporte bedingen c.p. auch eine stärkere Aufwertung der

---

[105] Vgl. Völling (1981), S. 274. Andererseits kann auch die These vertreten werden, daß mit Hilfe von Fremdwährungskrediten des Staates das Währungsrisiko der Zentralbank aufgrund hoher Nettoguthaben in ausländischer Währung teilweise kompensiert werden kann. Vgl. zu diesem „Devisen-Hedging“ Feldsieper (1983), S. 324ff. und Lehment (1980), S. 67.

[106] Dies war z. B. der Fall im Rahmen der OPEC-Kredite an den Staat Bundesrepublik Deutschland in den Jahren 1980 und 1981. Ohne diese staatliche Kreditaufnahme wären vermutlich nur in weitaus geringerem Maße OPEC-Finanzmittel in die DM geflossen. Eine solche Verhaltensweise ist jedoch unwahrscheinlich gegenüber Ländern mit anhaltend hoher Auslandsverschuldung, wie sie etwa viele Entwicklungsländer zu verzeichnen haben.

[107] Vgl. u.a. Dickertmann/Häberle (1979), Dieckheuer (1983b), S. 423ff.

Inlandswährung, bis ein gleich hohes Leistungsbilanzdefizit induziert ist. Will die inländische Notenbank diesen zusätzlichen Aufwertungseffekt jedoch nicht akzeptieren und interveniert zugunsten der Auslandswährung, so erhöhen sich damit die Währungsreserven, und die inländische Geldmenge wird c.p. ausgedehnt. Dies entspricht in seinen Wirkungen einer direkten Verschuldung des Staates bei der Notenbank. Unter solchen Umständen könnte es sinnvoller sein, daß die Notenbank — soweit dies gesetzlich möglich ist — gleich direkt dem Staat Kredit gewährt und somit nicht angekaufte Devisen in Form „wechselkursgefährdeter“ Währungsreserven anlegen muß[108].

Bei der Beurteilung einer solchen staatlichen Auslandsverschuldung ist also darauf zu achten, inwieweit die Geldmengen- und Wechselkurspolitik der Notenbank damit beeinträchtigt wird.

Andererseits ist aber auch die wirtschaftspolitische Konstellation hoher Leistungsbilanzdefizite denkbar, die zu starken Abwertungstendenzen führen. In einer solchen Situation können zusätzliche Kapitalimporte durch direkte Kreditaufnahme des Staates im Ausland den inländischen Wechselskurs stabilisieren helfen und damit eine Verteuerung importierter Konsum- und Vorleistungsprodukte abschwächen.

Ob insgesamt durch eine staatliche Auslandsverschuldung, die mit einer Entlastung der heimischen Kapitalmärkte verbunden ist, ein positiver oder negativer Realeinkommenseffekt resultiert, ist allerdings umstritten. So leitet der Wissenschaftliche Beirat beim Bundesministerium der Finanzen[109] insgesamt negative Realeinkommenswirkungen ab: Die stärkere Aufwertung verschlechtere die Leistungsbilanz und beinhalte damit eine stärkere Reduktion der effektiven gesamtwirtschaftlichen Nachfrage, die auch das Realeinkommen senke. Die mit der Aufwertung verbundene Verbesserung der terms of trade könne zwar das Realeinkommen erhöhen, doch sei dieser Effekt geringer einzuschätzen als die Reduktion des Außenbeitrags.

Dieckheuer[110] dagegen betont die Möglichkeit auch positiver Realeinkommenseffekte: Der Terms-of-trade-Effekt sei gerade bei geringer Preiselastizität der Importe, aber relativ gewichtigem Anteil der Importe am inländischen Verbrauch höher einzuschätzen als es der Wissenschaftliche Beirat annehme. Durch die verringerten Preise importierter Vorleistungen können u. U. auch die Preise in der Exportproduktion sinken, so daß die nominale Verschlechterung des Außenbeitrags nicht gleichermaßen eine reale Verschlechterung beinhalten müsse.

Hinzu komme der — gegenüber einer Inlandsfinanzierung — geringere Anstieg des inländischen Zinsniveaus, der ein niedrigeres crowding out privater

---

108 Vgl. Völling (1981), S. 274.

109 Vgl. Wissenschaftlicher Beirat beim Bundesministerium der Finanzen (1979).

110 Vgl. Dieckheuer (1983b).

Investitionen hervorrufe. Weiterhin seien mit der geringeren Zinssenkung höhere Wertpapierkurse verbunden, die ein höheres Vermögen bedeuten. Auch das wechselkursbedingt niedrigere inländische Gesamtpreisniveau erhöhe den Realwert des Geldvermögens. Ist die private Konsumnachfrage vermögensabhängig, so könne dies beides zu einer relativ höheren inländischen Absorption und daher zu positiven Realeinkommenseffekten führen.

Schließlich ist noch zwischen kurz- und längerfristigen Effekten zu differenzieren[111]. Ist die staatliche direkte Auslandsverschuldung ein einmaliger Vorgang, so sind auch die verstärkten Kapitalbilanz- und Wechselkurseffekte nur ein einmaliger Vorgang. Wird in den Folgeperioden ein verbleibendes Budgetdefizit wieder im Inland finanziert, so reduziert sich die Aufwertungsrate wieder auf das frühere Niveau, und auch das inländische Zinsniveau steigt wieder an. Etwaige negative oder positive zusätzliche Realeinkommenseffekte verschwinden wieder. Eine längerfristige Wirkung kann jedoch von dem relativ höheren Niveau der privaten Nettoinvestitionen ausgehen, das in der Periode der staatlichen Auslandsverschuldung erreicht wurde. Zwar sinken die Investitionen in den Folgeperioden wieder, doch es verbleibt ein positiver Kapazitätseffekt, der das Niveau des gesamtwirtschaftlichen Produktionspotentials in den künftigen Perioden anhebt. Hierdurch wird der Spielraum für inflationsfreies reales Wachstum ausgedehnt, so daß längerfristig die Chancen für einen positiven Realeinkommenseffekt staatlicher Auslandsverschuldung größer sind.

Allerdings sollte deutlich gemacht sein, daß die letztendliche Richtung der Realeinkommenseffekte im allgemeinen nicht genau vorausgesagt werden kann, sondern von den jeweiligen spezifischen wirtschaftspolitischen Konstellationen und Rahmenbedingungen abhängt.

2.5 Zusammenfassung außenwirtschaftsabhängiger Einflüsse einer Erhöhung der Staatsausgaben auf Gesamtangebot und Gesamtnachfrage

Die bisherigen Ausführungen haben gezeigt, daß die Auswirkungen expansiver Staatsausgabenpolitik auch ganz entscheidend von den hierdurch induzierten Entwicklungen im internationalen Handels- und Kapitalverkehr abhängen. Im folgenden sollen diese — über den Außenwirtschaftssektor wirkenden — Einflüsse auf Gesamtangebot und Gesamtnachfrage noch einmal systematisch zusammengefaßt werden. Zur besseren Veranschaulichung seien die Nachfrage- und Angebotseffekte allerdings getrennt herausgearbeitet; dies kann im übrigen auch mit dem Argument der unterschiedlichen Zeithorizonte für Nachfragereaktionen (kurzfristig) und Angebotsreaktionen (mittelfristig) gerechtfertigt werden.

---

[111] Vgl. Ohr (1984).

2.5.1 Nachfragewirkungen

Der *direkte* Einfluß internationaler Handels- und Kapitaltransaktionen auf die inländische Gesamtnachfrage läßt sich an der Entwicklung des Außenbeitrags ablesen[112]. Da sowohl für die Entwicklung des Außenbeitrags als auch für die später zu analysierenden außenwirtschaftlichen *Angebots*effekte zudem der Wechselkurs eine wichtige Rolle spielt, müssen dabei auch die möglichen Einflüsse einer expansiven Staatsausgabenpolitik auf den Wechselkurs erfaßt werden.

Eine Veränderung des Außenbeitrags kann *primär* entweder als autonom bedingter *Auslöser* für Wechselkursänderungen oder erst als *Reaktion* auf kapitalbilanzinduzierte Wechselkursänderungen auftreten. *Danach* erfolgen natürlich Rückkoppelungen, die im ersten Fall auch zu wechselkursabhängigen Leistungsbilanzwirkungen und im zweiten Fall auch zu leistungsbilanzabhängigen Wechselkurseffekten führen.

Eine Entwicklung des Außenbeitrags, die c.p. zunächst eine Aufwertung auslöst, tritt z. B. ein, wenn die Ausdehnung der Staatsquote vor allem zugunsten von Nicht-Handelsgütern erfolgt und die privaten Haushalte dafür verstärkt die Absorption von tradables einschränken. Dieser Nachfragerückgang nach tradables bewirkt c.p. tendenziell einen Leistungsbilanzüberschuß. Die hierdurch induzierte Aufwertung verschlechtert zwar die Leistungsbilanz wieder; sind damit jedoch zugleich Abwertungserwartungen verbunden, die zu Nettokapitalexporten führen, so kann der Zahlungsbilanzausgleich über die Kompensation eines verbleibenden Leistungsbilanzüberschusses durch ein Kapitalbilanzdefizit zustande kommen.

Eine Abwertung dagegen wird ausgelöst, wenn im Zuge der steigenden Staatsnachfrage Preiserhöhungen auftreten und/oder mit der wirtschaftlichen Belebung gekoppelte Importsteigerungen c. p. eine tendenzielle Leistungsbilanzverschlechterung hervorrufen. Eine hierdurch induzierte Abwertung verbessert den Außenbeitrag zwar wieder, doch können eventuelle Aufwertungserwartungen[113] einen Kapitalbilanzüberschuß bewirken, der die Abwertungstendenz stoppt, so daß das Leistungsbilanzdefizit unter diesen Umständen nicht vollkommen abgebaut wird.

Die genannten Effekte können weitgehend unabhängig von der Art der Finanzierung der steigenden Staatsausgaben auftreten[114]: Eine Einschränkung

---

[112] Im folgenden werden die Begriffe Leistungsbilanzsaldo und Außenbeitrag synonym verwendet, indem die Übertragungsbilanz als Teilbilanz der Leistungsbilanz vernachlässigt wird. Vgl. im folgenden auch Ohr (1985b).

[113] Ob sich Auf- oder Abwertungserwartungen entwickeln, hängt u.a. von dem vorherrschenden Erwartungsmuster ab, d.h. ob z.B. rationale, adaptive oder semirationale Erwartungen zugrunde liegen.

[114] Unterschiede ergeben sich allerdings hinsichtlich des quantitativen Ausmaßes der Effekte.

der privaten Absorption von tradables kann sich sowohl bei Steuer- als auch bei Kreditfinanzierung des gewachsenen Staatsanteils ergeben. Denn sowohl bei einem Rückgang privater Konsumnachfrage (aufgrund höherer direkter oder indirekter Steuern) als auch bei sinkender Investitionsnachfrage (aufgrund höherer Kreditnachfrage des Staates) werden c. p. weniger Importgüter nachgefragt und stehen mehr Exportgüter der ausländischen Nachfrage zur Verfügung. Ist andererseits mit der expansiven Staatsausgabenpolitik letztendlich eine Belebung der Inlandskonjunktur verbunden, so führen die damit einhergehenden Preis- und Einkommensteigerungen auch weitgehend unabhängig von der Finanzierung c. p. zu einer Verschlechterung der Leistungsbilanz.

Einflüsse auf den Außenbeitrag, die primär erst als *Reaktion* infolge von Kapitalbilanzveränderungen auftreten, sind dagegen vielfach eng an die Finanzierung der steigenden Staatsquote gekoppelt. Folgende mögliche Entwicklungen sind dabei zu unterscheiden:

Sind mit der expansiven Staatsausgabenpolitik Zinssteigerungen verbunden (aufgrund einkommensbedingt steigender Geldnachfrage oder infolge von Portfolioeffekten bei Kreditfinanzierung), so werden — wenn die Zinssteigerungen nicht durch Abwertungserwartungen überkompensiert werden — Kapitalimporte induziert, die den inländischen Wechselkurs aufwerten lassen. Eine damit verbundene Terms-of-trade-Verbesserung ruft c. p. ein Leistungsbilanzdefizit hervor.

Werden allerdings durch die aktuelle Aufwertung oder durch Inflationserwartungen Abwertungserwartungen ausgelöst, so schwächen diese die Kapitalzuflüsse ab oder bewirken sogar Nettokapitalexporte. Entsprechend schwächer fallen Aufwertung und Leistungsbilanzdefizit aus, bzw. es können sogar (bei sehr starken Inflationserwartungen) eine Abwertung mit entsprechendem Leistungsbilanzüberschuß[115] resultieren.

Die zuletzt angesprochene Entwicklung kann noch durch den bei Kreditfinanzierung auftretenden Vermögenseffekt verstärkt werden. Das durch wachsende Staatsverschuldung ansteigende private Vermögen erhöht (bei Risikodiversifizierung) auch die Nachfrage nach fremdländischen Assets und damit auch die Wahrscheinlichkeit für Nettokapitalexporte, Terms-of-trade-Verschlechterung und Leistungsbilanzverbesserung.

Eine Staatsausgabenerhöhung kann also sowohl mit einer Verbesserung als auch mit einer Verschlechterung des Außenbeitrags einhergehen. Zugleich zeigt sich, daß eine Aufwertung (Abwertung) tendenziell die Leistungsbilanz verschlechtert (verbessert). Wenn jedoch auch preisunabhängige Bestimmungsfaktoren der Leistungsbilanz sowie Wechselkurserwartungen und eine vermögensabhängige Portfolionachfrage hinzukommen, so kann trotzdem unter gewissen

---

[115] Wenn die Abwertung nicht durch inländische Preissteigerungen überkompensiert wird.

Bedingungen letztendlich die Konstellation eines Leistungsbilanzüberschusses (-defizits) bei gleichzeitiger Aufwertung (Abwertung) resultieren.

Zur Veranschaulichung dieser komplexen Wirkungszusammenhänge gibt Übersicht I einen Überblick über die jeweiligen Voraussetzungen für das Zustandekommen der vier möglichen Kombinationen von Leistungsbilanz- und Wechselkursentwicklung infolge einer expansiven Staatsausgabenpolitik[116].

2.5.2 Angebotswirkungen

Der Einfluß internationaler Handels- und Kapitaltransaktionen auf die Angebotswirkungen expansiver Staatsausgabenpolitik zeigt sich zum einen darin, inwieweit die Verdrängung privater Investitionen durch internationale Wirtschaftsbeziehungen verstärkt oder gemildert wird[117], zum anderen in der Reaktion des Angebots auf die Wechselkursentwicklung.

Zinsinduzierte Verdrängungen privater Investitionen werden um so eher gemildert, je zinselastischer internationale Kapitalbewegungen sind. Die induzierten Kapitalimporte ermöglichen die Finanzierung steigender Staatsausgaben, ohne daß im gleichen Umfang private Kapitalnachfrager vom Markt verdrängt werden. Dies gilt insbesondere bei direkter Auslandsverschuldung des Staates. Hier besteht die Möglichkeit — soweit die direkte Kreditaufnahme im Ausland tatsächlich zu *zusätzlichen* Kapitalimporten führt — bei unverändertem inländischen privaten Investitionsvolumen zusätzliche Staatsnachfrage zu realisieren. Erfolgt die Staatsausgabenerhöhung gar zugunsten produktiver staatlicher Investitionen, so kann eine inländische Angebotserweiterung ohne Zurückdrängung privaten Konsums zustande kommen, allerdings eventuell zu Lasten möglicher Kapazitätserweiterungen im Ausland.

Bei hohen Vermögenseffekten in der Nachfrage nach fremdländischen Assets, die letztendlich sogar zu einem Kapitalbilanzdefizit führen können, ist dagegen eine zusätzliche Beeinträchtigung inländischer Investitionen und damit der Kapazitätsausdehnung durch den Kapitalabfluß denkbar. Eine stärkere Verdrängung privater Investitionen in offenen Volkswirtschaften als in geschlossenen Volkswirtschaften ist zudem auch zu erwarten, wenn eine anhaltend steigende Staatsquote bei den inländischen Investoren die Furcht vor späterer hoher Steuerbelastung auslöst und deswegen eine Verlagerung der Produktionsstandorte ins Ausland angestrebt wird.

---

[116] Zum Versuch, einen eindeutigen empirischen Zusammenhang wenigstens zwischen expansiver Staatsausgabenpolitik und Wechselkursentwicklung zu ermitteln, vgl. Penati (1983), S. 555f und 563f. Es wird gezeigt, daß nicht nur die theoretische, sondern auch die empirische Analyse keine eindeutige Beziehung postulieren kann.

[117] Dies wirkt sich natürlich kurzfristig auch auf die inländische Gesamtnachfrage aus (= *indirekter* Einfluß internationaler Wirtschaftsbeziehungen auf die inländische Gesamtnachfrage).

Übersicht I:
Bedingungskonstellationen unterschiedlicher Wechselkurs-Leistungsbilanz-Entwicklungen nach einer expansiven Staatsausgabenpolitik

1. Leistungsbilanzüberschuß bei gleichzeitiger Aufwertung (Dominanz der Leistungsbilanz in der Wechselkursentwicklung)
Voraussetzungen für den Leistungsbilanzüberschuß - starker Nachfragerückgang/Überschußproduktion im Tradable-Sektor (→ Aufwertung) - geringe Preiselastizität der Export- und Importnachfrage - geringe einkommensbedingte Steigerung der Importnachfrage Voraussetzungen für das kompensierende Kapitalbilanzdefizit a) bei Dämpfung der Leistungsbilanzüberschusses, aber Verstärkung der Aufwertung - hohe Zinselastizität internationaler Kapitalanlagen - Herausbildung von starken Abwertungserwartungen aufgrund der Aufwertung (Überkompensation des Zinseffektes) b) bei Dämpfung der Aufwertung - niedrige Zinssteigerung - hoher Vermögenseffekt in der Nachfrage nach ausländischen Assets - Herausbildung von Abwertungserwartungen aufgrund der verbleibenden Aufwertung
2. Leistungsbilanzdefizit bei gleichzeitiger Aufwertung (Dominanz der Kapitalbilanz in der Wechselkursentwicklung)
Voraussetzungen für einen Kapitalbilanzüberschuß - starke Zinssteigerung - hohe Zinselastizität internationaler Kapitalbewegungen - geringe (keine) Abwertungserwartungen - geringer Vermögenseffekt in der Nachfrage nach ausländischen Kapitalanlagen Voraussetzungen für das Leistungsbilanzdefizit a) bei gleichzeitiger Dämpfung der Aufwertung - einkommensbedingt wachsende Importnachfrage - starke inländische Preissteigerungen (bei Vorliegen der Marshall-Lerner-Bedingung) b) infolge der Aufwertung - starke Terms-of-trade-Abhängigkeit der Export- und Importnachfrage
3. Leistungsbilanzüberschuß bei gleichzeitiger Abwertung (Dominanz der Kapitalbilanz in der Wechselkursentwicklung)
Voraussetzungen für ein Kapitalbilanzdefizit - geringe Zinssteigerung und geringe Zinselastizität internationaler Kapitalbewegungen - keine Aufwertungserwartung - Kreditfinanzierung und hohe Vermögensabhängigkeit der Nachfrage nach ausländischen Assets

Übersicht I: Fortsetzung

Voraussetzungen für den Leistungsbilanzüberschuß

a) bei gleichzeitiger Dämpfung der Abwertung
   - starker Nachfragerückgang/Überschußproduktion im Tradable-Sektor
   - geringere Preissteigerungen im Inland als im Ausland
   - geringe einkommensabhängige Steigerung der Importnachfrage

b) infolge der Abwertung
   - starke Terms-of-trade-Abhängigkeit der Export- und Importnachfrage

4. Leistungsbilanzdefizit bei gleichzeitiger Abwertung (Dominanz der Leistungsbilanz in der Wechselkursentwicklung)

Voraussetzungen für das Leistungsbilanzdefizit

- Produktionsrückgang/Überschußnachfrage im Tradable-Sektor; z. B. wegen Abzug von Produktionsfaktoren aus diesem Sektor bei konstanter oder einkommensbedingt wachsender Nachfrage nach Tradables (→ Abwertung)
- relativ zum Ausland steigendes inländisches Preisniveau

Voraussetzungen für den kompensierenden Kapitalbilanzüberschuß

a) bei Dämpfung des Leistungsbilanzdefizits, aber Verstärkung der Abwertung
   - Kreditfinanzierung und hoher Vermögenseffekt in der Nachfrage nach ausländischen Kapitalanlagen
   - geringe Zinssteigerung
   - Herausbildung von starken Aufwertungserwartungen aufgrund der Abwertung (bei Überkompensierung des Vermögenseffektes)

b) bei Dämpfung der Abwertung
   - kräftige Zinssteigerungen
   - geringer Vermögenseffekt in der Nachfrage nach ausländischen Kapitalanlagen

Sind die Reaktionen der inländischen Gesamtnachfrage mit einer Aufwertung verbunden, so werden hierdurch wiederum positive Angebotseffekte hervorgerufen. Die Verbilligung importierter Vorleistungen und eine eventuelle Lohnzurückhaltung aufgrund eines c. p. sinkenden Verbraucherpreisniveaus verbessern die Kostensituation und ermöglichen eine Produktionsausdehnung. Entsprechend sind mit einer Abwertung produktionseinschränkende Effekte verbunden.

Dominieren die Zinssteigerungen die Wechselkursentwicklung, so ist mit großer Wahrscheinlichkeit sowohl mit aufwertungsbedingten positiven Angebotseffekten als auch mit einer Verschlechterung des Außenbeitrags, aber dafür geringeren Investitionsbeeinträchtigung als in einer geschlossenen Volkswirtschaft zu rechnen[118]. Dominieren dagegen die Vermögenseffekte die Wechselkursentwicklung, so entsteht mit großer Wahrscheinlichkeit sowohl eine zusätzliche Verdrängung privater Investitionen durch Kapitalexporte als auch eine angebotssenkende Abwertungstendenz.

---

[118] Aufgrund der Entlastung des heimischen Kapitalmarktes durch Nettokapitalimporte.

Ist die Leistungsbilanz allerdings ausschlaggebend für die Wechselkursentwicklung, so ergeben sich jeweils zwei gegenläufige Angebotseffekte. Eine Leistungsbilanzüberschuß-(Leistungsbilanzdefizit-) bedingte Aufwertung (Abwertung) wirkt sich angebotssteigernd (-senkend) aus, der Leistungsbilanzüberschuß (das Defizit) selbst induziert jedoch zinserhöhende (-senkende) Vermögenseffekte, die die privaten inländischen Investitionen verringern (anregen) und damit negative (positive) Kapazitätseffekte beinhalten. In diesem Fall ist die Gesamtbeurteilung der außenwirtschaftlichen Einflüsse auf die Angebotsentwicklung nach einer expansiven Staatsausgabenpolitik um so mehr von den jeweils zugrunde liegenden spezifischen Parameterkonstellationen abhängig.

Drittes Kapitel

Fiskalpolitik in Modellen offener Volkswirtschaften

Im vorangegangenen Kapitel wurde dargestellt, welche möglichen — in Modellen geschlossener Volkswirtschaften vernachlässigten — außenwirtschaftlichen Zusammenhänge bei der Beurteilung von Staatsquote und Staatsverschuldung von nicht unwesentlicher Bedeutung sein können. Im folgenden soll nun geprüft werden, ob bzw. in welcher Form diese — bisher nur verbal angesprochenen — Aspekte in vorhandenen Ansätzen *offener* Volkswirtschaften *modelltheoretisch* (analytisch) erfaßt sind. Zugleich wird untersucht, inwieweit diese vorliegenden Modelle offener Volkswirtschaften in ihrer allgemeingültigen Aussagekraft wiederum durch zu vereinfachte Budgetstrukturen begrenzt sind und welchen Restriktionen daher die hieraus abgeleiteten Ergebnisse jeweils unterliegen.

3.1 Systematik unterschiedlicher Annahmenkonstellationen

Die Analyserahmen der vorliegenden Modelle offener Volkswirtschaften weisen in vieler Hinsicht unterschiedliche Annahmenkonstellationen auf. Der Übersichtlichkeit wegen können hier allerdings nur einige — charakteristische — Ansätze herausgegriffen werden. Die Unterschiede in den Modellannahmen beziehen sich dabei auf folgende Bereiche:

— Gestaltung der Portfoliostruktur (z.B. Ausmaß der internationalen Kapitalmobilität, Art der Wechselkurserwartungen, Erfassung von Vermögenseffekten durch Staatsbudget- und Leistungsbilanzsalden).

— Spezifizierung des Gütermarktes (z.B. Sektorstruktur der Volkswirtschaft, Differenziertheit der Absorptionsfunktion, Gestaltung der Angebotsseite).

— Gestaltung des Arbeitsmarktes (z.B. Determinanten der Lohnentwicklung, Flexibilität des Reallohns).

— Fixierung von Zeitraum und Zeitdimension der Analyse (kurzfristig/langfristig, komparativ-statisch/dynamisch).

— Festlegung des Untersuchungsobjektes (Art der fiskalpolitischen Maßnahme, Ausmaß der Differenzierung nach Ausgaben- und Steuerarten).

3.1.1 Portfoliostruktur

(1) Homogenität in- und ausländischer Finanzanlagen

Bei der Gestaltung der Portfoliostruktur dominiert zumeist die Annahme vollkommener Kapitalmobilität und vollkommener Substituierbarkeit der in- und ausländischen Kapitalanlagen. Dies führt zum Ausgleich der internationalen Renditedifferenz, wobei jedoch Auf- oder Abwertungserwartungen zur Abweichung von der einfachen Zinsparität führen können. Expansive kreditfinanzierte Fiskalpolitik kann dann allenfalls kurzfristig zu inländischen Zinssteigerungen führen, im langfristigen Gleichgewicht — wenn erwarteter Wechselkurs gleich tatsächlichem Wechselkurs ist — muß sich der Inlandszins wieder dem exogenen Auslandszins angepaßt haben[1].

Diese Annahme kann auf zwei Arten in die Modellstruktur eingehen. Entweder wird direkt der Ausgleich der internationalen Renditedifferenz unterstellt:

$$r = r^* + d\hat{e}$$

r = inländischer Zinssatz; r^* = ausländischer Zinssatz
$d\hat{e}$ = erwartete Wechselkursänderungsrate

In diesem Fall verschmelzen in- und ausländische Wertpapiere zu einem homogenen international handelbaren Wertpapier. Neben der Gleichgewichtsbedingung für den Geldmarkt existiert dann nur noch eine (redundante) Gleichgewichtsbedingung für den Markt internationaler Wertpapiere. Vermögenseffekte auf den Finanzmärkten können hiermit nicht abgebildet werden.

In der anderen Version werden explizit Gleichgewichtsbedingungen für die einzelnen Vermögensmärkte aufgestellt, jedoch eine Zinselastizität der inländischen (ausländischen) Nachfrage nach ausländischen (inländischen) Assets von unendlich angenommen.

$$e \cdot F/r^* = F^d(R, W, \ldots)$$
$$B^f/r \quad = F^{d*}(R, W^*, \ldots) \cdot e$$
$$\text{mit } R = r - r^* - d\hat{e} \quad \text{und} \quad F^d_R = -\infty; \quad F^{d}_R{}^* = \infty^2$$

e = ausländischer Wechselkurs
F = Anzahl ausländischer Wertpapiere im inländischen Vermögen (F^d = Nachfrage nach F)
R = internationale Renditedifferenz

---

[1] Im Kontext gleichgewichtig wachsender Volkswirtschaften wäre dagegen eine langfristige Parität der Realzinsen impliziert, d.h. eine auch langfristig bestehende Nominalzinsdifferenz, die der internationalen Inflationsdifferenz und damit der langfristig konstanten Wechselkursänderungsrate entspricht.

[2] Im Bestandsgleichgewicht gilt bei vollkommener Kapitalmobilität und perfekter Substituierbarkeit $R = 0$. Tendenzielle Abweichungen von der Zinsparität ($R \gtrless 0$) führen sofort zu unendlich großen Kapitalströmen (Bestandsnachfrageänderungen), bis diese wieder Zinsparität hervorrufen.

W = inländisches Vermögen; W^* = ausländisches Vermögen
B^f = Anzahl inländischer Wertpapiere in ausländischer Hand
F^{d*} = ausländische Nachfrage nach inländischen Wertpapieren
Eine Variable im Index bedeutet die erste Ableitung nach dieser Variablen

In diesem Fall können auch leistungsbilanz- und staatsbudgetbedingte Veränderungen des Vermögens und deren Auswirkungen auf den Portfoliomarkt und den Wechselkurs erfaßt werden. Diese Modellversion kann zudem auch relativ leicht (durch eine *endliche* Zinselastizität der internationalen Kapitalbewegungen) in ein Modell unvollständiger Substituierbarkeit mit der Möglichkeit von längerfristigen internationalen Zinsdifferenzen überführt werden.

(2) Wechselkurserwartungen

Insoweit als Wechselkurserwartungen die Portfoliostruktur mitbestimmen[3], konkurrieren Ansätze mit adaptiver, rationaler und quasi-rationaler (semirationaler) Erwartungsstruktur. Die erste Hypothese erklärt den künftig erwarteten Wechselkurs z. B. aus der Korrektur vergangener Erwartungsirrtümer.

$$e_t^e = (1-\lambda) \cdot e_{t-1}^e + \lambda \cdot e_t \quad \text{mit} \quad 0 < \lambda < 1$$

$$d\hat{e} = \frac{e_t^e - e_t}{e_t} = (1-\lambda) \cdot (e_{t-1}^e - e_t)/e_t$$

Rationale Erwartungen werden im Rahmen der vorliegenden Modelle zumeist im Sinne von perfect foresight unterstellt[4].

$$e_t^e = e_t^e(e_t, W_t, Y_t, P_t, \pi_t, \ldots) = e_{t+1}$$

$$d\hat{e} = \frac{e_t^e - e_t}{e_t} = d\hat{e}(e_t, W_t, Y_t, P_t, \pi_t, \ldots)$$

e_t^e = in der Periode t für die Folgeperiode erwarteter Wechselkurs
λ = Anpassungskoeffizient adaptiver Wechselkurserwartungen
Y = Volkseinkommen
P = Preisniveau
π = Inflationsrate
Der Index t kennzeichnet Variable der laufenden Periode, $t+1$ der Folgeperiode, $t-1$ der Vorperiode

3 Vgl. zur Berücksichtigung von Wechselkurserwartungen in Portfoliomodellen Bender (1982), S. 758ff., Gärtner (1983).

4 Diese Erwartungshypothese wurde zuerst von Muth (1961) entwickelt (allerdings bezogen auf Inflationserwartungen). Es wird dabei angenommen, daß die Wirtschaftssubjekte alle verfügbaren, relevanten Informationen über die betreffende ökonomische Variable kennen und nutzen und damit die sich aus der ökonomischen Modelltheorie ableitbare Entwicklung genau prognostizieren können. Diese genaue Vorhersicht soll schließlich auch die faktische Entwicklung der Variablen zum vorherbestimmten Wert bewirken. Die Berücksichtigung von Zufallseinfüssen sowie von nicht antizipierten Politikmaßnahmen wird damit vernachlässigt. Vgl. dagegen zur umfassenderen Theorie rationaler Erwartung bei Einbeziehung von *stochastischen* Prozessen z. B. Kühn (1979).

Bei quasi-rationalen Erwartungen wird von einer exakten Prognose des langfristigen Gleichgewichtswechselkurses ausgegangen. Im Anpassungsprozeß können jedoch Abweichungen des erwarteten Wechselkurses vom tatsächlichen Wechselkurs auftreten. Für die einzelnen Perioden wird jeweils erwartet, daß die kurzfristige Auf- oder Abwertungsrate von der Differenz zwischen dem erwarteten Steady-state-Wechselkurs und dem aktuellen Wechselkurs abhängt.

$$e_t^e = e_t + \gamma \cdot (\tilde{e} - e_t) \quad \text{mit} \quad 0 < \gamma < 1$$

$$d\hat{e} = \frac{e_t^e - e_t}{e_t} = \gamma \cdot (\tilde{e} - e_t)/e_t$$

$\tilde{e}$ = Steady-state-Wechselkurs

γ = Anpassungskoeffizient semi-rationaler Wechselkurserwartungen

Die quasi-rationale oder semi-rationale Hypothese verbindet also Elemente adaptiver und rationaler Wechselkurserwartungen. Während *langfristig* perfect foresight angenommen wird, sind *kurzfristig* Erwartungsirrtümer (wachsende Abweichungen vom Steady-state-Wechselkurs bzw. fehlende Realisierung des erwarteten Wechselkurses der Vorperiode) möglich, deren — teilweise — Korrektur für die jeweils folgende Periode unterstellt wird.

Die Einbeziehung semi-rationaler Wechselkurserwartungen in vielen Modellen erscheint als eine ökonomisch plausible und formal elegante Hypothese. Voraussetzung für die Berücksichtigung solcher Erwartungsprozesse ist jedoch ein relativ einfach strukturiertes Modell mit der Möglichkeit einer komparativ-statischen Berechnung der Steady-state-Gleichgewichtswerte. Die — alternative — Vorgabe eines *willkürlich* ausgewählten langfristigen Gleichgewichtswechselkurses dagegen legt entweder ein *gewünschtes* Ergebnis schon ex ante fest (z.B. bei Annahme der langfristigen Wechselkursentwicklung nach der Kaufkraftparität), oder sie führt zu einer unstabilen Modellstruktur (wenn der unterstellte langfristige Wechselkurs nicht mit der dynamischen Anpassungsentwicklung vereinbar ist).

(3) Vermögenseffekte

Gehen die Modelluntersuchungen über ultrakurzfristige „impact"-Analysen hinaus, so sind realistischerweise die Budgetrestriktionen bezüglich Staatsbudget- und Leistungsbilanzsaldo einzubeziehen[5]. Ein unausgeglichenes Staatsbudget bedeutet eine Veränderung des Geldangebots oder des Bestands an inländischen Staatspapieren und damit c.p. des inländischen Vermögens. Ebenso bedeutet eine unausgeglichene Leistungsbilanz bei voll flexiblen Wechselkursen einen entsprechenden Kapitalbilanzsaldo und damit eine Verände-

---

[5] Eine Berücksichtigung der Budgetrestriktion des Staates und der sich daraus ergebenden dynamischen Vermögenseffekte findet sich erstmals bei Ott / Ott (1965), Christ (1967) und Silber (1970). Eine Einbeziehung auch der Vermögenseffekte von Leistungsbilanzsalden erfolgt erst seit den 70er Jahren etwa bei Branson (1973 und 1977), Kouri (1976), Mathieson (1977), Myhrman (1978).

rung des Nettoauslandsvermögens (Veränderung des Bestands inländischer Wertpapiere in ausländischer Hand oder fremdländischer Assets in inländischer Hand).

Die interessierenden Auswirkungen von Veränderungen der Vermögensbestände durch Staatsbudgetsalden oder Leistungsbilanzsalden auf die Portfoliostruktur werden erfaßt, wenn eine direkte Abhängigkeit der Nachfrage nach den einzelnen Finanzaktiva vom Gesamtvermögen etwa folgender Art unterstellt wird:

$$M = M^d(r, Y, W, \ldots)$$
$$B/r = B^d(R, Y, W, \ldots)$$
$$e \cdot F/r^* = F^d(R, Y, W, \ldots)$$

mit endogenen Vermögensveränderungen durch[6]:

$$\Delta W = \text{private Ersparnis} = -S + LBS = \Delta M + \Delta B/r + e \cdot \Delta F/r^*$$

M = Geldmenge (M^d = Nachfrage nach M)
B = Anzahl inländischer Staatspapiere (B^d = Nachfrage nach B/r)[7]
F^d = inländische Nachfrage nach ausländischen Wertpapieren
S = Staatsbudgetsaldo ($S > 0$: Budgetüberschuß; $S < 0$: Budgetdefizit)
LBS = Leistungsbilanzsaldo
mit einem * versehene Größen bezeichnen Auslandsvariablen

Je nachdem, ob in- und ausländische Wertpapiere als vollkommene Substitute angesehen werden oder nicht, ist für das Steady-state-Gleichgewicht die Bedingung einer Ersparnis von Null ausreichend (bei möglicher Kompensation eines Leistungsbilanzsaldos durch einen gegenläufigen Staatsbudgetsaldo), oder es ist zusätzlich sowohl ein Ausgleich des Staatsbudgets als auch der Leistungsbilanz erforderlich. Im ersten Fall ist nur ein konstanter Vermögens*bestand* von Bedeutung, im zweiten Fall — bei unvollkommener Substituierbarkeit in- und ausländischer Wertpapiere — ist auch eine konstante Vermögens*struktur* notwendig, um weitere Portfolioreaktionen zu verhindern.

Die Vermögensdefinition zeigt im übrigen, daß Vermögenseffekte schließlich auch bei unveränderten Beständen an in- und ausländischen Wertpapieren auftreten können, solange Zins- und/oder Wechselkursänderungen den *Wert* der Bestände variieren.

---

[6] In dieser Formulierung wird Vermögen nur als Finanzvermögen definiert, der Realkapitalbestand und seine Veränderungen (Investitionen) werden vernachlässigt. Ebenso wird von ausländischer Nachfrage nach (und ausländischen Beständen an) inländischen Wertpapieren abgesehen. Beide Restriktionen sind jedoch ohne Bedeutung für die qualitative Erfassung der hier interessierenden vermögensabhänigigen Portfolioeffekte.

[7] Während B bzw. F jeweils die Anzahl der Papiere bezeichnen, geben B/r bzw. F/r jeweils den Kurswert des Bestands an Wertpapieren an (unter der Annahme unendlich langer Laufzeiten).

3.1.2 Sektorstruktur einer offenen Volkswirtschaft

(1) Welthandelsgüter

Bei der Formulierung des Gütermarktes wird in Modellen offener Volkswirtschaften vielfach davon ausgegangen, daß alle produzierten Güter international handelsfähig sind. In diesem Rahmen unterscheiden sich dann Ansätze, die internationale Homogenität der tradables unterstellen, von jenen, die heterogene Produktionen im In- und Ausland annehmen.

Internationale Homogenität der Handelsgüter impliziert die Produktion von nur einer Güterart, die sowohl im Inland absorbiert als auch ins Ausland exportiert bzw. aus dem Ausland importiert wird. Zumeist ist damit die Annahme eines „kleinen Landes" verbunden, d.h. der Preis der international gehandelten Güter und damit hier auch der gesamten inländischen Produktion ist durch den Weltmarktpreis exogen bestimmt.

$$P = P^* \cdot e$$

Sind Inlands- und Auslandsgüter jedoch unvollständige Substitute, so spezialisiert sich jede Volkswirtschaft auf die Produktion (und den Export) nur einer Güterart, während zur Absorption zwei heterogene Güterarten — die selbsterstellten und die importierten Produkte — zur Verfügung stehen. Das Gesamtpreisniveau (Verbraucherpreisniveau) bestimmt sich dann aus der Preisentwicklung der eigenen Produktion und der Importpreisentwicklung.

$$P^V = P^\beta \cdot (e \cdot P^*)^{(1-\beta)}$$

β = Anteil der im Inland erstellten Güter an der inländischen Absorption
P^V = Verbraucherpreisniveau

Wird eine unendlich preiselastische Angebotsfunktion unterstellt, so determiniert die (in- und ausländische) Nachfrage nach inländischen Gütern das Ausmaß der Produktion bei unveränderten inländischen Herstellerpreisen. Je nach Umfang der Modelle gehen dabei als Determinanten der Gesamtnachfrage neben Einkommen, terms of trade und Staatsausgaben auch Zinsen, Steuern und inländisches Vermögen ein. Letzteres ist vor allem für die Abbildung der langfristigen Effekte kreditfinanzierter Staatsausgabenpolitik und induzierter Leistungsbilanzsalden von Bedeutung.

$$Q = Q^d(Y, r, G, tot, W, t, \ldots)$$

Q = reale Produktion (Q^d = Nachfrage nach Q)
G = Staatsnachfrage
tot = terms of trade
t = Einkommensteuersatz

Da das Interesse jedoch auch den durch Fiskalpolitik induzierten preissteigernden Impulsen gilt, wird vielfach eine Angebotsfunktion definiert, die durch eine reallohnabhängige Produktion charakterisiert ist. Dabei gehen manche

Modelle von einem konstanten Nominallohn aus, andere von einem flexiblen Nominallohn, in dessen Bestimmung Größen wie Preisentwicklung (oder Preiserwartungen), Steuersatz und Beschäftigungsstand eingehen. Während sich die Arbeitsnachfrage und damit die Produktion am Verhältnis von Nominallohn und inländischem Herstellerpreisniveau orientiert, ist für das Arbeitsangebot und damit die Lohnforderung das inländische Verbraucherpreisniveau von Relevanz, in das auch die Preise importierter Produkte eingehen.

$$Q = Q^s(w/P) \quad \text{mit} \quad w = w(P^v, t, AL)$$

Q^s = reales Güterangebot
w = Nominallohnsatz
AL = Arbeitslose

Die Unterscheidung in Herstellerpreisniveau und Verbraucherpreisniveau erlaubt es, direkte Angebotswirkungen einer fiskalpolitisch induzierten Wechselkursänderung zu erfassen. Wird der Steuersatz in die Lohnbildungshypothese einbezogen, so wird als lohnpolitische Zielgröße der Arbeitsanbieter der Nettoreallohn angenommen, und die Finanzierungsart staatlicher Ausgabenprogramme hat direkten Einfluß auf das gesamtwirtschaftliche Angebot.

Wird ein rigider Reallohn unterstellt (für die Seite der Arbeitsanbieter), so sind trotzdem positive Beschäftigungseffekte möglich, wenn der ausländische Wechselkurs um weniger aufwertet, als das inländische Herstellerpreisniveau steigt. Die zusätzlichen Lohnforderungen werden dann geringer ausfallen als der Anstieg der inländischen Herstellerpreise, so daß eine Produktionsausdehnung erfolgen wird. Liegt allerdings die Annahme langfristiger Kaufkraftparität vor, so wird eine solche Entwicklung lediglich eine temporäre Erscheinung im Anpassungsprozeß an das steady-state sein.

(2) Binnengüter

Während bisher von der Produktion jeweils nur eines (international handelbaren) Produktes ausgegangen wurde, gibt es auch eine Reihe von Ansätzen, die die nationale Produktion in zwei Sektoren aufspalten — einen für international handelbare und einen für international nicht handelbare Produkte.

Für die international handelsfähigen Güter (Welthandelsgüter) kann jeweils wieder internationale Homogenität oder Heterogenität angenommen werden. Zugleich stehen sie in mehr oder weniger enger Substitutionskonkurrenz zu den non-tradables. Wird z. B. die Annahme eines „kleinen Landes" unterstellt, so ist der Preis international gehandelter Güter durch den Weltmarktpreis exogen bestimmt. Das heimische Gesamtpreisniveau jedoch ist damit nicht mehr eindeutig determiniert, da der Preis der non-tradables endogen durch Angebot und Nachfrage in diesem Sektor bestimmt wird.

$$P = P_N^{\beta} \cdot P_T^{(1-\beta)} \quad \text{mit} \quad P_T = P^* \cdot e$$

$$Q_N^s(w(P, \ldots)/P_N) = Q_N^d(Y, r, G_N, P_N/P_T, \ldots) \quad \text{zur Bestimmung von } P_N$$

Der Index N bzw. T kennzeichnet Variablen des non-tradable- bzw. des tradable-Sektors. β bezeichnet hier den Anteil der Nichthandelsgüter am gesamten Güterverbrauch.

Durch die Unterscheidung in Binnenhandels- und Welthandelsgüter ist es möglich, die unterschiedlichen Wirkungen der Fiskalpolitik aufzuzeigen, die sich je nachdem ergeben, ob die staatliche Ausgaben- oder Steuerpolitik vor allem dem tradable- oder dem non-tradable-Sektor zugute kommt.

3.1.3 Erscheinungsformen staatlicher Budgetpolitik

Viele Modelle offener Volkswirtschaften beschränken sich auf die Analyse einer allgemeinen Erhöhung staatlicher Ausgaben für Güter und Dienste. Die Unterscheidung in produktive und unproduktive staatliche Investitionen und den Staatskonsum fehlt. Auf der Einnahmenseite dominiert die Finanzierung der Staatsausgabensteigerung durch Staatsverschuldung. Zum Teil werden überhaupt keine Steuern im Modell berücksichtigt, ansonsten wird zumeist eine proportionale Einkommensteuer unterstellt; indirekte Steuern werden in den seltensten Fällen einbezogen. Werden auch steuerpolitische Maßnahmen analysiert, so stehen Einkommensteuersatzvariationen und die Auswirkungen einer „Budgetverlängerung" im Vordergrund. Schließlich gibt es auch vereinzelte Beiträge zur Darstellung von Subventionswirkungen.

Die Modelle unterscheiden sich des weiteren in der Berücksichtigung der Zinszahlungen auf die Staatsschuldtitel, sowohl im Rahmen der staatlichen Budgetrestriktion als auch bei der Erfassung des verfügbaren Einkommens. Wird die staatliche Budgetrestriktion nicht explizit einbezogen, wird zumeist auch von den Zinszahlungen ganz abgesehen. Die Vernachlässigung der Budgetrestriktion ist — auch in den Ansätzen mit längerfristigen Analysezeiträumen — in den vorhandenen Modellen recht häufig, obwohl die damit implizierten langfristigen Budgetungleichgewichte nicht mit einem Steady-state-Gleichgewicht vereinbar sind. Es zeigt sich damit insgesamt, daß mögliche Schlußfolgerungen über die Effizienz bestimmter fiskalpolitischer Maßnahmen in offenen Volkswirtschaften zumeist im Rahmen recht restriktiver Budgetstrukturen zu interpretieren sind.

3.2 Vergleich einzelner Modellstrukturen und Modellergebnisse

Nachdem die Vielfalt möglicher Modellkonstruktionen und deren Implikationen deutlich gemacht wurden, seien im folgenden einige exemplarische Modelle herausgegriffen, um sie bezüglich ihrer Struktur und ihrer Aussagen über die Wirksamkeit von Fiskalpolitiken in offenen Volkswirtschaften zu vergleichen.

Übersicht II veranschaulicht die unterschiedlichen Annahmenkonstellationen, die den einzelnen erfaßten Modellen und dem später vorzustellenden eigenen Modell (mit „Zielmodell" bezeichnet) zugrundeliegen.

Übersicht II:

Annahmekonstellationen verschiedener Modelle zur Analyse von Fiskalpolitik in offenen Volkswirtschaften

Verfasser / Annahmen	Scarth (1975)	McKinnon (1976)	Prachowny (1977)	Turnovsky Kingston (1977)	Boyer (1978)	Argy/ Salop (1979)	Sachs (1980)	Floyd (1980)	Riley (1980)	Levin (1980)	Hoel (1982)	Ziel-modell[a]
heterogene Finanzanlagen[b]					##					##		##
Wechselkurserwartungen				##	##		##		##	##	##	##
wechselkursbedingte capital gains					##							##
Non-Tradable Sektor		##	##		##			##				##
reallohnabhängige Angebotsfunktion		##	##	##		##	##	##	##		##	##
flexibler Nominallohn				##		##	##		##		##	##
Steuern in der Lohnhypothese						##			##		##	##
Beschäftigungshöhe in der Lohnhypothese							##				##	##
Budgetrestriktion des Staates	##	##	##							##		##
Vermögenseffekte der Leistungsbilanz	##	##	##				##			##		##
vermögensbedingte Portfolioeffekte	##		##	##	##			##	##	##		##
vermögensabhängige Absorption		##	##	##	##		##		##			##
Zinszahlungen auf Bonds	##						##					##
steuerpolitische Maßnahmen[c]		##				##		##	##		##	##
Politik des Balanced Budget[c]						##						##

[a] Mit Zielmodell wird das im weiteren Verlauf der Arbeit vorgestellte eigene Modell bezeichnet.
[b] Gleichbedeutend mit dem Fehlen der Restriktion der Zinsparität.
[c] Als zusätzlich zur Staatsausgabenpolitik analysierte fiskalpolitische Maßnahmen.

3.2.1 Budgetrestriktion und Zinszahlungen in einem Stock-Flow-Modell der offenen Volkswirtschaft

Einer der ersten, der eine staatliche Budgetrestriktion in ein Modell offener Volkswirtschaften einführt, ist Scarth[8]. Im Gegensatz zu anderen Ansätzen[9] bezieht er zusätzlich noch die Zinszahlungen auf die Staatspapiere in die Budgetrestriktion und in die Definition des verfügbaren Einkommens ein und berücksichtigt auch die Stock-Flow-Aspekte der Bondfinanzierung. Das ansonsten recht rudimentäre Modell (vollkommene Kapitalmobilität und vollkommene Substituierbarkeit der Assets, keine Wechselkurserwartungen, keine Preiseffekte) kommt jedoch für den Fall der Bondfinanzierung bei flexiblen Wechselkursen zu den gleichen Ergebnissen wie das Mundell/Fleming-Modell[10].

Die Berücksichtigung von Vermögenseffekten durch staatliche Budgetdefizite oder Leistungsbilanzsalden ändert am Ergebnis nichts, da durch die Annahme homogener nationaler und internationaler Finanzanlagen gewährleistet ist, daß neu ausgegebene Staatsschuldtitel sofort bei unverändertem Zinssatz vom Ausland aufgenommen werden. Der Kapitalbilanzüberschuß wird damit durch ein wechselkursinduziertes Leistungsbilanzdefizit kompensiert, das genau der Staatsausgabensteigerung und dem damit verbundenen Budgetdefizit entspricht. Die Vermögenseffekte durch Staatsbudget- und Leistungsbilanzsaldo heben sich damit ebenso wie die Nachfrageeffekte gegenseitig auf, so daß keine Multiplikatorwirkung und keine Portfolioeffekte induziert werden[11].

$$S \quad = t \cdot (Y + B \div B^f) - G - B < 0$$

$$LBS = Ex(Y^*, tot) - Im(Y, tot, W) - B^f < 0$$

$$\Delta W \;= -S + LBS = 0 \qquad \Delta B = \Delta B^f$$

B = Anzahl der inländischen Staatspapiere und — bei unendlicher Laufzeit — gleichzeitig deren nominellen Dividenden
B^f = Anzahl inländischer Wertpapiere in ausländischer Hand und gleichzeitig deren nominellen Dividenden
Ex = Exportwert
Im = Importwert

Da die zusätzlichen Staatsschuldtitel voll von ausländischen Kapitalanlegern absorbiert werden, fließen auch die anhängigen Zinszahlungen ins Ausland und erhöhen damit nicht das inländische verfügbare Einkommen. Zwar wächst das Budgetdefizit laufend durch zunehmende Zinsverpflichtungen an, da diese

---

8 Vgl. Scarth (1975).

9 Vgl. Oates (1966), Helliwell (1969) und Salin (1972).

10 Das Mundell/Fleming-Modell verkörpert die traditionelle Stromgrößenanalyse der Effektivität nationaler Stabilisierungspolitiken in offenen Volkswirtschaften auf Grundlage des bekannten Hicksschen IS-LM-Paradigmas. Andere Ergebnisse als Mundell/Fleming ermittelt Scarth allerdings im Falle fester Wechselkurse.

11 Vgl. auch Kap. 2.2.4 dieser Arbeit.

jedoch an Ausländer gezahlt werden (Verschlechterung[12] der Dienstleistungsbilanz), vergrößert sich das Leistungsbilanzdefizit automatisch mit dem wachsenden Kapitalbilanzüberschuß, ohne daß eine zusätzliche Wechselkursänderung nötig ist. Ein langfristiges Stock-Flow-Gleichgewicht ist gewährleistet.

3.2.2 Staatsausgabenpolitik im Zwei-Sektoren-Modell

Der Schwerpunkt der Arbeiten von McKinnon[13] und Prachowny[14] liegt in der Aufspaltung des Gütermarktes in zwei Sektoren — einerseits für international handelsfähige Güter und andererseits für reine Binnenhandelsgüter. Die analysierte Erhöhung der Staatsausgaben erfolgt dabei jeweils zugunsten der Nichthandelsgüter.

Beide Ansätze gelangen zum Ergebnis, daß expansive Staatsausgabenpolitik — abweichend vom Mundell/Fleming-Resultat — auch bei flexiblen Wechselkursen und perfekter Kapitalmobilität längerfristig positive Einkommenswirkungen erzielen kann. Die wachsende Staatsnachfrage erhöht zunächst die Nachfrage im Non-tradable-Sektor und bewirkt hierdurch ein Produktions- und Einkommenssteigerung. Die steigende Geldnachfrage leitet einen tendenziellen Zinsanstieg ein, der jedoch sofort solche Kapitalzuflüsse aus dem Ausland induziert, daß der Zinssatz nicht vom Weltmarktzins abweichen kann. Statt dessen wertet nur der inländische Wechselkurs auf und senkt damit den Inlandspreis der tradables[15]. Die Einkommen in der inländischen Produktion von tradables sinken daraufhin sowohl nominal als auch real, da die reduzierten Preise auch zu einer mengenmäßigen Einschränkung der Produktion führen.

$$Y = e \cdot P^* \cdot Q_T^s(w/(e \cdot P^*)) + P_N\, Q_N^s(G, \ldots)$$

Das nominale Einkommen verringert sich solange, bis der vorherige, durch die erhöhten Staatsausgaben bewirkte Einkommensanstieg gerade kompensiert ist und damit die Geldnachfrage bei unverändertem Zins wieder dem Geldangebot entsprechen kann.

McKinnon leitet dabei ab, daß die Aufwertung der inländischen Währung das Nominaleinkommen schon c.p. *wertmäßig* verringert, so daß der reale Produktionsrückgang im Tradable-Sektor geringer sein wird als der reale Produktionsanstieg im Non-tradable-Sektor, wenn das Nominaleinkommen konstant bleibt. Es resultiert bei ihm also ein positiver realer Einkommenseffekt, der allerdings

---

[12] Unter einer Verschlechterung (Verbesserung) einer Bilanz wird hier immer eine Verringerung (Erhöhung) des positiven Saldos bzw. eine Erhöhung (Verringerung) des negativen Saldos verstanden.

[13] Vgl. McKinnon (1976).

[14] Vgl. Prachowny (1977).

[15] Durch die getroffene Annahme des „kleinen Landes“ ist hierbei der in ausländischer Währung gemessene Weltmarktpreis der tradables exogen und konstant.

kleiner ist als die anfängliche Staatsausgabenerhöhung. Bei konstantem Nominaleinkommen steigt das Realeinkommen, und das inländische Gesamtpreisniveau sinkt.

Prachowny dagegen kommt zu dem Ergebnis, daß in Abhängigkeit von den Angebotselastizitäten in den beiden Sektoren das konstante Nominaleinkommen sowohl bei steigender realer Produktion (und sinkendem Gesamtpreisniveau) als auch bei sinkender realer Produktion (und steigendem Gesamtpreisniveau) realisiert werden kann. Im Gegensatz zu McKinnon, der von konstanten Preisen im Non-tradable-Sektor ausgeht, erfaßt Prachowny auch die nachfragebedingten Preissteigerungen in diesem Sektor, die die Preissenkung bei der Tradable-Produktion überkompensieren können. In diesem Fall ist nur bei sinkender realer Produktion die Konstanz des Nominaleinkommens gewährleistet.

Ein Erfolg expansiver Staatsausgabenpolitik ist in diesem Modellrahmen um so eher zu erwarten, je unelastischer die Tradable-Produktion auf die Preissenkung bei ihren Gütern und je preiselastischer die Non-tradable-Produktion auf die steigende Staatsnachfrage reagieren.

3.2.3 Steuerpolitik im Zwei-Sektoren-Modell

Expansive Fiskalpolitik in Form steuerpolitischer Maßnahmen wird seltener untersucht. Im Rahmen eines Zwei-Sektoren-Modells findet sich eine solche Analyse z. B. in dem schon behandelten Ansatz McKinnons und in einem Beitrag Floyds[16]. Während McKinnon nur eine autonome Senkung des Steuer*betrags* darstellt, befaßt sich Floyd auch mit Steuer*satzänderungen.*

Für den Fall der Steuerbetragssenkung kommen beide Autoren zur Bestätigung des Mundell/Fleming-Resultats: Eine Steuersenkung bewirkt bei vollkommener Kapitalmobilität keine Erhöhung der Produktion und des Einkommens.

McKinnon begründet das Ergebnis mit der Annahme, daß das zusätzliche verfügbare Einkommen von den Privaten voll für den Kauf von tradables verwendet wird. Unter diesen Umständen entsteht ein Leistungsbilanzdefizit, das vollkommen durch den Verkauf der neu ausgegebenen inländischen Staatspapiere an das Ausland finanziert wird. Eine Wechselkursreaktion tritt nicht ein und damit auch keine inländische Preisänderung im Tradable-Sektor und auch keine Produktionsausdehnung.

Bei Floyd kann ein Teil des gestiegenen verfügbaren Einkommens auch für den Kauf von non tradables verwendet werden. Da er jedoch eine strikte Phillipskurven-Relation zwischen *Gesamt*preisniveau und *Gesamt*beschäftigung unterstellt, ohne dabei zwischen den beiden Sektoren zu differenzieren, ist Gütermarkt- und Geldmarktgleichgewicht bei ihm nur bei einer einzigen Konstellation von Gesamtpreisniveau und Beschäftigung möglich[17].

---

[16] Vgl. Floyd (1980).

$$M/P = M^d(A, B/i) \qquad \text{mit } P = P_N^{\beta} \cdot (P^* \cdot e)^{(1-\beta)}$$

$$A \quad = A(w/P) \qquad \text{mit } Y = Y(A)$$

A = Arbeitseinsatz; i = Realzins (hier exogen)

Unabhängig vom Ausmaß der staatlichen Güterverkäufe kann sich aus den beiden Gleichungen für Geldmarkt und Gütermarkt nur eine unveränderbare Lösung für die zwei Variablen P und A ergeben. Die Konstanz des Beschäftigungsniveaus wird dadurch erreicht, daß der steuerbedingte Anstieg von Nachfrage nach und Produktion an non tradables exakt durch einen aufwertungsbedingten Rückgang der inländischen Produktion an tradables kompensiert wird. Gleichzeitig muß dabei der Preisanstieg bei Nichthandelsgütern vollkommen durch den Preisrückgang bei den Handelsgütern aufgehoben werden, damit auch das Gesamtpreisniveau konstant bleibt. Die Aufgabe der dargestellten gesamtwirtschaftlichen Phillipskurven-Relation zugunsten sektorspezifischer Gütermarktgleichgewichts-Relationen würde dieses Ergebnis allerdings modifizieren können[18].

Eine Senkung des Steuer*satzes* dagegen ist nach Floyd — jedenfalls kurzfristig — eine erfolgreiche fiskalpolitische Maßnahme. Ansatzpunkt für dieses Ergebnis ist die Annahme, daß die Steuersatzsenkung auch die Nettorendite auf Staatspapiere und Aktienkapital erhöht (bei Versteuerung der Zinseinkommen in gleichem Maße wie andere Einkommen). Damit steigen die Opportunitätskosten der Kassenhaltung, und die Geldnachfrage sinkt c. p.[19]. Geldmarktgleichgewicht kann kurzfristig (bei Konstanz des Vermögens) nun nur über einen höheren Beschäftigungsstand erreicht werden, so daß die gestiegene Produktion an non tradables nicht mehr vollkommen durch eine sinkende Produktion bei den Handelsgütern kompensiert werden muß. Die inländische Währung wertet daher auch weniger stark auf als im Fall der Senkung nicht einkommensabhängiger Steuern, da die verstärkte inländische Nachfrage nach Wertpapieren verhindert, daß ausländische Kapitalanleger alle neu ausgegebenen Bonds absorbieren. Der geringere Kapitalbilanzüberschuß bedeutet auch ein geringeres Leistungsbilanzdefizit und dadurch eine geringere Beeinträchtigung des inländischen Tradable-Sektors. Die schwächere Aufwertung gewährleistet eine

---

[17] Die reale Geldnachfrage ist bei Floyd nur von der Beschäftigung und vom Vermögen abhängig. Der Zinssatz geht nicht explizit in die Funktion ein, da er annahmegemäß jederzeit durch das (konstante) Weltzinsniveau fixiert ist.

[18] Eine Modellstruktur wie in Prachownys Ansatz wäre hierzu nötig. Die Beschäftigungshöhe in jedem Sektor müßte also als Funktion von Lohn- und Preisentwicklung in diesem Sektor bestimmt werden.

[19] Diese Argumentation ist allerdings nicht mit der von Floyd gleichzeitig verwendeten analytischen Modellformulierung vereinbar, da dort die Geldnachfrage nur von der Beschäftigung und vom Vermögen abhängt: $M/P = M^d(A, W)$. (Vgl. Floyd (1980), S. 382). Für das o. g. Argument ist jedoch implizit eine zusätzliche Abhängigkeit der Geldnachfrage von der Nettorendite der Wertpapiere unterstellt, die mit dem Steuersatz variiert. Die Geldnachfragefunktion müßte daher folgende Form annehmen: $M/P = M^d(A, W, r \cdot (1-t))$.

Erhöhung des Gesamtpreisniveaus[20], die nach der Phillips-Relation für den Anstieg der Beschäftigung unumgänglich ist.

In ihrer längerfristigen Wirkung sind allerdings sowohl eine einkommensunabhängige Steuerbetragssenkung als auch eine Steuersatzsenkung bei Floyd noch differenzierter zu sehen. Das infolge der Steuersenkung entstehende Budgetdefizit erhöht im Zeitablauf das inländische Vermögen und damit die Geldnachfrage. Geldmarktgleichgewicht kann im gesetzten Modellrahmen — bei durch den Weltmarkt fixiertem inländischen Zins — nur bei entsprechend sinkender Beschäftigung erhalten bleiben. Langfristig ist bei Floyd also eine Senkung des einkommensunabhängigen Steuerbetrags sogar beschäftigungsmindernd, und auch eine Steuersatzsenkung wird in ihrer zunächst positiven Beschäftigungswirkung im Zeitablauf abgeschwächt. Dies könnte allenfalls vermieden werden, wenn der anfängliche Beschäftigungsanstieg soviel zusätzliche Steuern induzieren würde, daß das Budgetdefizit sofort ausgeglichen würde.

Bei McKinnon entstehen solche längerfristigen gegenläufige Effekte nicht, da er auch die Vermögenseffekte der Leistungsbilanzsalden miteinbezieht und sich Budgetdefizit (Vermögensanstieg) und Leistungsbilanzdefizit (Vermögensrückgang) genau entsprechen.

3.2.4 Fiskalpolitik bei perfect foresight

Im folgenden seien Modelle staatlicher Ausgabenpolitik dargestellt, die zwar unvollständige Substituierbarkeit der heimischen und fremdländischen Güter (Abweichung des Inlandspreisniveaus vom Auslandspreisniveau), jedoch vollkommene Substituierbarkeit in- und ausländischer Finanzanlagen annehmen sowie rationale Wechselkurserwartungen — und zwar in Form perfekter Voraussicht — zugrunde legen.

Zwei Modellgruppen werden unterschieden: Der Vergleich der Ansätze von Turnovsky/Kingston und Riley[21] dient der Darstellung, inwieweit die Berücksichtigung einer vom Nettoreallohn abhängigen Arbeitsangebotsfunktion die langfristigen Modellergebnisse beeinflußt. Die Arbeit von Sachs[22] dagegen analysiert, inwieweit sich noch weiter differenzierte Spezifikationen des Arbeitsangebots und damit der Lohnbildungshypothesen auf die Aussagen über die Effizienz der Fiskalpolitik auswirken.

(1) Arbeitsangebot als Funktion des Nettoreallohns

Ziel der Untersuchung von Turnovsky/Kingston ist es, die Effektivität von Geld- und Fiskalpolitik in einer inflationierenden Weltwirtschaft zu analysieren.

---

[20] Die aufwertungsbedingte Verbilligung der tradables kompensiert nun nicht mehr die Preissteigerung bei den non tradables.

[21] Vgl. Turnovsky/Kingston (1977) und Riley (1980).

[22] Vgl. Sachs (1980).

Von großer Bedeutung sind bei ihnen daher auch die *erwartete* Inflationsrate und die *erwartete* Wechselkursänderungsrate. Der Übergang vom kurzfristigen zum langfristigen Gleichgewicht ist durch Abweichungen der erwarteten (und tatsächlichen) Inflationsrate und Abwertungsrate von den langfristigen Änderungsraten gekennzeichnet. Das langfristige stationäre Gleichgewicht impliziert damit konstante tatsächliche und erwartete Inflations- und Abwertungs*raten*.

Kurzfristig wird durch expansive Staatsausgabenpolitik bei Turnovsky/Kingston ein Anstieg der ökonomischen Aktivität erreicht. Damit verbunden sind ein Anstieg der heimischen Inflationsrate und der erwarteten und tatsächlichen Abwertungsrate (und damit des heimischen Nominalzinssatzes).

Im neuen langfristigen Gleichgewicht ist der Wert der heimischen realen Produktion wieder durch die Kapazitätsgrenze vorgegeben[23]. Langfristig kann also die Höhe der ökonomischen Aktivität nicht beeinflußt werden. Die inländische Inflationsrate wird im steady state den Wert der Geldmengenwachstumsrate annehmen, und die erwartete und tatsächliche Wechselkursänderungsrate wird exakt der Differenz zwischen inländischem Geldmengenwachstum und ausländischer Inflationsrate entsprechen. Internationale Kapitalbewegungen werden dann nicht mehr induziert, da diese von *Veränderungen* der erwarteten Abwertungsrate abhängen. Bei gleich großer Inflations- und Abwertungsrate bleibt schließlich auch der reale inländische Zinssatz konstant.

Die Konstanz der Produktion beinhaltet einen Rückgang der privaten Absorption heimischer Güter im Ausmaß der erhöhten Staatsnachfrage. Dies geschieht durch eine Verbesserung der terms of trade[24] und/oder eine Verringerung des Realvermögens[25] gegenüber dem Ausgangsgleichgewicht.

Es zeigt sich, daß die langfristigen Ergebnisse des Modells weitgehend direkt durch die restriktiven Annahmen einer anfänglichen und auch langfristig bestehenden Produktion an der Kapazitätsgrenze und dem langfristigen Vorliegen der relativen Kaufkraftparität vorgegeben sind. Inwieweit die Resultate durch eine etwas weniger restriktiv gefaßte Gütermarkthypothese modifiziert werden können, betrachtet daher der Ansatz von Riley.

---

[23] Die Kapazitätsgrenze wird hier durch den jeweiligen Arbeitseinsatz bestimmt. Langfristig wird von konstanten Reallöhnen und damit konstanter Arbeitsnachfrage ausgegangen. Kurzfristig sind sinkende Reallöhne möglich, die einen höheren Arbeitseinsatz hervorrufen, so daß die Produktion die langfristige Kapazitätsgrenze kurzzeitig überschreiten kann. Dies entspricht nicht exakt der Theorie der natürlichen Rate der Arbeitslosigkeit, wie die Erweiterung von Riley zeigen wird.

[24] Zwar entsprechen sich im neuen Steady-state-Gleichgewicht inländische Inflationsrate und Abwertungsrate. Im Anpassungszeitraum können aber unterschiedliche Veränderungsraten vorgelegen haben, die zu unterschiedlichen Entwicklungen der Niveaugrößen von Preisen und Wechselkurs geführt haben.

[25] Woraus diese Verringerung des Realvermögens genau resultieren soll, aus Preiseffekten und/oder (zeitweiligen oder permanenten) Leistungsbilanzdefiziten (wobei die Vermögenszuwächse aufgrund von Budgetdefiziten noch überkompensiert werden müssen), ist allerding nicht klar ersichtlich.

Implizit ist in dem oben beschriebenen Modell von Turnovsky / Kingston durch die Vorgabe einer fixen Kapazitätsgrenze ein langfristig konstantes Arbeitsangebot unterstellt, wobei zur Rechtfertigung die Abwesenheit von Geldillusion und damit Lohnsteigerungsraten im Ausmaß der Inflationsrate angenommen werden können.

$$Y = Y(A)$$
$$A = A^d\,(w/P) \qquad \text{mit langfristig } \Delta w = \Delta P$$

A^d = Arbeitsnachfrage

Aber auch bei Abwesenheit von Geldillusion sind nach Riley Reallohnänderungen möglich, wenn sich die terms of trade oder der Steuersatz ändern, so daß sich die Entwicklung des Nettoreallohns der Arbeitnehmer von der Entwicklung des Quotienten aus Nominallohn und Preisniveau heimischer Güter (dem für die Arbeitgeberseite relevanten Reallohn) unterscheidet. Ist das Arbeitsangebot also eine Funktion des mit dem Verbraucherpreisniveau deflationierten Nettonominallohns, so ist die „Kapazitätsgrenze" nach Riley eine positive Funktion der terms of trade und eine negative Funktion des Steuersatzes[26].

$$Y = Y(A), \qquad \text{wobei } A \text{ ermittelt wird aus}$$
$$A^d\,(w/P) = A^s\left(\frac{w \cdot (1-t)}{P^{\beta} \cdot (P^* \cdot e)^{(1-\beta)}}\right)$$

A^s = Arbeitsangebot

Der Ansatz Rileys baut auf dem Modell von Turnovsky / Kingston auf, berücksichtigt jedoch die eben angesprochene erweiterte Arbeitsangebotshypothese. Da die expansive Staatsausgabenpolitik langfristig zu einer Terms-of-trade-Verbesserung führt[27], steigt das Verbraucherpreisniveau und damit der Nominallohn um weniger als das Herstellerpreisniveau, wodurch ein Produktionsanstieg angeregt wird. Die hierfür zusätzlich eingesetzten Arbeitskräfte (Anstieg der „Kapazitätsgrenze") werden durch zusätzliche Nominallohnsteigerungen gewonnen, die aber insgesamt immer noch unter den Wachstumsraten des Herstellerpreisniveaus liegen.

Riley beweist also, daß unter diesen Rahmenbedingungen auch langfristig ein positiver Outputeffekt infolge einer Staatsausgabenerhöhung zu verzeichnen ist. In diesem Zusammenhang untersucht er auch noch die Auswirkungen einer Senkung des Steuersatzes und kommt desgleichen zum Nachweis einer langfristigen Effzienz dieser fiskalpolitischen Maßnahme.

---

[26] Die Auswirkungen von Einkommensteuersatzveränderungen auf die Lohnforderungen werden mittlerweile in vielen Untersuchungen berücksichtigt. Als erste Ansätze dieser Art (allerdings für geschlossene Volkswirtschaften) sind Brennan/Auld (1968), Blinder (1973) und Dernburg (1974) zu nennen.

[27] Vgl. Turnovsky/Kingston (1977), S. 436f.

(2) *Weitere Spezifikationen der Arbeitsangebotshypothese*

Auch bei Sachs ist der Ansatzpunkt der Analyse die Bedeutung des Lohnbildungsprozesses für die Effizienz von Fiskalpolitik in offenen Volkswirtschaften. Sein Modell beinhaltet ebenfalls rationale Wechselkurserwartungen in Form von vollkommener Voraussicht, jedoch keine Inflationserwartungen; die Lohnbildungshypothese wird gegenüber den beiden zuletzt dargestellten Modellen allerdings noch differenzierter gesehen.

Sachs unterstellt zunächst ein zum jeweils vorherrschenden Nominallohn unendlich elastisches Arbeitsangebot, wobei die Nominallohnentwicklung in mehr oder minder starkem Maße vom Verbraucherpreisniveau abhängt[28].

$$w = w_0 + \phi \cdot P^V \qquad \text{mit } 0 < \phi < 1$$
$$Q = -\eta \cdot (w - P)$$
$$P^V = \beta \cdot P + (1 - \beta) \cdot (P^* + e)$$

ϕ = Preiselastizität der Lohnforderungen
η = Preiselastizität des Angebots

Eine bondfinanzierte Fiskalpolitik induziert über eine Zinssteigerungstendenz Kapitalimporte und damit sowohl eine Aufwertungserwartung als auch die faktische Realisierung der Aufwertung. Sind die neu ausgegebenen Staatspapiere vollkommen von ausländischen Kapitalanlegern absorbiert, besteht keine Zinserhöhungstendenz mehr und damit Zinsparität bei Wechselkursänderungserwartungen von Null[29].

$$d\hat{e} = r - r^* \qquad \text{mit } d\hat{e} = \dot{e} = 0$$

Die mit dem Wechselkurseffekt verbundene Verbesserung der terms of trade läßt bei Forderung nach konstanten Reallöhnen ($\phi = 1$) die Nominallöhne um weniger steigen als die inländischen Herstellerpreise, so daß ein Produktionsanstieg resultiert.

Die Annahme kurzfristig konstanter Reallöhne (bezogen auf das Verbraucherpreisniveau) wird von Sachs jedoch in zweifacher Hinsicht noch variiert. Zum einen werden time lags in der Anpassungsgeschwindigkeit der Nominallöhne auf Veränderungen des Verbraucherpreisniveaus einbezogen, zum anderen wird die Möglichkeit einer Reaktion der Reallohnforderungen auf das Beschäftigungsniveau berücksichtigt.

---

28 Die analytische Darstellung erfolgt in logarithmisch-linearisierter Form, so daß also genau gesehen immer die prozentualen Veränderungsraten und nicht die absoluten Entwicklungen betrachtet werden. Die Symbole werden trotzdem beibehalten, so daß z. B. P oder w nun die Inflations*rate* bzw. die Lohnsteigerungs*rate* angeben.

29 Wobei e die prozentuale Wechselkursänderung und $d\hat{e}$ die erwartete *Veränderung* dieser Rate wiedergibt.

Der Lohn-lag kann durch folgende variierte Lohnhypothese erfaßt werden:

$$w^g = w_0 + P^V$$
$$\dot{w} = \sigma \cdot (w^g - w)$$

w^g = gewünschte Lohnwachstumsrate
σ = Lohnanpassungskoeffizient

Eine Veränderung der Verbraucherpreisentwicklung ändert die gewünschte Lohnwachstumsrate. Die laufenden Lohnabschlüsse passen sich so an, daß die Differenz zwischen gewünschter und tatsächlicher Lohnentwicklung nach und nach geschlossen wird.

Der Einkommensmultiplikator expansiver Fiskalpolitik ist unter diesen Voraussetzungen kurzfristig kleiner als im Steady-state-Gleichgewicht — er kann sogar anfänglich negativ werden. Letzteres ist der Fall, wenn die anfängliche Aufwertung geringer ist als die langfristige Wechselkursänderungsrate. Die damit verbundene — rationale — Erwartung einer künftigen Aufwertung ist nur bei einer negativen Zinsdifferenz zwischen Inland und Ausland möglich. Ein niedrigerer Zinssatz wiederum kann bei Geldmarktgleichgewicht c.p. nur in Verbindung mit einer gesunkenen Produktion auftreten.

Der Aspekt einer von der Beschäftigungshöhe abhängigen Reallohnforderung beinhaltet die Aufgabe der Annahme einer unendlich elastischen Arbeitsangebotsfunktion. Durch eine expansive fiskalpolitische Maßnahme steigen Arbeitseinsatz und Produktion. Ist das Arbeitsangebot zum herrschenden Reallohn nicht unendlich elastisch, so führt die Überschußnachfrage nach Arbeit zum Anstieg der Reallohnforderung. Damit wird ein Teil des expansiven Effektes wieder zunichte gemacht, indem infolge der Lohnsteigerungen auch die Inlandspreise anziehen und damit eine Verschlechterung der internationalen Wettbewerbsfähigkeit verbunden ist. Es resultiert jedoch, genau wie bei Riley, insgesamt noch ein positiver Einkommensmultiplikator.

3.2.5 Fiskalpolitik bei heterogenen Finanzanlagen

In den im folgenden dargestellten zwei Modellen wird die Annahme vollkommener Substituierbarkeit der inländischen und ausländischen Finanzanlagen zugunsten der Annahme heterogener Finanzaktiva aufgegeben.

In Boyers Ansatz[30] geschieht dies durch die Unterscheidung in traded und non traded Bonds, wobei für die traded Bonds wiederum die internationale Zinsparität erfüllt ist, die Rendite der non traded Bonds jedoch nur durch den *inländischen* Portfoliosektor determiniert ist. Levin[31] dagegen unterstellt nur *eine* inländische Wertpapierart, die jedoch als unvollkommenes Substitut zu ausländischen Vermögensanlagen angesehen wird. Analytisch wird dies da-

---

[30] Vgl. Boyer (1978).

[31] Vgl. Levin (1980).

durch erfaßt, daß die inländische Nachfrage nach heimischen Bonds außer von der internationalen Renditedifferenz auch vom Einkommen und vom Vermögen abhängt[32]. Inkonsistent ist bei Levin allerdings, daß die inländische Nachfrage nach ausländischen Wertpapieren weder vom Einkommen noch vom Vermögen beeinflußt wird (sondern nur von der internationalen Renditedifferenz), die ausländische Nachfrage nach inländischen Finanzanlagen jedoch wiederum auch vom Auslandsvermögen abhängt.

(1) Die Bedeutung von wechselkursbedingten capital gains

Zielsetzung der Analyse Boyers ist es, die Bedeutung von wechselkursabhängigen capital gains oder capital losses für die Ergebnisse fiskalpolitischer Maßnahmen zu dokumentieren. Die Modellstruktur ist allerdings sehr restriktiv gehalten, so daß bestimmte Fragestellungen von vornherein ausgeschlossen sind: So wird nur die kurze Frist bei gegebenen und jederzeit voll ausgelasteten Kapazitäten untersucht; reale Outputeffekte können daher nicht entstehen, sondern nur Preiswirkungen[33]. Auch Vermögensakkumulationen durch Staatsbudget- oder Leistungsbilanzsalden werden nicht erfaßt, sondern nur wertmäßige Vermögenseffekte durch Wechselkursänderungen und Veränderungen der währungsmäßigen Portfoliozusammensetzung.

Auf dem Gütermarkt werden der Sektor für Handelsgüter (dessen Preise durch die exogenen Weltmarktpreise vorgegeben sind) und der Sektor für Nichthandelsgüter unterschieden, wobei die Staatsausgabenpolitik im Kauf von non tradables oder tradables bestehen kann. Weiterhin werden Staatsbudgetsalden durch die Ausgabe von traded Bonds[34] finanziert; die Nachfrage nach Assets ist zins-, preis- und vermögensabhängig, und die Wechselkurserwartungen sind statisch.

Fiskalpolitik in Form eines Kaufs von traded goods führt bei Boyer zu keiner Preis- bzw. Nominaleinkommensänderung. Die zusätzliche Staatsnachfrage ergibt in gleicher Höhe ein Leistungsbilanzdefizit, das vollkommen durch Kapitalimporte finanziert wird (vollkommene Absorption der neuen Staats-

---

[32] Als wohl bekannteste und anschaulichste Darstellung eines Portfoliomodells offener Volkswirtschaften, das vermögensabhängige Assetnachfrage und unvollkommene Substitution der in- und ausländischen Finanzaktiva unterstellt, sei hier im übrigen der Ansatz von Branson (1977) genannt.

[33] Bei Erweiterung der Modellstruktur um eine Philippskurven-Hypothese lassen sich die Preiswirkungen jedoch unter gewissen Voraussetzungen in Mengen- und Preiseffekte aufspalten, so daß — in Grenzen — eine Übertragung der Ergebnisse in ein Unterbeschäftigungsmodell möglich scheint.

[34] Nicht analysiert wird die Finanzierung des Staatsbudgetsaldos durch die Ausgabe von non traded Bonds, obwohl dies eigentlich eine realistischere Annahme wäre. Non traded Bonds werden bei Boyer nur exogen im Rahmen von Offenmarktpolitik variiert. Hier soll jedoch auch kurz auf mögliche veränderte Ergebnisse bei einer solchen Finanzierungsform eingegangen werden.

schuldtitel durch Ausländer), ohne daß eine Zinsänderung oder eine Wechselkursänderung entsteht[35].

Fiskalpolitik in Form eines Kaufs von non traded goods induziert zunächst eine Überschußnachfrage auf dem Markt für Nichthandelsgüter und erhöht hierdurch den Relativpreis dieser Waren.

Der Inlandswechselkurs wertet aufgrund der Kapitalimporte auf und induziert ein Leistungsbilanzdefizit, daß jedoch nicht mehr exakt der Staatsausgabenerhöhung entsprechen muß. Die Aufwertung hat nämlich — je nachdem, ob die Volkswirtschaft insgesamt ein Nettogläubiger oder ein Nettoschuldner ist — Auswirkungen auf das Vermögen und damit auf die Assetmärkte.

Ist die Volkswirtschaft ein Nettogläubiger, so verringert die Aufwertung der inländischen Währung das Vermögen. Damit sinken die (vermögensabhängige) Geldnachfrage und die (vermögensabhängige) Nachfrage nach non traded Bonds. Boyer unterstellt eine größere Zinselastizität in der Bondnachfrage als in der Geldnachfrage, so daß ein Anstieg des inländischen Zinssatzes (mit zinsinduzierter Erhöhung der Nachfrage nach non traded bonds) und des inländischen Preisniveaus (mit Senkung der realen Geldmenge) resultieren, die Portfoliogleichgewicht gewährleisten. Expansive Fiskalpolitik kann also unter diesen Umständen zu einem Anstieg des Nominaleinkommens führen. Entsprechend wird ein Nettoschuldnerland einen Vermögensanstieg, steigende Geld- und Bondnachfrage und notwendigerweise sinkende Zinsen und sinkendes Nominaleinkommen zu verzeichnen haben.

Boyer will damit beweisen, daß das Ergebnis Mundell/Flemings — Ineffektivität der Fiskalpolitik bei flexiblen Wechselkursen — nicht notwendigerweise auf die Annahme vollkommener Kapitalmobilität und vollkommener Substituierbarkeit in- und ausländischer Finanzanlagen zurückzuführen ist. In seinem Modell sind Ineffektivität der Fiskalpolitik oder gar restriktive Wirkungen die Folge einer ausgeglichenen oder negativen Nettoauslandsposition, die wechselkursinduzierte negative Vermögenseffekte (und damit die Voraussetzung für einen Nominaleinkommensanstieg) ausschaltet.

Baut man die Analyse innerhalb seines Modellrahmens weiter aus, um auch eine expansive Fiskalpolitik zu untersuchen, die durch Ausgabe von non traded Bonds finanziert wird, so sind folgende Ergebnisse denkbar: Ein staatlicher Kauf von international handelsfähigen Gütern senkt den inländischen Wechselkurs und erhöht (senkt) damit den Relativpreis der tradables (non tradables); ein Kapitalimport wird nicht induziert. Das Überschußangebot an non traded Bonds läßt den inländischen Zinssatz ansteigen und verringert damit die Geldnachfrage. Geldmarktgleichgewicht ist nur möglich, wenn das Preisniveau (Nominaleinkommen) ansteigt. Diesem positiven Effekt der expansiven Fiskalpolitik kann nun ein gegenläufiger Effekt entgegentreten, wenn die Volkswirt-

[35] Dies entspricht dem Ergebnis McKinnons für eine Steuersenkung.

schaft ein Nettogläubigerland ist. Das durch die Abwertung (Aufwertung der fremden Währung) steigende Vermögen erhöht die Nachfrage nach Kassenhaltung und non traded Bonds. Portfoliogleichgewicht ist dann nur bei wieder sinkenden Zinsen und sinkendem Nominaleinkommen möglich. Entsprechend erfolgt eine Verstärkung des expansiven Impulses, wenn eine Nettoschuldnerposition vorliegt.

Eine staatliche Mehrnachfrage nach Binnengütern führt zu keinen qualitativ anderen Ergebnissen. Die Überschußnachfrage nach non tradables erhöht den Relativpreis in diesem Sektor, wodurch auch eine steigende Nachfrage nach tradables und damit eine Abwertung induziert wird, die allerdings schwächer ausgeprägt sein kann als im zuvor beschriebenen Fall. Die durch die Staatsfinanzierung induzierten Portfolioeffekte sind die gleichen und damit auch die c.p. hiermit verbundenen Nominaleinkommenswirkungen. Allerdings können in beiden betrachteten Fällen die zwei Sektoren der Volkswirtschaft in unterschiedlichem Maße von der Nominaleinkommenssteigerung profitieren. Ist die Abwertung jedoch jetzt geringer, so sind damit auch die verstärkenden oder abschwächenden Vermögenseffekte geringer.

Während in dem von Boyer analysierten Rahmen — Staatsschuldtitel sind traded Bonds — sowohl positive als auch negative oder neutrale Einkommenswirkungen der Fiskalpolitik auftreten können, verbessern sich also die Chancen für den Erfolg der Fiskalpolitik, wenn unter ansonsten gleichen Modellannahmen die Finanzierung des Budgetdefizits durch non traded Bonds erfolgt. Die Auswirkungen von wechselkursinduzierten capital gains and capital losses sind dann nicht mehr die *entscheidenden* Determinanten der Nominaleinkommensentwicklung.

(2) Vermögensabhängige Assetnachfrage

Noch deutlicher wird die Bedeutung heterogener in- und ausländischer Finanzaktiva für die Effizienz einer Staatsausgabenerhöhung in dem oben schon kurz angesprochenen Ansatz Levins. Im Rahmen eines differenzierten Assetmarktansatzes in Verbindung mit relativ einfachen Gütermarktstrukturen (Ein-Sektoren-Modell, keine Preiseffekte, keine Vermögensabhängigkeit der Absorption, keine Berücksichtigung von Zinszahlungen auf die Staatspapiere) werden hier die ultrakurz- und mittelfristigen Wirkungen einer staatlichen Nachfragesteigerung auf Wechselkurs und Volkseinkommen dargestellt.

Aufgrund der Annahme eines nur endlich zinselastischen internationalen Kapitalverkehrs paßt sich die Höhe des Kapitalbilanzsaldos nicht automatisch dem Leistungsbilanzsaldo an, sondern hängt von Vermögensänderungen und Veränderungen der internationalen Renditedifferenz ab, wobei letztere nicht notwendigerweise langfristig gegen Null gehen muß. Neben Güter-, Geldmarkt- und Bondmarktgleichgewichtsbedingungen geht daher in die Modellstruktur explizit auch noch die Bedingung für Zahlungsbilanzgleichgewicht ein.

$$Ex(e) - e \cdot Im(Y, e) + Kim(\Delta W^*, \Delta R) \cdot e - Kex(\Delta W, \Delta R) = 0$$ [36]

Kim = Kapitalimporte
Kex = Kapitalexporte

Die Vermögenswirkungen eines unausgeglichenen Staatsbudgets und von Leistungsbilanzsalden werden zwar erfaßt, doch gibt es keine Vermögenseffekte der Budgetrestriktion, die zu einem langfristigen Ausgleich des Staatsbudgets führen. Das analysierte „Steady-state-Gleichgewicht (in der Terminologie von Levin) ist also mit laufenden Vermögensänderungen verbunden, so daß es nur als kurzfristiges Gleichgewicht interpretiert werden kann[37].

Die steigende Staatsnachfrage führt — bei verzögerter Reaktion der Gütermärkte gegenüber den Assetmärkten — zunächst nur zu einer Wechselkursreaktion. Da die — rationalen — Wirtschaftssubjekte eine Expansion der Wirtschaftsaktivität erwarten, gehen sie auch von einer künftigen Importsteigerung aus. Da dies c. p. Druck auf die inländische Währung ausüben wird, erwarten sie eine künftige Abwertung. Hieraus resultieren Nettokapitalexporte, die die Abwertung auch faktisch herbeiführen.

Hiermit wird allerdings im Zeitablauf ein Leistungsbilanzüberschuß induziert, der — zusammen mit dem expansiven Fiskalimpuls — das inländische Einkommen erhöht. Die hierauf entstehende Zinssteigerung bewirkt einen Nettokapitalimport und eine Aufwertungstendenz der inländischen Währung. Letztendlich, wenn das Einkommen im Ausmaß des Multiplikatoreffektes des Fiskalimpulses gestiegen ist, ändert sich das inländische Zinsniveau nicht mehr, und es werden hierdurch keine neuen Kapitalströme mehr induziert. Da jedoch das Staatsbudget nach wie vor ein Defizit aufweist (es gibt keine einkommensabhängigen Steuern), steigt das Vermögen laufend weiter an, und es ergeben sich entsprechend vermögensinduzierte Kapitalexporte. Der Wechselkurs nimmt dann genau das Niveau an, das die Zahlungsbilanz ausgleicht, d. h. das Niveau, bei dem die einkommensbedingt steigenden Importe und die vermögensabhängigen Kapitalexporte durch terms of trade-bedingt sinkende Importe und steigende Exporte kompensiert werden. Da die Absorption nicht als vermögensabhängig definiert ist, können sich hierbei Einkommen und Zinsen im Gleichgewicht befinden.

Entscheidend für das konträre Ergebnis im Vergleich zu Mundell / Fleming ist u. a. die Annahme, daß internationale Kapital*ströme* nicht von der absoluten Zinsdifferenz, sondern von *Veränderungen* der Zinsdifferenz und des Vermögensbestands abhängen, so daß im Endeffekt sehr wohl eine (konstante) internationale Renditedifferenz bestehen bleiben kann und trotzdem Bestandsgleichgewicht auf den Assetmärkten vorliegt.

---

[36] In- und ausländisches Preisniveau seien hier konstant und gleich Eins gesetzt.

[37] Vgl. Levin (1980), S. 418.

3.2.6 Differenzierung des fiskalpolitischen Instrumentariums

Während die bisher dargestellten Modellansätze vorwiegend staatliche Nachfragepolitiken betrachten, seien im folgenden drei Arbeiten herausgegriffen, die einen — begrenzten — Vergleich mit den Wirkungen auch anderer fiskalpolitischer Maßnahmen (verschiedene Steuerpolitiken, Subventionspolitik, Politik des ausgeglichenen Budgets) erlauben. Hierzu sollen neben dem schon betrachteten Ansatz Floyds[38] die Arbeiten von Argy/Salop und Hoel[39] herangezogen werden.

Alle drei Ansätze benutzen relativ einfach strukturierte Stromgrößenmodelle; Vermögensbestandsanpassungsprozesse und deren Einfluß auf Gütermarkt- und Portfoliogleichgewicht werden nicht berücksichtigt. Floyd und Argy/Salop vernachlässigen zudem Wechselkurserwartungen, Hoel geht von rationalen Wechselkurserwartungen aus. Während bei Floyd — wie schon dargestellt — der Schwerpunkt auf der Unterscheidung in einen Handels- und einen Nichthandelsgütersektor (und den damit verbundenen Konsequenzen für den Erfolg fiskalpolitischer Maßnahmen) liegt, messen Argy/Salop und Hoel vor allem der Spezifikation der Lohnbildungshypothese eine besondere Bedeutung bei.

(1) Hypothesen für positive Fiskalmultiplikatoren

Die Analyse von Argy/Salop geht bei der Konstruktion des Arbeitsmarktes von einem zum „herrschenden" Lohnsatz unendlich elastischen Arbeitsangebot aus. Der geforderte Reallohn (ermittelt als Relation von Nominallohn zu Verbraucherpreisniveau) hängt dabei vom Ausmaß der Geldillusion und vom vorliegenden Steuersatz ab. Die Arbeitsnachfrage wiederum ist eine Funktion des für die Arbeitgeberseite relevanten Reallohns. Dieser ergibt sich aus dem Verhältnis von Nominallohn zu inländischem Herstellerpreisniveau, wobei der Nominallohn noch gegebenenfalls um die „Beschäftigungssubvention" verringert wird. Es werden vier alternative fiskalpolitische Maßnahmen untersucht: eine Einkommensteuersenkung, eine Staatsausgabenerhöhung, eine Budgetverlängerung und eine Subventionierung zusätzlich eingesetzter Arbeitskräfte.

Ein Anstieg der Staatsausgaben bewirkt zunächst einen positiven Nachfrageeffekt, der tendenziell Einkommen und Geldnachfrage erhöht. Die damit verbundenen zinstreibenden Impulse lösen Kapitalimporte und hierdurch eine Aufwertung der heimischen Währung aus. Die Aufwertung senkt das Verbraucherpreisniveau und entsprechend auch die Nominallohnforderungen. Zugleich steigt das — mit dem Verbraucherpreisniveau deflationierte — reale Geldangebot. Ein neues Geld-, Güter- und Arbeitsmarktgleichgewicht kann nun bei

---

[38] Siehe Kapitel 3.2.3; dort wurde allerdings nur Floyds Analyse von Einkommensteueränderungen dargestellt. Jetzt werden auch seine Aussagen über Verbrauchsteuervariationen erfaßt.

[39] Vgl. Argy/Salop (1979) und Hoel (1982).

höheren Realeinkommen und höherer Beschäftigung realisiert werden, da

— durch die Aufwertung nur ein Teil des expansiven Impulses der Staatsausgabenerhöhung kompensiert wird,
— die sinkenden Nominallohnforderungen den für den Produzenten relevanten Reallohn senken und eine Angebotsausdehnung gewährleisten und
— die einkommensbedingt steigende reale Geldnachfrage auch einem höheren realen Geldangebot gegenübersteht.

Auch eine Senkung des Einkommensteuersatzes hat nach Argy/Salop eindeutig positive Effekte. Allerdings können diese sowohl von einer Aufwertung als auch von einer Abwertung begleitet sein. Zunächst entwickelt sich über das steigende verfügbare Einkommen ein positiver Nachfrageimpuls. Zugleich sinken die Nominallohnforderungen, weil die Arbeitnehmer sich an ihrem Nettoreallohn orientieren. Je nach Preiselastizität des Angebots können die nachfragebedingten Preiserhöhungstendenzen oder die lohnkostenbedingten Preissenkungstendenzen dominieren. Sinkt das Preisniveau sogar stärker als das Realeinkommen steigt, so entsteht ein Geldangebotsüberhang, der zu einem Druck auf das inländische Zinsniveau, zu Kapitalexporten und zu einer Abwertung führt. Diese Abwertung ermöglicht über einen Anstieg der Verbraucherpreise und steigende Nachfrage wieder Geldmarktgleichgewicht bei unverändertem — dem Weltmarktzins entsprechenden — Inlandszins. Ist dagegen der Realeinkommensanstieg stärker als der Preisrückgang, so entsteht wie bei der Staatsausgabenerhöhung ein Geldnachfrageüberhang und eine Aufwertung, die über eine *Senkung* des Verbraucherpreisniveaus und sinkende Auslandsnachfrage das Geldmarktgleichgewicht gewährleistet.

Die Auswirkungen einer Budgetverlängerung — Staatsausgabenerhöhung bei Finanzierung durch steigende Steuern — sind dagegen nicht eindeutig vorhersehbar. Sie hängen ganz entscheidend vom Grad der Geldillusion ab. Liegt gar keine Geldillusion vor, so führt der Anstieg des Steuersatzes zu gleichermaßen steigenden Lohnforderungen und zu einer Linksverschiebung der gesamtwirtschaftlichen Angebotskurve, die die Rechtsverschiebung der Nachfragekurve (resultierend aus steigender Staatsnachfrage abzüglich steuerbedingt sinkender privater Absorption) dominiert. Es ergibt sich eine sinkende Produktion bei steigenden Preisen, wobei damit sowohl eine Abwertung als auch eine Aufwertung verbunden sein kann — je nachdem, ob der Outputrückgang stärker oder geringer als der Anstieg der Inlandspreise ist.

Bei hoher Geldillusion dagegen wird nur ein geringer Teil der Steuersatzerhöhung in höhere Nominallohnforderungen überwälzt, und der kostensteigernde Effekt auf der Angebotsseite ist gering. In diesem Fall überwiegt der positive Nachfrageeffekt und eine Realeinkommenssteigerung (bei steigenden Inlandspreisen) ist das Ergebnis. Der hierdurch zunächst entstehende Geldnachfrageüberhang bedingt Zinssteigerungstendenzen, eine Aufwertung und damit eine Reduzierung des Verbraucherpreisniveaus, die wieder Geldmarktgleichgewicht trotz gestiegenen Realeinkommens hervorrufen.

Eine Subventionierung zusätzlich eingestellter Arbeitskräfte findet modelltheoretisch in der Arbeitsnachfragefunktion (bzw. der Produktionsfunktion) und in der Ermittlung des verfügbaren Einkommens Berücksichtigung.

$$Y = \kappa \cdot (w \cdot (1-s)/P)^{\alpha_0}$$
$$Y^V = P/P^V \cdot (Y \cdot (1-t) + (Y - Y_0) \cdot s \cdot \alpha_0/(\alpha_0 - 1))$$

κ = Niveauelastizität der Produktionsfunktion
α_0 = Produktionselastizität der Arbeit
Y^V = reales verfügbares Einkommen
s = Beschäftigungssubvention

Die Beschäftigungssubvention senkt also c.p. die für den Unternehmer relevanten Grenzkosten der Arbeit und erhöht damit die Produktion. Zugleich steigert sie das reale verfügbare Einkommen, indem die Gewinneinkommen nach Maßgabe des Subventionssatzes ansteigen, wenn die Beschäftigung über das Ausgangsniveau wächst[40].

Die Einführung (oder Erhöhung) einer solchen Subventionszahlung verbessert die gesamtwirtschaftliche Kostensituation und verschiebt die Angebotskurve nach rechts. Hinzu kommt eine mit steigender Produktion überproportional steigende private Absorption, da das verfügbare Einkommen bei einer über Y_0 hinaus ansteigenden Produktion auch noch durch die Subventionszahlungen wächst. Dieser Nachfrageeffekt tritt jedoch erst auf, wenn der Angebotseffekt schon zu einer faktischen Mehrbeschäftigung geführt hat. Das Ergebnis ist eine steigende Produktion bei sinkenden Inlandspreisen. Der Wechselkurs kann wieder auf- oder abwerten, je nachdem ob der Produktionseffekt oder der Preiseffekt anfangs stärker ausgeprägt ist. Entsprechend wird allerdings auch der expansive Impuls durch die Wechselkursreaktion entweder abgeschwächt oder weiter verstärkt.

Insgesamt führt der vorliegende Modellrahmen also zu einer positiven Einschätzung expansiver Fiskalpolitik, wobei u.a. der Einfluß des Wechselkurses auf das Verbraucherpreisniveau eine entscheidende Rolle spielt. Nur im Falle einer Politik des expansiven, aber ausgeglichenen Budgets und dem Fehlen jeglicher Geldillusion kommt es zu kontraktiven Wirkungen und zu Stagflation. Hieraus kann der Umkehrschluß gezogen werden, daß u.U. eine Budgetverkürzung (Senkung der Staatsausgaben bei gleichzeitiger Steuersenkung) zu einem Produktionsanstieg mit Inflationsdämpfung führen kann. Der Erfolg dieser Politik hängt jedoch davon ab, inwieweit die Steuersenkung tatsächlich die Lohnforderungen reduziert.

---

[40] Der Ausdruck $\alpha_0/(\alpha_0 - 1)$ repräsentiert hierbei den Anteil der Lohneinkommen am Volkseinkommen.

(2) Hypothesen für langfristige Ineffizienz der Fiskalpolitiken

Während Argy/Salop eine kurzfristige Wirkungsanalyse betreiben, befaßt sich Hoel auch mit langfristigen Aspekten. Auch bei ihm orientieren sich die Arbeitsanbieter kurzfristig am Nettoreallohn — Steuersenkungen führen demnach zu Nominallohnsenkungen und zu einem Produktionsanstieg. Langfristig geht er jedoch davon aus, daß die Gewerkschaften versuchen, einen um so höheren Nettoreallohn durchzusetzen, je geringer die Rate der Unterbeschäftigung ist. Eine kurzfristige Produktionserhöhung bedingt wachsende Nettoreallohnforderungen, die wieder zu höheren Grenzkosten der Arbeit und damit zu abnehmender Beschäftigung bei steigenden Preisen führen, bis die „natürliche Rate der Arbeitslosigkeit“ wieder erreicht ist.

Der Vergleich mit der Staatsausgabenpolitik kann keine langfristigen Effizienzunterschiede aufzeigen, da im gesetzten Modellrahmen keine langfristige Abweichung von der natürlichen Arbeitslosigkeit möglich ist. Allerdings ergeben sich jeweils unterschiedlich starke Auswirkungen auf Wechselkurs und Leistungsbilanz, so daß unter Einbeziehung bestimmter Wechselkurs- oder Leistungsbilanzziele die eine oder andere Politikmaßnahme vorzuziehen ist.

Hoel stellt diese unterschiedlichen außenwirtschaftlichen Folgen unter zwei spezifischen Rahmenbedingungen dar. Einmal sei die Volkswirtschaft aufgrund kurzfristiger Lohnrigiditäten in einer Unterbeschäftigungssituation, und das langfristig gleichgewichtige Beschäftigungsniveau soll ad hoc durch expansive Fiskalpolitik erreicht werden[41]. Im anderen Fall liege Vollbeschäftigung vor, aber die Leistungsbilanz weise ein unerwünschtes Defizit auf, das durch fiskalpolitische Maßnahmen abgebaut werden soll.

Die erste Konstellation zeigt, daß eine expansive Staatsausgabenpolitik das langfristige Beschäftigungsgleichgewicht bei höheren Inlandspreisen realisiert als eine Steuersenkung. Letztere erhöht nicht nur die Nachfrage, sondern auch den verfügbaren Nettoreallohn, so daß die Arbeitnehmer zu Zugeständnissen bei den Nominallohnforderungen bereit sind. Der langfristig konstante Reallohn ist mit geringerem Nominallohn und niedrigeren Inlandspreisen verbunden. Damit sind auch die Terms-of-trade-Verbesserung und die Leistungsbilanzverschlechterung bei einer Steuersenkung geringer als bei steigenden Staatsausgaben.

Die zweite Konstellation erfordert eine Reduktion der inländischen Absorption, da bei Vollbeschäftigung in der Ausgangssituation eine Verbesserung der Leistungsbilanz nur durch sinkende Inlandsnachfrage möglich ist. Verringerte Staatsnachfrage oder durch steigende Steuern verminderte private Nachfrage senken langfristig — nach Auflösung kurzfristiger Lohnrigiditäten — die Inlandspreise und verbessern damit den Außenbeitrag. Kurzfristig, wenn die Löhne nach unten starr sind, haben die beiden zu vergleichenden fiskalpolitischen Instrumente jedoch unterschiedliche Leistungsbilanzeffekte. Sinkende

[41] Ohne den Einsatz fiskalpolitischer Maßnahmen würde dieses Beschäftigungsniveau auch zustande kommen, aber nach einer längeren Zeitdauer.

Staatsausgaben haben sofortige negative Preis- und Einkommenswirkungen, steigende Steuern vermindern auch die Nachfrage, bewirken jedoch zudem einen negativen Angebotseffekt, da die Lohnforderungen aufgrund der sinkenden Nettolöhne angehoben werden. Die Preise können unter diesen Umständen kurzfristig steigen oder fallen, die Leistungsbilanz sich verschlechtern oder verbessern.

Eine langfristige Verbesserung der Leistungsbilanz ohne kurzfristige negative Outputeffekte schließlich kann nach Hoel durch eine Kombination von Staatsausgabensenkung und Steuersenkung (Budgetverkürzung) erreicht werden. Die Verbesserung der Leistungsbilanz ist dann nicht erst Folge einer nachfragebedingten Preissenkung (die einen kurzfristigen Outputrückgang voraussetzt), sondern Folge einer angebotsbedingten Preissenkung (aufgrund der bei verringerten Steuersätzen sinkenden Nominallohnforderungen). Für dieses letzte Ergebnis wird allerdings implizit eine schnellere Reaktion des Angebots als der Nachfrage vorausgesetzt. Zuvor wurde jedoch durch die Annahme kurzfristiger Lohnrigiditäten eine konträre Bedingungskonstellation festgesetzt, indem das Angebot dort langsamer reagiert als die Nachfrage.

Einschränkend ist zu diesem Modell Hoels außerdem noch hinzuzufügen, daß die Erfassung von Wechselkurs- und Zahlungsbilanzentwicklungen nur unzureichend erfolgt. Im langfristigen Gleichgewicht können dauerhafte Leistungsbilanzsalden vorliegen, wobei jedoch nicht ersichtlich ist, wodurch die — bei flexiblen Wechselkursen notwendigen — kompensierenden Kapitalbilanzsalden induziert werden. Auch die Wechselkursentwicklung ist weder aus dem Devisenmarkt noch aus portfoliotheoretischen Ansatzpunkten einsichtig erklärbar.

(3) Sektorspezifische fiskalpolitische Maßnahmen

Das Modell Floyds wird hier noch einmal herangezogen, da dieser Zwei-Sektoren-Ansatz auch *sektorspezifische* indirekte Steuern und Produktionssubventionen untersucht. Um die Auswirkungen von bei Kreditfinanzierung entstehenden Vermögenseffekten auszuschalten, unterstellt Floyd, daß die untersuchten Verbrauchsteuervariationen und Subventionsänderungen durch höhere Einkommensteuern finanziert werden. De facto wird also jetzt keine Expansion des Staatsbudgets analysiert, sondern die Folgen von Einnahmestrukturveränderungen. Die Einkommensteuererhöhung ist allerdings eine autonome Steuerbetragserhöhung (ohne Veränderung des Einkommensteuertarifs), die bei Floyd keine Einkommenswirkungen hervorruft[42], so daß der Gesamteffekt der gegenläufigen Budgetveränderungen jeweils dem Effekt der Verbrauchsteuervariation bzw. der Subventionsänderung entspricht.

Die betrachtete Subvention ist — wie bei Argy / Salop — eine Beschäftigungssubvention, die eine Arbeitsnachfrage über den Punkt hinaus induziert, in dem das Grenzwertprodukt der Arbeit gleich dem Lohnsatz ist. Die Einführung (oder

[42] Vgl. Abschnitt 3.2.3 dieser Arbeit.

Erhöhung) einer solchen Subvention verschiebt zum einen die gesamtwirtschaftliche Angebotskurve nach rechts, zum anderen verlagern sich Beschäftigung und Produktion in den Sektor, dem die Subvention zufällt. Bei Floyd sind der gesamtwirtschaftliche (positive) Produktions- und (negative) Preisniveaueffekt allerdings unabhängig davon, welcher Sektor von der Subvention profitiert. Die Produktionsmöglichkeitskurve ist bei ihm durch das gesamtwirtschaftliche Beschäftigungsniveau vorgegeben, das wiederum durch den Reallohn abzüglich der Beschäftigungssubvention bestimmt ist (unabhängig davon, welchem Sektor die Subvention zufällt). Welcher Punkt auf der Transformationskurve erreicht wird, hängt dagegen von den relativen Preisen zwischen tradables und non tradables ab, und damit auch von dem Nutznießer der Subvention.

Eine Differenzierung der Subventionszahlung nach der Art des Empfängers ist jedoch für die Analyse der Wechselkursentwicklung von Bedeutung. Profitiert der Sektor für international handelsfähige Güter davon, so wird eindeutig eine Aufwertung die Folge sein, da die inländische Mehrproduktion an tradables zu einer verringerten Importnachfrage und steigenden Exporten führt. Gilt die Subvention dem Non-tradable-Sektor, so kann sowohl eine Abwertung als auch eine Aufwertung resultieren. Dominiert der Substitutionseffekt, so sinkt die Nachfrage nach tradables aufgrund der relativen Verbilligung der Nicht-Handelsgüter. Das Überschußangebot in der Exportgüter- und Importkonkurrenzgüterindustrie verbessert tendenziell die Leistungsbilanz und läßt den inländischen Wechselkurs aufwerten. Dominiert dagegen der Einkommenseffekt, so führt die höhere Beschäftigung und das höhere Einkommen infolge der Ausdehnung der Produktion an non tradables auch zu einer Mehrnachfrage nach international handelsfähigen Gütern. In diesem Fall entwickelt sich tendenziell eine Leistungsbilanzverschlechterung, und der inländische Wechselkurs wertet ab.

Kritisch ist allerdings auch hier anzumerken, daß die Formulierung einer *gesamtwirtschaftlichen* Produktionsfunktion in Abhängigkeit von der *gesamtwirtschaftlichen* Beschäftigung dem Zwei-Sektoren-Ansatz nicht gerecht wird. Nur bei absolut identischen Produktionsfunktionen in beiden Sektoren ist diese Konstruktion möglich — eine Annahme, die gerade bei der Unterscheidung in einen Handelsgütersektor und einen Nicht-Handelsgütersektor sehr problematisch ist. Ist z. B. der Sektor für non tradables arbeitsintensiver als der Sektor für tradables oder sinkt das Grenzprodukt der Arbeit bei zunehmender Beschäftigung in den beiden Sektoren in unterschiedlichem Maße, so führt eine Beschäftigungssubvention zu unterschiedlichen Beschäftigungs- und Einkommenseffekten, je nachdem welcher Sektor sie erhält.

Zur Erfassung dieser Effekte müßten anstelle der Produktionsgleichungen von Floyd

$$A = A(\bar{w}/P, s_N, s_T)$$

$$Q_T = Q_T(P_N/P_T, A, s_N, s_T)$$

$$Q_N = Q_N(P_N/P_T, A, s_N, s_T)$$

folgende sektorspezifische Produktionsgleichungen in das Modell eingehen:

$$A = A_T + A_N$$
$$A_T = A_T(\bar{w}/P_T, s_T)$$
$$A_N = A_N(\bar{w}/P_N, s_N)$$
$$Q_T = Q_T(P_N/P_T, A_T, s_T, s_N)$$
$$Q_N = Q_N(P_N/P_T, A_N, s_N, s_T)$$

Schließlich sei noch kurz eingegangen auf Floyds Analyse einer Senkung sektorspezifischer Verbrauchsteuern. Wird die Verbrauchsteuer auf non traded goods gesenkt, so entspricht dies in seinen Wirkungen einer Produktionssubvention, da im Non-tradable-Sektor der heimische Verbrauch exakt der Produktion entspricht. Eine Senkung der Verbrauchsteuer auf Handelsgüter dagegen entspricht der Wirkung einer reinen Konsumsteuer, da nur der im Inland konsumierte Teil der produzierten Handelsgüter betroffen ist. Der Konsum an tradables steigt und induziert damit eine Überschußnachfrage in diesem Sektor, die ein tendenzielles Leistungsbilanzdefizit hervorruft. Die hierdurch ausgelöste Abwertung verteuert die Handelsgüter wieder, bis die Verbraucherpreisrelation zwischen beiden Sektoren wieder ihren ursprünglichen Wert erreicht hat. Ein expansiver Impuls wird im Gegensatz zu einer Verbrauchsteuersenkung im „domestic"-Sektor nicht realisiert.

3.2.7 Zusammenfassung der Modellvergleiche

Die Darstellung verschiedener jüngerer Modelle zur Fiskalpolitik in offenen Volkswirtschaften zeigt, daß die Aussagen des Mundell/Fleming-Ansatzes zur Effizienz expansiver Fiskalpolitik bei flexiblen Wechselkursen durch differenziertere Annahmekonstellationen entscheidend zu modifizieren sind.

So können bei folgenden Modellerweiterungen Effizienzsteigerungen expansiver staatlicher Ausgabenpolitik nachgewiesen werden:

- Aufspaltung des Gütermarktes in je einen Sektor für international handelbare und nicht-handelbare Produkte, bei gleichzeitig verstärkter staatlicher Nachfrage im Non-tradable-Sektor.
- Berücksichtigung von terms-of-trade-bedingten Verbraucherpreisniveauänderungen in den Lohnforderungen.
- Berücksichtigung von Lohn-lags.
- Berücksichtigung von unvollkommener Substituierbarkeit internationaler Kapitalanlagen.

Sind neben staatlicher Nachfragepolitik auch steuer- oder subventionspolitische Maßnahmen von Interesse, so sind die folgenden Annahmen für den Erfolg dieser Fiskalpolitik von Bedeutung:

- Einkommensteuersenkungen in Form von Tarifsenkungen statt in Form von Senkungen des autonomen Steuerbetrags ((a) bei gleichzeitiger Berück-

sichtigung der Einkommensteuersatzveränderungen in den Lohnforderungen oder (b) bei Berücksichtigung der Einkommensteuersatzveränderungen in der Nettorendite auf Wertpapiere).
- Staatliche Subventionen in Form von Beschäftigungssubventionen.
- Sektorale Differenzierung der indirekten Besteuerung, bei relativ schwächerer Besteuerung des „domestic"-Sektors.

Ein expansiver Fiskalimpuls kommt dagegen auch in diesen differenzierteren Modellen nicht zustande
- wenn eine autonome Steuerbetragssenkung oder eine Erhöhung der Staatsnachfrage nur zum Kauf von tradables verwendet wird, bei exogenen Weltmarktpreisen der tradables;
- wenn eine Senkung der indirekten Steuern nur für den Tradable-Sektor erfolgt, bei exogenen Weltmarktpreisen der tradables;
- wenn längerfristige, durch Budgetdefizite bedingte Vermögenseffekte die Geldnachfrage beeinflussen, bei gleichzeitig konstantem exogenen inländischen Zinsniveau;
- wenn längerfristig eine „natürliche Rate der Unterbeschäftigung" unterstellt wird.

Übersicht III zeigt noch einmal, wie sich die Resultate der einzelnen Modellansätze unterscheiden. Die zwischen den Modellen stark divergierenden Annahmen (vgl. Übersicht II) machen allerdings eine vergleichende Gesamtbeurteilung der in den einzelnen Modellen jeweils das Ergebnis dominierenden Effekte kaum möglich. Aus diesem Grund wird in Kapitel 4 ein eigenes Modell vorgestellt werden, das versucht, die wichtigsten der hier für den Erfolg oder Mißerfolg der staatlichen Budgetpolitik relevant erscheinenden Annahmen in *einem* Modell konsistent zu erfassen.

Darüber hinaus gibt es noch eine Reihe von budgetpolitischen Aspekten, die bisher in keinem der hier betrachteten Modelle *offener* Volkswirtschaften berücksichtigt wurde. So wird überall von einem konstanten Kapitalstock ausgegangen, der weder durch private Investitionen noch durch staatliche Investitionen erhöht werden kann. Hier ist ein wichtiger Ansatzpunkt für zusätzliche Aussagen über die langfristigen Wirkungen staatlicher Budgetpolitik, indem z.B. zwischen Ausgaben für Staatskonsum und staatlichen (produktiven oder unproduktiven) Investitionen unterschieden wird. Des weiteren werden im Rahmen der staatlichen Ausgabenpolitik zwar (in seltenen Fällen) auch Unternehmenssubventionen analysiert, nicht aber Transfers an private Haushalte, die z.B. mit der Höhe der Beschäftigung variieren (Arbeitslosengeld).

Schließlich ist auch die Erfassung von Vermögenseffekten der Staatsbudgetsalden und insbesondere der induzierten Leistungsbilanzsalden zumeist rudimentär oder wird vollkommen vernachlässigt. Diese Vermögensveränderungen sind jedoch gerade in einer offenen Volkswirtschaft infolge der damit verbundenen Portfolioeffekte von großer Relevanz. In diesem Zusammenhang interessieren auch die spezifischen Wirkungen einer Finanzierung staatlicher Budgetdefi-

Übersicht III:

Einkommens- und Wechselkurswirkungen expansiver Fiskalpolitik in den analysierten Modellen

Verfasser Politikmaßnahmen	Scarth (1975)	McKinnon (1976)	Prachowny (1977)	Turnovsky/ Kingston (1977)	Boyer (1978)	Argy/ Salop (1979)	Sachs (1980)	Floyd (1980)	Riley (1980)	Levin (1980)	Hoel (1982)
$dG>0$	$dY=0$ $de<0$	$dY>0$ $de<0$	$dY\gtrless 0$ $de<0$	$dY>0$[a] $dY=0$[b] $de>0$[c]	$dY\gtrless 0$ $de<0$	$dY>0$ $de<0$	$dY>0$ $de<0$	–	$dY>0$ $de>0$[c]	$dY>0$ $de>0$	$dY>0$[a] $dY=0$[b] $de<0$
$dT^a<0$	–	$dY=0$ $de=0$	–	–	–	–	–	$dY=0$[a] $dY<0$[b] $de<0$	–	–	–
$dt<0$	–	–	–	–	–	$dY>0$ $de\gtrless 0$	–	$dY>0$[a] $dY\gtrless 0$[b] $de<0$	$dY>0$ $de>0$[d]	–	$dY>0$[a] $dY=0$[b] $de<0$
$ds>0$	–	–	–	–	–	$dY>0$ $de\gtrless 0$	–	$dY>0$ $de\gtrless 0$	–	–	–
$dt^{ind}<0$	–	–	–	–	–	–	–	$dY\geqq 0$ $de\gtrless 0$	–	–	–

a) kurzfristig.
b) langfristig.
c) Im Anpassungszeitraum ist $de<dP$, so daß eine Terms-of-trade-Verbesserung resultiert.
d) Im Anpassungszeitraum kann $de\gtrless dP$ sein, so daß eine Terms-of-trade-Verbesserung oder -Verschlechterung resultieren kann.

zite durch direkte Auslandsverschuldung, die ebenfalls in keinem der Modelle analytisch erfaßbar sind. Zielsetzung des weiteren Verlaufs dieser Arbeit ist es daher, auch alle diese Aspekte in die modelltheoretische Analyse mit einzubeziehen.

Viertes Kapitel

Strom-Bestands-Analyse staatlicher Budgetpolitik in einer offenen Volkswirtschaft

Das im folgenden zu entwickelnde Modell steht in der Tradition postkeynesianischer monetärer Makromodelle tobinscher Prägung. Elemente portfoliotheoretischer Stock-Flow-Ansätze offener Volkswirtschaften[1] werden mit einer um Angebotseffekte erweiterten keynesianischen Gütermarktstruktur mit differenziertem Staatssektor verbunden[2]. Der postkeynesianische Charakter des Modells zeigt sich zum einen in der kurzfristigen Anpassung der Produktion an die Nachfrage, zum anderen in einem durch Investitionen variierbaren Kapitalstock und der Berücksichtigung von Vermögenseffekten[3].

Die Ausgangssituation ist durch ein Bestandsgleichgewicht auf den Finanzmärkten und ein keynesianisches Unterbeschäftigungsgleichgewicht gekennzeichnet. Als exogene „Störungen" werden verschiedene, die Budgethöhe oder die Budgetstruktur betreffende finanzpolitische Maßnahmen bezüglich ihrer Auswirkungen auf Sozialprodukt, Beschäftigung, Preisniveau, Wechselkurs, Leistungsbilanz und Finanzierungssaldo untersucht.

4.1 Systematik budgetpolitischer Aktivitäten

Die zu analysierenden budgetpolitischen Maßnahmenkomplexe lassen sich in zwei Hauptgruppen unterscheiden. Zum einen werden expansive Fiskalpolitiken betrachtet, die mit einer Ausdehnung der Staatsquote verbunden sind, zum anderen geht es um finanzpolitische Maßnahmen, die eine Veränderung der Budget*struktur* bei konstanter Staatsquote bewirken. Die Ausdehnung der Staatsquote kann sowohl durch eine Erhöhung der staatlichen Endnachfrage als auch durch eine Erhöhung staatlicher Transfers (bei Konstanz der „Realausgaben") erfolgen. Als Finanzierungsalternativen werden dabei staatliche Kreditaufnahme im inländischen privaten Sektor, direkte Auslandsverschuldung und Steuererhöhungen durchgespielt. Eine Erhöhung der staatlichen Endnachfrage kann in Form höherer produktiver oder höherer unproduktiver Investitionen

[1] Hauptgrundlage bildet hierbei der bekannte Assetmarktansatz Bransons. Vgl. Branson (1977).

[2] Bei der Darstellung des Staatssektors wird allerdings von den in der Praxis eines föderativen Staates vorliegenden unterschiedlichen Entscheidungskompetenzen und -spielräumen der einzelnen Gebietskörperschaften abstrahiert.

[3] Siehe Kap. 4.2.3 dieser Arbeit.

oder in Form steigenden Staatskonsums erfaßt werden. Staatliche Transfers werden in Gestalt von Unternehmenssubventionen und Transfers an private Haushalte analysiert.

Veränderungen der Budgetstruktur bei stabiler Staatsquote werden in Form unterschiedlicher Finanzierungsstrukturen und in Form unterschiedlicher Ausgabenstrukturen abgebildet. Auf der Einnahmenseite können dabei sowohl Steuern durch Kredite substituiert werden als auch direkte Steuern durch indirekte Steuern. Auf der Ausgabenseite geht es um die Wirkungen einer Substitution von Staatskonsum durch staatliche Investitionen.

Die finanzpolitischen Aktivitäten können unabhängig von Konstanz oder Ausdehnung der Staatsquote jeweils in Verbindung mit temporären Budgetdefiziten erfaßt werden oder im Rahmen eines zunächst ausgeglichenen öffentlichen Haushalts analysiert werden.

Zur besseren Veranschaulichung sind die für die genannten Untersuchungsaspekte relevanten Modellversionen in Übersicht IV hinsichtlich ihres Analyserahmens und ihrer Parameterkonstellationen systematisiert. Im folgenden sei jedoch zunächst die Modellstruktur dargelegt, auf der die Analyse der unterschiedlichen haushaltspolitischen Entscheidungen basiert.

4.2 Außenwirtschaftstheoretische Einbindung staatlicher Budgetpolitik

4.2.1 Grundlegende Modellelemente

Zur Abgrenzung des der folgenden Betrachtung zugrunde liegenden Ansatzes gegenüber den in Übersicht II erfaßten Modellkonstruktionen seien zunächst einige Hauptelemente des Modells vorgestellt.

Es wird von einem „kleinen Land" ausgegangen, d.h. die ökonomischen Größen des Auslands werden durch die inländische Wirtschaftsentwicklung nicht beeinflußt.

Der inländische Finanzmarkt enthält Märkte für vier Vermögensarten: Inländisches Geld, inländische private Wertpapiere[4], inländische Staatspapiere und ausländische Wertpapiere. Inländische private Wertpapiere und Staatspapiere werden von den inländischen und ausländischen Anlegern als vollkommene Substitute betrachtet[5], so daß es nur *einen* inländischen Zinssatz gibt. Inländische und ausländische Wertpapiere dagegen werden nicht als vollkommene Substitute angesehen, sondern als heterogene, jedoch miteinander konkurrierende Finanzanlagen. Damit ist keine internationale Zinsparität vorgegeben; renditeunabhängige Präferenzen der Kapitalanleger führen zu nur *endlich* zinselastischen internationalen Kapitalbewegungen.

[4] In Höhe des privaten Kapitalstocks.

[5] Eine Ausnahme hiervon wird nur bei der Analyse direkter staatlicher Auslandsverschuldung gemacht.

Übersicht IV:
Analyserahmen der wichtigsten Simulationsläufe

Beschreibung des Szenarios	Variation der exogenen Modellgrößen	Versionsbezeich.
I) Ausdehnung der Staatsquote		
A: Erhöhung der Staatsnachfrage bei temporären Budgetdefiziten		
- Erhöhung unproduktiver staatlicher Investitionen	$\Delta G^I > 0$	1
- Erhöhung produktiver staatlicher Investitionen	$\Delta I^{st} > 0$	2
- Erhöhung des Staatskonsums	$\Delta G^c = \Delta A^{st} > 0$	3
B: Erhöhung staatlicher Transfers bei temporären Budgetdefiziten (Konstanz der Realausgaben)		
- Beschäftigungssubventionen an Unternehmen	$\Delta Tr^U > 0$	4
- Erhöhung autonomer Transfers an Haushalte	$\Delta Tr^H = -\Delta t_o > 0$	5
- Erhöhung des Arbeitslosengeldes	$\Delta w^S > 0$	6
C: Erhöhung der Staatsnachfrage bei ausgeglichenem Budget		
- Erhöhung unproduktiver staatlicher Investitionen bei gleichwertiger Erhöhung autonomer Steuern	$\Delta G^I = \Delta t_o > 0$	7
- Erhöhung unproduktiver Investitionen bei gleichwertiger Erhöhung des Einkommensteuersatzes	$\Delta G^I > 0$; $\Delta t^{dir} > 0$	8
D: Erhöhung der Staatsnachfrage bei Defizitfinanzierung durch direkte Auslandsverschuldung		
- Erhöhung unproduktiver staatlicher Investitionen	$\Delta G^I > 0$; $\Delta f_o^* > 0$	12
- Erhöhung produktiver staatlicher Investitionen	$\Delta I^{st} > 0$; $\Delta f_o^* > 0$	13
II) Veränderung der Budgetstruktur bei konstanter Staatsquote		
E: Veränderung der Finanzierungsstruktur		
- Senkung der Einkommensteuer mit Kreditfinanzierung des Einnahmenausfalls	$\Delta t^{dir} < 0$	9
- Senkung der Einkommensteuer bei gleichwertiger Erhöhung der Mehrwertsteuer	$\Delta t^{ind} > 0$ $\Delta t^{dir} < 0$	10
F: Veränderung der Ausgabenstruktur		
- Erhöhung unproduktiver staatlicher Investitionen bei entsprechender Senkung des Staatskonsums	$\Delta G^I = -\Delta A^{st} > 0$	11

Insoweit als renditeabhängige Portfolioentscheidungen getroffen werden, spielen neben der internationalen Zinsdifferenz auch Wechselkurserwartungen eine entscheidende Rolle, wobei eine semi-rationale Erwartungshypothese unterstellt wird[6]. Neben Realeinkommen, terms of trade und Zins ist auch das Vermögen eine entscheidende Determinante der Güternachfrage- und Finanzanlageentscheidungen. Der Wert des Vermögensbestands ist sowohl abhängig von der *Anzahl* der in- und ausländischen Wertpapiere als auch von deren — in inländischer Währung gemessenem — Kurswert. Zins- und Wechselkursänderungen können damit — auch bei unveränderter Anzahl der Assets — den Vermögenswert und damit die Nachfrage nach Gütern und Finanzaktiva beeinflussen.

Das Sozialprodukt setzt sich aus der Herstellung von Welthandelsgütern und reinen Binnengütern zusammen, wobei letztere allein durch öffentliche Güter repräsentiert seien. Produktion und Preise der tradables hängen damit u.a. sowohl von inländischer als auch von ausländischer Nachfrage ab. Die Produktion der non tradables dagegen bestimmt sich allein durch den inländischen Staatskonsum und die Preise dieser non tradables allein durch ihre Herstellungskosten.

Das Angebot der tradables ist eine Funktion des Arbeits- und Kapitaleinsatzes (nach Maßgabe einer Cobb-Douglas-Produktionsfunktion). Für den Faktor Kapital wird immer Vollbeschäftigung unterstellt, wobei der (private und staatliche) Kapitalbestand sich durch die (privaten und staatlichen) Investitionen der jeweiligen Vorperiode erhöht. Der Arbeitseinsatz erfolgt in Abhängigkeit vom Reallohn, der ggf. um eine Beschäftigungssubvention bereinigt wird. Die Produktion paßt sich damit (bei innerhalb der Periode konstantem Kapitalstock) über preisinduzierte Veränderungen der Arbeitsintensität jeweils der Nachfrage an.

Der Nominallohn wird durch das erwartete inländische Verbraucherpreisniveau — in dessen Berechnung neben in- und ausländischem Preisniveau auch die indirekten Steuern eingehen[7] — und den Beschäftigungsstand bestimmt. Es wird jedoch keine Abhängigkeit des Arbeitsangebots vom „Nettolohn" und damit vom *direkten* Einkommensteuersatz unterstellt. Die Preiserwartungen sind semi-rational formuliert.

Durch die Budgetpolitik bedingte Wechselkursänderungen wirken sich zwar auf das inländische Verbraucherpreisniveau aus, doch werden keine direkten Angebotseffekte analysiert, die sich durch wechselkursabhängige Verteuerung oder Verbilligung importierter Vorleistungen ergeben könnten.

Positive oder negative Staatsbudgetsalden führen zu einer Verringerung bzw. Erhöhung des Angebots an inländischen Staatspapieren. Ein positiver oder negativer Leistungsbilanzsaldo verbessert oder verschlechtert die Nettoauslandsposition. Diese Vermögenseffekte aus Staatsbudget- und Leistungsbilanzsalden wirken sich jeweils auf Portfolionachfrage und private Absorption aus.

---

[6] Vgl. zur Definition dieser Erwartungshypothese Kap. 3.1.1 dieser Arbeit.

[7] Vgl. zum Einfluß von Wechselkursänderungen auf das Verbraucherpreisniveau und damit auf die Angebotsseite des Arbeitsmarktes Bender (1983).

Die Zinszahlungen auf den Bestand an Staatspapieren werden sowohl bei der Erfassung des verfügbaren Einkommens als auch bei der staatlichen Budgetrestriktion berücksichtigt.

Die Absorptionsfunktionen und die Lohnbildungsfunktion sind durch time lags geprägt. Das Modell wird als Differenzengleichungssystem höherer Ordnung formuliert.

Der Staat wird als „Mengenfixierer" behandelt. Im Gegensatz zum Fall des „Ausgabenfixierers" bedeuten ausgabenpolitische Maßnahmen hier *reale* Ausgabenvariationen, die im Zeitablauf je nach Preisentwicklung zu mehr oder minder großen nominellen Ausgaben führen können[8].

Trotz einer recht differenziert gestalteten staatlichen Budgetstruktur, die die Erfassung der Differentialwirkungen von unterschiedlichen Staatsausgabenerhöhungen, Steuervariationen, Subventionszahlungen, Transfers und Politiken der Budgetverlängerung bzw. -verkürzung ermöglicht, können im vorliegenden Modell doch einige der zu Beginn der Arbeit genannten finanzpolitischen Aspekte nicht analysiert werden. Folgende Ansatzpunkte zählen hierzu:

Die Einbeziehung der Budgetrestriktion und der damit verbundenen Vermögensbestandseffekte bedingt, daß langfristiges Gleichgewicht erst bei ausgeglichenem Staatsbudget erreicht sein kann. Damit müssen die bei gewachsener Staatsschuld auch gestiegenen Zinsverpflichtungen finanziert werden (Stabilitätsbedingung). Es liegt jedoch keine modellendogene Notwendigkeit der Tilgung des Schulden*stands* vor (Annahme der Ausgabe staatlicher Wertpapiere mit unendlicher Laufzeit und variablem Zins). Damit ist auch der „Last-Diskussion" jene Grundlage entzogen, die sich auf die Last der Zwangsabgaben (Steuern) bezieht, welche zur Tilgung der Staatsschuld nötig wären.

Die privaten Absorptionsentscheidungen sind unabhängig vom staatlichen Ausgabenvolumen bzw. der Ausgabenstruktur[9]. Formen des „direkten crowding out" aufgrund einer Substitution des Konsums privat erstellter Güter durch den Konsum öffentlicher Güter können daher nicht erfaßt werden[10].

Da zur Finanzierung eines Budgetdefizits ausgegebene Staatspapiere als Vermögenszuwachs angesehen werden, scheidet auch die Analyse eines „ex-ante-crowding-out" nach Barro[11] aus.

---

[8] Es wird also hier eine Politik der „Leistungsbudgetierung" beschrieben. Vgl. zu dieser Terminologie Rose (1980), S. 131f.

[9] Im Gegensatz dazu steht etwa der Ansatz Barros (1981), der eine Konsumhypothese unterstellt, in die nicht nur die laufenden Staatsausgaben, sondern auch die künftig zu erwartenden eingehen.

[10] Ebenso wenig können mögliche Formen des „crowding in" abgebildet werden, die sich ergeben, wenn der private Konsum positiv von gewissen öffentlichen Leistungen abhängt (so etwa bei vermehrten öffentlichen Vorsorgeleistungen, die privates Vorsorgesparen überflüssig machen).

[11] Vgl. Barro (1974).

Eine Unterscheidung der staatlichen Budgetpolitik in temporäre und dauerhafte fiskalpolitische Maßnahmen erfolgt nicht[12]. Entsprechend befaßt sich die Analyse auch nicht mit unterschiedlichen Erwartungen der privaten Wirtschaftssubjekte über die Permanenz einer bestimmten staatlichen Politikmaßnahme; vielmehr wird unterstellt, daß die jeweilige finanzpolitische Entscheidung als permanente Datenänderung — rational richtig — eingeschätzt wird.

Nach dieser allgemeinen Abgrenzung des Modellrahmens sei die Modellstruktur nun im einzelnen in ihrer *analytischen* Form dargestellt.

4.2.2 Struktur des Finanzsektors

Der Portfoliomarkt ist durch unverzögerte Anpassungsreaktionen auf Datenänderungen gekennzeichnet, welche den Gütermarktreaktionen vorauslaufen. Infolgedessen sind neben den ausländischen Einflußgrößen auch Einkommen, Preisniveau und Vermögensbestände des Inlands zunächst als gegeben anzusehen. Endogen — durch das Zusammenspiel von Angebot und Nachfrage auf den Vermögensmärkten — werden hier nur Zins und Wechselkurs erklärt[13]. Im Zeitablauf — infolge von Gütermarktreaktionen — ändern sich Einkommen, Preisniveau und Vermögensbestände und induzieren damit dann jeweils neue Anpassungsprozesse auf dem Portfoliomarkt.

(1) Instantaneous-Portfoliogleichgewicht

Portfoliogleichgewicht bedeutet *Bestands*gleichgewicht auf den drei inländischen Finanzmärkten — dem Geldmarkt, dem Markt für heimische (private und staatliche) Wertpapiere und dem Markt für ausländische Wertpapiere. Dabei sind die *gleich*gewichtige ausländische Nachfrage nach inländischen Wertpapieren und die *gleich*gewichtige inländische Nachfrage nach ausländischen Finanzaktiva durch die Bedingung für Devisenmarktgleichgewicht (*Strom*gleichgewicht) mitbestimmt.

Auf dem Geldmarkt stehen sich zu jedem Zeitpunkt das exogene Geldangebot[14] und die vom Einkommen, dem Zins und dem Gesamtvermögen abhängige Geldnachfrage gegenüber[15].

$$(1) \qquad M_t = m_t(\overset{+}{Y_t}, \overset{-}{r_t}) \cdot W_t$$

[12] Eine solche Unterscheidung trifft (für den Fall einer geschlossenen Volkswirtschaft) z.B. Barro (1981). Er kommt u.a. für die empirische Analyse von Variationen der Verteidigungsausgaben zu dem Ergebnis, daß die Outputwirkungen nur temporär erhöhter Staatskäufe vergleichsweise höher sind als bei dauerhaft gestiegenen Ausgaben, die die Erwartung künftig steigender Steuern beinhalten.

[13] Vgl. zur Finanzmarkttheorie des Wechselkurses Bender (1982), S. 748ff.

[14] Zur Vereinfachung wird von der Geldschöpfungsfähigkeit des Bankensektors abstrahiert, so daß die Geldmenge als von der Notenbank direkt kontrollierbar gilt.

[15] Zur Diskussion über die Vermögensabhängigkeit der Geldnachfrage vgl. Sinn (1983a), S. 497ff.

Auf dem inländischen Wertpapiermarkt trifft das zunächst exogene Angebot an inländischen Wertpapieren auf die Nachfrage in- und ausländischer Anleger. Dabei setzt sich der heimische Wertpapierbestand sowohl aus privaten als auch aus staatlichen Aktiva zusammen[16].

Private Wertpapiere und Staatspapiere seien jeweils mit einer unendlichen Laufzeit ausgestattet. Ihr Tageskurs kann aus der Summe der künftigen, auf die laufende Periode abdiskontierten Dividendenerträge errechnet werden und ergibt sich wegen der Annahme einer ewigen Rente aus dem Kehrwert des Effektivzinssatzes. Im Anfangsgleichgewicht entspricht der Kurswert der privaten Wertpapiere genau dem mit dem anfänglichen Preisniveau bewerteten privaten realen Kapitalstock. Hieraus läßt sich die *Anzahl* der privaten Wertpapiere berechnen, deren Kurswert in den folgenden Perioden jedoch mit verändertem Zinssatz variieren kann[17].

(2) $$\frac{EQ_{t=0}}{r_{t=0}} = K^{pr}_{t=0} \cdot P_{t=0} \qquad EQ_{t=0} = K^{pr}_{t=0} \cdot P_{t=0} \cdot r_{t=0}$$

$$\frac{\overline{WP}_t}{r_t} = \frac{\overline{EQ}_t + \overline{B}_t}{r_t}$$

EQ = Bestand (Anzahl) an privaten Equities
WP = Bestand (Anzahl) an inländischen — privaten und staatlichen, als vollkommene Substitute betrachteten — Wertpapieren
K^{pr} = privater Realkapitalbestand

Die inländische Bestandsnachfrage nach heimischen Assets hängt vom Einkommen, dem inländischen Zinsniveau, der internationalen Renditedifferenz und dem Vermögen ab. Dabei wird die Substitution zwischen Geld und inländischen Wertpapieren vor allem durch die Höhe des inländischen Zinssatzes bestimmt, während die Substitution zwischen inländischen und ausländischen Wertpapieren von der internationalen Renditedifferenz abhängt, die sich aus dem Unterschied zwischen inländischem und um die erwartete Wechselkursänderungsrate bereinigtem (exogenen) ausländischen Zinsniveau bildet.

Ausländer können nur inländische Wertpapiere, jedoch keine inländische Währung halten[18]. Die fremdländische Bestandsnachfrage nach heimischen Wertpapieren sei allein von der internationalen Renditedifferenz, dem (konstanten) ausländischen Vermögen und dem Wechselkurs bestimmt[19].

---

[16] Zur Diskussion um die Frage, ob Staatspapiere tatsächlich als Bestandteil des Finanzvermögens der Privaten anzusehen sind, vgl. Barro (1974), Artis (1979), S. 21f.

[17] Entsprechende Ansätze finden sich z.B. bei Blinder/Solow (1973), Tobin/Buiter (1976) und Buiter (1977). Zur Berücksichtigung von Realkapital in makroökonomischen Portfolioansätzen im Überblick vgl. Benavie (1976), S. 61 ff.

[18] Die Problematik der currency substitution ist damit ausgeklammert.

[19] Während in den traditionellen keynesianischen Modellen offener Volkswirtschaften die internationalen Kapital*ströme* eine Funktion des Zinssatzes sind, sehen die Portfo-

(3) $$WP_t/r_t = b_t(\overset{+}{Y_t}, \overset{+}{r_t}, \overset{+}{R_t}) \cdot W_t + f_t^*(\overset{+}{R_t}) \cdot W^* \cdot e_t$$

b = Koeffizient der inländischen Nachfrage nach inländischen Wertpapieren
f^* = Koeffizient der ausländischen Nachfrage nach inländischen Wertpapieren

Die *Aufteilung* des kurzfristig exogenen Gesamtbestands inländischer Wertpapiere in von Inländern bzw. von Ausländern gehaltene Anteile ist also endogen und hängt von der Nachfragestruktur ab.

(4) $$WP_t^1/r_t = b_t(Y_t, r_t, R_t) \cdot W_t \qquad WP_t^2/r_t = f_t^*(R_t) \cdot W^* \cdot e_t$$ unter der Restriktion $WP_t = WP_t^1 + WP_t^2$

WP^1 = Bestand (Anzahl) inländischer Wertpapiere in inländischem Besitz
WP^2 = Bestand (Anzahl) inländischer Wertpapiere in ausländischem Besitz

Die in der internationalen Renditedifferenz sich niederschlagenden Wechselkurserwartungen werden semi-rational gebildet. Es wird erwartet, daß jeweils ein Teil der Differenz zwischen langfristigem Gleichgewichtswechselkurs und tatsächlichem Wechselkurs in der folgenden Periode abgebaut wird[20].

(5) $$e_t^e = e_t + \gamma \cdot (\tilde{e} - e_t)$$

(6) $$d\hat{e}_t = (e_t^e - e_t)/e_t = \gamma \cdot (\tilde{e} - e_t)/e_t$$

Damit ergibt sich die Renditedifferenz gemäß

(7) $$R_t = r_t - r^* - d\hat{e}_t = r_t - r^* - \gamma \cdot (\tilde{e} - e_t)/e_t$$

(2) Strom-Bestands-Ansatz des Devisenmarktes

Bestandsgleichgewicht auf den Vermögensmärkten impliziert schließlich auch Gleichgewicht von inländischem Bestand und inländischer Nachfrage nach ausländischen Assets. Die inländische Bestandsnachfrage nach ausländischen Bonds sei dabei nur von der internationalen Renditedifferenz und vom Gesamtvermögen abhängig.

(8) $$e_t \cdot F_t/r^* = f_t(\overset{-}{R_t}) \cdot W_t$$

F = Bestand (Anzahl) an ausländischen Wertpapieren in inländischer Hand
f = Koeffizient der inländischen Nachfrage nach ausländischen Wertpapieren

Auf dem Devisenmarkt jedoch treffen die inländische Nettonachfrage nach *zusätzlichen* fremdländischen Bonds und die ausländische Nettonachfrage nach *zusätzlichen* heimischen Wertpapieren zusammen. Der Saldo hieraus muß der positiven oder negativen *Veränderung* des Nettoauslandsvermögens, d. h. dem

lioansätze die Portfolio*struktur* durch die internationale Zinsdifferenz bestimmt. Vgl. zur Integration eines Bestandsgrößenansatzes des Portfoliomarktes in ein keynesianisches Gütermarktmodell Sinn (1983b).

[20] Zur Bedeutung von Wechselkurserwartungen für die Stabilität des Devisenmarktes vgl. Ohr (1985a).

Leistungsbilanzsaldo entsprechen[21, 22]. Dieses Stromgrößengleichgewicht des Devisenmarktes gewährleistet hier zugleich auch ein Bestandsgleichgewicht: Das in der laufenden Periode letztendlich vorliegende (gegenüber der Vorperiode unter Umständen durch einen Leistungsbilanzsaldo veränderte) Nettoauslandsvermögen muß der Differenz aus der gesamten inländischen *Bestands*nachfrage nach ausländischen Bonds und der gesamten ausländischen *Bestands*nachfrage nach inländischen Assets in dieser Periode entsprechen.

(9) $LBS_t = (f_t(R_t) \cdot W_t - f_{t-1}(R_{t-1}) \cdot W_{t-1}) - (f^*(R_t) \cdot W^* \cdot e_t - f^*_{t-1}(R_{t-1}) \cdot W^* e_{t-1})$

$V_t \quad = V_{t-1} + LBS_t = f_t(R_t) \cdot W_t - f_t^*(R_t) \cdot W^* \cdot e_t$ [23]

V = Nettoauslandsvermögen = Wert des Bestands an ausländischen Wertpapieren in inländischer Hand abzüglich des Werts der vom Ausland gehaltenen inländischen Assets.

Der Bestand fremdländischer Assets in inländischer Hand und der Wert inländischer Assets in ausländischem Besitz sind in ihrer *absoluten* Höhe nicht exogen fixiert, doch legt der Wert des Nettoauslandsvermögens als Bestandsrestriktion die absolute *Differenz* zwischen den beiden Größen fest. Siehe hierzu Gleichung (4) und (8) und die Restriktion

(10) $$V_t = e_t \cdot F_t / r^* - WP_t^2 / r_t$$

Eine positive Nettoauslandsposition $V_t > 0$ bedeutet einen Überschuß des Bestands an ausländischen Assets im Inland über den Bestand an inländischen Assets im Ausland. Dies resultiert bei voll flexiblen Wechselkursen aus vorangegangenen Leistungsbilanzüberschüssen, denen entsprechende Kapitalbilanzdefizite gegenüber gestanden haben müssen, die den Nettobestand inländischer Forderungen gegenüber dem Ausland erhöht haben[24].

Vice versa bedeutet eine negative Auslandsposition, daß Nettoverbindlichkeiten gegenüber dem Ausland bestehen, hervorgerufen durch vorangegangene Leistungsbilanzdefizite (Kapitalbilanzüberschüsse), die den Bestand an fremdländischen Wertpapieren im Inland verringert und/oder den Bestand heimischer Bonds im Ausland erhöht haben.

---

[21] Als einer der ersten und gelungensten Ansätze zur Re-Integration solcher devisenmarkttheoretischen Elemente in einen Stock-Flow-Ansatz der Wechselkursbestimmung ist hier der Beitrag Niehans' (1977) zu nennen.

[22] Hinzu kommen natürlich noch rein *wert*mäßige Veränderungen des Nettoauslandsvermögens infolge von Wechselkurs- und Zinsveränderungen in Höhe von

$$F_{t-1}/r^* \cdot (e_t - e_{t-1}) + WP^2_{t-1}/(r_{t-1})^2 \cdot (r_t - r_{t-1})$$

[23] Der Leistungsbilanzsaldo der laufenden Periode wird dabei hinsichtlich der gehandelten Mengen und der Lieferpreise durch Werte der Vorperiode bestimmt; nur der Import*wert* in heimischer Währung ist durch den *laufenden* Wechselkurs geprägt.

[24] Im Gegensatz etwa zu dem einfachen Assetmarktansatz von Branson (1977), in dem der Bestand ausländischer Assets F exogen durch frühere Leistungsbilanzsalden vorgegeben ist, ist es hier die Nettoauslandsposition V (Differenz zwischen Bestand ausländischer Assets im Inland und inländischer Bonds im Ausland), die kurzfristig exogen bestimmt ist.

(3) Bestandsanpassungen auf dem Vermögensmarkt

Das inländische Vermögen setzt sich nun zusammen aus dem Geldangebot, dem Anteil inländischer Wertpapiere, der von Inländern gehalten wird, und den von Inländern erworbenen ausländischen Assets.

(11) $$W_t = M_t + WP_t^1/r_t + e_t \cdot F_t/r^*$$

Unter Einbeziehung von Gleichung (4) und (10) folgt:

(12) $$W_t = M_t + WP_t/r_t + V_t$$

Die Vermögensbestandsgrößen Geldangebot, Angebot an inländischen Wertpapieren und Nettoauslandsposition sind zu Anfang einer Periode exogen vorgegeben, im Zeitablauf (von einer Periode zur anderen) jedoch hängen sie endogen von Veränderungen im realen Sektor ab.

Entsteht im Verlauf einer Periode ein Staatsbudgetdefizit, so muß es spätestens zu Ende der Periode entweder durch eine Ausdehnung der Geldmenge oder durch Emittierung von neuen Staatsschuldtiteln finanziert werden. Zu Beginn der nächsten Periode sind hierdurch Geldmenge und/oder Gesamtbestand an inländischen Staatsschuldtiteln gestiegen und bewirken auf dem Portfoliomarkt Zins und Wechselkurs beeinflussende Bestandsanpassungsprozesse[25]. Im Rahmen dieser hierdurch ausgelösten Anpassungsprozesse erfolgt auch die *Verteilung* neuer Staatsschuldtitel auf inländische oder ausländische Anleger.

Im folgenden soll nach wie vor nur von Staatsschuldtitelfinanzierung der Budgetsalden ausgegangen werden; eine Verschuldung des Staates bei der Notenbank (Geldmengenfinanzierung) sei ausgeschlossen.

(13) $$B_t/r_{t-1} = B_{t-1}/r_{t-1} - S_{t-1}$$

S = Staatsbudgetsaldo ($S > 0$: Budgetüberschuß; $S < 0$: Budgetdefizit)

Ebenso führt ein Leistungsbilanzüberschuß innerhalb einer Periode zu einer Nettozunahme an Forderungen (bzw. Nettoabnahme an Verbindlichkeiten) gegenüber dem Ausland, die das Nettoauslandsvermögen erhöhen (bei entsprechend gegenläufiger Wirkung eines Leistungsbilanzdefizits). Hierbei wird allerdings unterstellt, daß der positive (negative) Leistungsbilanzsaldo sich schon in der *laufenden* Periode auf dem Devisenmarkt auswirkt und der Devisennachfrage (dem Devisenangebot) aus den internationalen Kapital*strömen* (*Veränderung* der inländischen Bestandsnachfrage nach fremdländischen Assets und der ausländischen Bestandsnachfrage nach inländischen Wertpapieren) entsprechen muß.

---

[25] Der *mengen*induzierte Vermögenseffekt aufgrund eines Staatsbudgetsaldos wird hier also erst in der Folgeperiode portfoliowirksam, während rein *wert*induzierte Vermögenseffekte (durch Kursänderungen) sich schon jeweils in der laufenden Periode auswirken. Vgl. hierzu auch Pfähler (1982), S. 284f.

Schließlich führen private Nettoinvestitionen der Vorperiode zu einer Erhöhung des privaten Realkapitalbestands und damit zu einem Anstieg der Anzahl privater Wertpapiere in der laufenden Periode.

(14) $$K_t^{pr} = K_{t-1}^{pr} + I_{t-1}^{pr}$$

(15) $$EQ_t = EQ_{t-1} + I_{t-1}^{pr} \cdot P_{t-1} \cdot r_{t-1}$$

I^{pr} = private Nettoinvestitionen

Weitere — jedoch exogene — Bestandsveränderungen im Vermögenssektor sind durch Offenmarktpolitik oder Devisenmarktinterventionen möglich. So wird z. B. eine Offenmarktpolitik c. p. folgende Bestandsveränderungen zu Beginn einer Periode bewirken:

(16) $$\begin{aligned} M_t &= M_{t-1} + \Delta M_t \\ B_t/r_t &= B_{t-1}/r_t + \Delta B_t/r_t \\ \Delta M_t &= -\Delta B_t/r_t \end{aligned}$$

Eine Devisenmarktintervention dagegen beinhaltet einen Tausch inländischen Geldes gegen ausländische Bonds, wodurch inländische Geldmenge und Nettoauslandsposition exogen verändert werden.

(17) $$\begin{aligned} M_t &= M_{t-1} + \Delta M_t \\ V_t &= V_{t-1} + \Delta V_t \\ \Delta M_t &= -\Delta V_t \end{aligned}$$

Eine Devisenmarktintervention hat jedoch nur Einfluß auf den *Saldo* aus Forderungen und Verbindlichkeiten gegenüber dem Ausland, unabhängig von deren *absoluten* Höhen. Diese sind vielmehr allein durch die Portfolioentscheidungen der Anleger bestimmt. So ist eine Devisenmarktintervention der Notenbank zur Stützung der eigenen Währung durch einen Verkauf ausländischer Bonds an Private gegen inländische Währung (Verringerung des Geldumlaufs) gekennzeichnet. Je nachdem, ob diese von der Notenbank abgegebenen ausländischen Assets *letztendlich* von Inländern oder Ausländern erworben werden[26], kommt die hierdurch hervorgerufene Verbesserung der Nettoauslandsposition durch eine Erhöhung der Forderungen oder durch eine Abnahme der Verbindlichkeiten der *Privaten* gegenüber dem Ausland zustande.

(18) $$\Delta V_t = e_t \cdot \Delta F_t / r^* \quad \text{oder} \quad \Delta V_t = -\Delta WP_t^2 / r_t$$

Die Berücksichtigung der Vermögensrestriktion (Gleichung (12)) ermöglicht nun nach dem Walras-Gesetz die Vernachlässigung einer der drei Gleichge-

[26] Ausländer können den Kauf der von der Notenbank abgegebenen ausländischen Assets nur durch Hergabe inländischer Bonds (Abnahme der inländischen Verbindlichkeiten gegenüber dem Ausland) finanzieren. Daher müssen die von der Notenbank angebotenen ausländischen Bonds zunächst von Inländern erworben werden, die diese dann an Ausländer gegen inländische Staatspapiere austauschen können.

wichtsbedingungen für Geldmarkt, Wertpapiermarkt und Devisenmarkt. Aufgrund der linearen Abhängigkeit der einzelnen Assetnachfragefunktionen vom Gesamtvermögen führt Portfoliogleichgewicht auf zwei Assetmärkten automatisch auch zum Gleichgewicht auf dem Markt für das dritte Finanzaktivum.

Im folgenden werden daher nur noch die Gleichgewichtsbedingungen für den Geldmarkt (1) und den Devisenmarkt (9) zusammen mit Gleichung (7) und (12) zur Bestimmung von inländischem Zins und Wechselkurs herangezogen.

4.2.3 Struktur des Realsektors

Der Gütermarkt reagiert zeitlich verzögert und unter Berücksichtigung der schon veränderten Finanzmarktgrößen. Zur Erstellung der gesamtwirtschaftlichen Produktion tragen sowohl der private als auch der staatliche Sektor bei. Hierbei wird unterstellt, daß die durch den privaten Sektor erzeugten Güter international handelsfähig sind, während die vom Staat produzierten und bereitgestellten Güter non tradables (z.B. Dienstleistungen) sind.

(1) Gütermarktgleichgewicht

Die reale private Produktion bestimmt sich aus den eingesetzten Produktionsfaktoren Arbeit und Kapital, wobei der Kapitalstock in öffentliches und privates Kapital mit jeweils unterschiedlichen Produktivitäten unterteilt wird[27] und annahmegemäß immer voll ausgelastet ist.

(19) $$Q_t = Q_t(\overset{+}{A_t^{pr}}, \overset{+}{K_t^{pr}}, \overset{+}{K_t^{st}})$$

A^{pr} = privater Arbeitseinsatz
K^{st} = staatlicher Kapitalstock

Der Kapitalstock der laufenden Periode ist jeweils durch Kapitalbestand und Investitionen der Vorperiode vorgegeben.

(20) $$K_t^{pr} = K_{t-1}^{pr} + I_{t-1}^{pr}; \qquad K_t^{st} = K_{t-1}^{st} + I_{t-1}^{st}$$

I^{st} = staatliche Investitionen

Die privaten Investitionen einer Periode ergeben sich aus der Differenz zwischen gewünschtem und tatsächlichem privaten Kapitalbestand dieser Periode, während die staatlichen Investitionen und damit auch der öffentliche Kapitalbestand exogen bestimmt werden.

---

27 Eine solche Produktionsfunktion findet sich etwa auch bei Koetz (1983). Zur dabei implizierten vergleichsweise langsamen Produktivitätsentwicklung des staatlichen Sektors siehe z.B. die empirische Studie von Provopoulos (1982). Eine andere — indirekte — Möglichkeit der Berücksichtigung staatlicher Investitionen in der Produktionsfunktion stellt Dieckheuer (1983a) vor. Er macht die *Produktivität* des privaten Sachkapitals von staatlichen Investitionen abhängig und bestimmt den Output als Produkt aus eingesetztem privaten Kapital und dieser Kapitalproduktivität. Vgl. zur Produktivität öffentlicher Investitionen auch Zimmermann (1984).

Der gewünschte private Kapitalbestand hängt vom momentanen Nominalzinsniveau[28] und der realen Produktion der Vorperiode ab (Akzelerator)[29]. Staatliche Einflußnahme auf die privaten Investitionen in Form von Zinssubventionen könnten hier erfaßt werden, indem der Zinssatz um den Subventionsbetrag vermindert wird[30]. Auf die Analyse von Zinssubventionen sei hier jedoch nicht weiter eingegangen; Transfers an Unternehmen werden im folgenden nur in Form von Beschäftigungssubventionen untersucht.

(21)
$$I_t^{pr} = K_t^g - K_t^{pr}$$
$$K_t^g = K_t^g(\overset{-}{r}_t, \overset{+}{Q}_{t-1})$$

K^g = gewünschter privater Kapitalstock

Da jeweils Vollauslastung des durch die Vorperiode her bestimmten Kapitalstocks unterstellt ist, kann sich die Güterproduktion in der laufenden Periode nur über den vom Reallohn abhängigen Arbeitseinsatz flexibel an Nachfrageänderungen anpassen. Das Arbeitsangebot ist zum herrschenden Nominallohn bis zur Vollbeschäftigungsgrenze unendlich elastisch, so daß der Arbeitseinsatz jeweils durch die Arbeitsnachfrage bestimmt wird. Der Nominallohn der jeweiligen Periode ist durch Tarifverträge, die auf der Grundlage des erwarteten Verbraucherpreisniveaus und der Arbeitslosenzahlen der jeweiligen Vorperiode geschlossen wurden, fixiert (Keynesianischer Arbeitsmarkt bei Unterbeschäftigung). Im Rahmen von Beschäftigungssubventionen, die die Kosten des Faktors Arbeit unter den zu zahlenden Lohnsatz senken, kann der Staat direkt Einfluß auf den Arbeitseinsatz nehmen[31].

(22)
$$A_t^{pr} = A_t^{pr}(\overset{-}{w}_t, \overset{+}{s}_t, \overset{+}{P}_t)$$
$$AL_t = A^g - A_t^{pr} - A^{st}$$

(23)
$$w_t = w_t(\overset{+}{P}{}^{ve}_{t-1}, \overset{+}{AL}_{t-1})$$

s = Beschäftigungssubvention
P^{ve} = erwartetes Verbraucherpreisniveau
AL = Arbeitslosenzahl
A^g = Gesamtbestand an Arbeitskräften

28 Im Rahmen eines Wachstumsmodells müßte natürlich der *reale* Zinssatz als entscheidende Einflußgröße genommen werden, da dort anhaltend positive Inflationsraten auftreten können, die von den Unternehmen auch in ihren Zukunftsentscheidungen berücksichtigt werden (vgl. Dieckheuer (1978), S. 110). Im vorliegenden Modell, das ja — im stabilen Fall — immer wieder zu einem Steady-state-Gleichgewicht mit konstanten Preisen zurückkehren wird, seien solche Inflationserwartungen nicht berücksichtigt.

29 Vgl. zur theoretischen und empirischen Untermauerung dieser Investitionsfunktion Sachs (1980), S. 739 und Hoel (1982). Denkbar ist allerdings auch eine Abhängigkeit von der Kapitalproduktivität anstelle der realen Produktion, wenn diese als Indikator für den Auslastungsgrad der Kapazitäten genommen wird. Vgl. Gschwendtner (1980), S. 72f.

30 Vgl. zur Ausgestaltung und den Auswirkungen staatlicher Zinssubventionen oder Bürgschaften Dickertmann (1980), S. 401ff.

31 Die Beschäftigungssubvention ist dabei als fixer Betrag pro Arbeitskraft definiert, die den vom Unternehmer zu finanzierenden Reallohn in $(w-s)/P$ wandelt.

In diesem Zusammenhang sei kurz auf die verschiedenen Preisniveaudefinitionen eingegangen. Während P das inländische Herstellerpreisniveau bezeichnet, das auf dem Gütermarkt durch Gesamtangebot und Gesamtnachfrage bestimmt wird, gibt das Verbraucherpreisniveau P^v den gewichteten Durchschnitt aus den um die Mehrwertsteuer erhöhten Preisen der Inlandsproduktion und der Importgüter (in Inlandswährung gemessen) an[32].

(24)
$$P_t^v = ((1-\chi) \cdot P_t + \chi \cdot P^* \cdot e_t) \cdot (1 + t^{ind})$$
$$P_t^{ve} = P_t^v + \gamma \cdot (\tilde{P}^v - P_t^v)$$

P^v = Verbraucherpreisniveau
$\tilde{P}^v$ = langfristiger Steady-state-Wert des Verbraucherpreisniveaus
χ = Maß der relativen Bedeutung importierter Produkte im repräsentativen Güterkorb
t^{ind} = Mehrwertsteuersatz

Aus den Gleichungen (22), (23) und (24) ergibt sich, daß eine direkte Beeinflussung der Produktion nur durch das inländische Herstellerpreisniveau erfolgt, indirekt — über das Verbraucherpreisniveau und mit einer Periode Verzögerung — jedoch auch der Mehrwertsteuersatz und das Auslandspreisniveau (einschließlich Wechselkursänderungen) Einfluß auf die Lohnforderungen und damit auf Arbeitseinsatz und Output haben. Über die Abhängigkeit der Lohnforderungen vom Verbraucherpreisniveau wird also der Einfluß von Mehrwertsteueränderungen auf die Lohnbildung erfaßt, während Variationen des Einkommensteuersatzes hierbei keinen direkten Einfluß ausüben.

Die reale Nachfrage nach heimischen privaten Gütern setzt sich aus realem privaten Konsum, realen privaten und staatlichen Investitionen sowie den Exporten abzüglich des Realwerts der importierten Güter zusammen[33]. Die staatlichen Investitionen können sowohl „unproduktiv" als auch „produktiv", d. h. angebotswirksam, sein. Zu den unproduktiven Investitionen zählen hier z. B. Folgekosten staatlicher Investitionen, größere Sachmittelkäufe usw.[34].

---

[32] Unterstellt wird hier das — heute übliche — Bestimmungslandprinzip der Mehrwertsteuerberechnung. Gälte das Ursprungslandprinzip, so wäre zum einen das inländische Exportpreisniveau von inländischen Mehrwertsteuersatzänderungen betroffen, zum anderen wären jedoch die Importpreise nicht mit der inländischen Verbrauchssteuer belastet (und damit das Verbraucherpreisniveau nur in geringerem Umfang). Vgl. Biehl (1980), S. 695f.

[33] Die staatliche Konsumnachfrage geht hier nicht in die gesamtwirtschaftliche Nachfragefunktion ein, da sie im vorliegenden Modell nur in Form von Einkommen an staatliche Bedienstete auftritt und damit nicht unmittelbar private güterwirtschaftliche Produktionskapazitäten beansprucht. Vgl. Dieckheuer (1978), S. 141.

[34] Zur Problematik der Abgrenzung öffentlicher Investitionen vgl. Rahmeyer (1975), S. 50-54; Koetz (1983), S. 100ff. Koetz zeigt, daß die Angaben über investive Ausgaben des Staates in der Finanzstatistik und der volkswirtschaftlichen Gesamtrechnung sich beträchtlich unterscheiden und in beiden Abgrenzungen eine große Anzahl der öffentlichen Investitionen sowohl konsumtive wie investive Komponenten enthalten. Da im vorliegenden Modell der Staatskonsum nur durch die Gehaltszahlungen an öffentliche Bedienstete repräsentiert wird, seien hier unter den „unproduktiven" staatlichen Investi-

$$(25) \qquad Q_t^d = C_t + I_t^{pr} + G_t^I + I_t^{st} + Ex_t - Im_t \cdot P^* \cdot e_t / P_t$$

G^I = staatliche unproduktive Investition
I^{st} = staatliche produktive Investition
C = realer privater Konsum

Die private Konsumnachfrage ist eine Funktion des realen verfügbaren Einkommens und des mit dem Verbraucherpreisniveau deflationierten Vermögens der Vorperiode[35]. Während die realen Exporte mit einperiodigem lag nur von den terms of trade abhängen — Auslandseinkommen und Auslandsvermögen seien im Rahmen der Annahme des „kleinen Landes" konstant gesetzt —, werden die realen Importe daneben noch durch die zurückliegenden Werte des realen verfügbaren Einkommens und des Realvermögens des Inlands bestimmt[36]. Die Determinanten der privaten Investitionsnachfrage ergeben sich aus Gleichung (21), die staatlichen (produktiven und unproduktiven) Investitionen sind exogene Politikparameter. Hieraus folgt für die Güternachfrage:

$$(26) \qquad Q_t^d = C_t(\overset{+}{Y}{}^{rv}_{t-1}, \overset{+}{W_{t-1}/P^v_{t-1}}) + I_t^{pr}(\bar{r}_t, \overset{+}{Q}_{t-1}, \overset{-}{K}{}_t^{pr}) + G_t^I + I^{st} + Ex_t(\overset{-}{tot}_{t-1}) - Im_t(\overset{+}{Y}{}^{rv}_{t-1}, \overset{+}{W_{t-1}/P^v_{t-1}}, \overset{+}{tot}_{t-1}) \cdot P^* \cdot e_t / P_t$$

Aus der Bedingung für Gütermarktgleichgewicht (privates Güterangebot = Gesamtnachfrage nach heimischen privaten Gütern) bestimmt sich das gleichgewichtige Preisniveau, das den die Gesamtnachfrage befriedigenden Output sichert.

In die Bestimmung der realen Gesamtnachfrage geht unter anderem auch der reale Außenbeitrag ein. Für die Erfassung von Vermögenseffekten ist jedoch der nominale Leistungsbilanzsaldo relevant, in den Export*wert* und Import*wert* sowie die Zinszahlungsbilanz zwischen In- und Ausland eingehen[37].

$$(27) \qquad LBS_t = Ex_t(tot_{t-1}) \cdot P_{t-1} - Im(Y^{rv}_{t-1}, W_{t-1}/P_{t-1}, tot_{t-1}) \cdot P^* \cdot e_t + e_t \cdot F_{t-1} - WP^2_{t-1} = \Delta V_t$$ [38]

---

tionen auch Ausgaben für Sachaufwand erfaßt, die eigentlich — im strengen Sinne der VGR — dem Staatskonsum zuzurechnen wären. Eine ähnliche Abgrenzung trifft Gschwendtner (1980), S. 56.

[35] Zur Berücksichtigung von Vermögenseffekten in der Konsumnachfrage vgl. die ausführliche Überblicks-Darstellung in Meyer (1974), S. 481 ff.

[36] Die terms of trade spiegeln die Kaufkraft inländischer Exportgüter in Einheiten der importierten Auslandsgüter wieder: $tot = P_t/(P^* \cdot e_t)$.

[37] Durch die lag-Struktur in der Bestimmung der Leistungsbilanz wird auch der sogenannte J-Kurveneffekt erfaßt. Export- und Importmengen sowie deren Fakturierungspreise in Währung des jeweiligen Exporteurs hängen von den Entscheidungen der Vorperiode ab; die in *Fremd*währung zu leistenden Zahlungen für den so bestimmten *Import* variieren jedoch mit dem *laufenden* Wechselkurs.

[38] Die Zinszahlungen auf inländische und ausländische Wertpapiere werden jeweils durch die Annahme ewiger Rente durch die *Anzahl* der Wertpapiere approximiert. Die Zinszahlungen beziehen sich jeweils auf den Wertpapierbestand zu Ende der vorangegangenen Periode.

(2) *Staatliche Einflußnahme*

Die staatliche Einflußnahme erstreckt sich nahezu über den Gesamtbereich der ökonomischen Aktivität der Volkswirtschaft. Sie dient im wesentlichen drei Aufgaben — der Allokations-, der Distributions- und der Verteilungsaufgabe[39].

Im Rahmen der Allokationsaufgabe wird die Verteilung der gesamtwirtschaftlichen Ressourcen auf Markt- und Staatswirtschaft beeinflußt. Staatskonsum und staatliche Investitionen zur Bereitstellung „öffentlicher Güter" sind hierfür notwendige Bestandteile der Ausgabenseite des Budgets. Dabei gehen die (produktiven und unproduktiven) staatlichen Investitionen in die Gesamtnachfrage nach privat erstellten Gütern ein, und die produktiven staatlichen Investitionen bestimmen auch das private Angebot mit[40]. Unter Staatskonsum werden hier nur die laufenden Personalkosten für die staatlichen Bediensteten erfaßt. Die von ihnen erzeugten „öffentlichen Güter" werden als non tradables angesehen. Die Gesamtproduktion der Volkswirtschaft setzt sich damit zum einen aus der privatwirtschaftlichen Produktion an tradables (bei privater und staatlicher Nachfrage danach) und der staatlichen Produktion (identisch mit dem staatlichen Verbrauch) an non tradables zusammen. Die Bewertung des Staatskonsums erfolgt mit den Faktorkosten, wobei unterstellt wird, daß an die öffentlichen Bediensteten der gleiche Lohn gezahlt wird wie in der privaten Wirtschaft.

(28) $$G_t^c = w_t \cdot A^{st}$$

G^c = Staatskonsum
A^{st} = im Staatsdienst befindliche Arbeitskräfte

Die Distributionsfunktion kommt zum einen in den Transfers an Haushalte und Unternehmen zum Ausdruck. Hier seien die Transfers an private Haushalte allein durch Zahlungen an Arbeitslose repräsentiert; die Transfers an Unternehmen seien Beschäftigungssubventionen bei zusätzlich geschaffenen Arbeitsplätzen. Die Korrektur der durch den Markt zustande gekommenen Einkommensverteilung erfolgt jedoch auch über die Einnahmenseite des Budgets, indem die für die Finanzierung der Allokationsaufgaben notwendigen Finanzmittel zum Teil durch eine progressive Einkommensteuer, zum Teil durch eine direkte Verbrauchsteuer eingezogen werden, deren Tarife variiert werden können.

(29) $$Tr_t^H = w^s \cdot AL_t$$

(30) $$\begin{aligned} Tr_t^U &= s \cdot A_t^{pr} && \text{für } A_t^{pr} > A_{min} \\ Tr_t^U &= 0 && \text{für } A_t^{pr} < A_{min} \end{aligned}$$

(31) $$T_t^{dir} = t_0 + t^{dir} \cdot Y_t \qquad \text{mit der Restriktion } T_t^{dir} \geq 0$$

---

[39] Vgl. Musgrave (1959), S. 5ff.

[40] Vgl. zur Bedeutung öffentlicher Investitionen für Wirtschaftswachstum und private Investitionstätigkeit Rahmeyer (1975), S. 51.

(32) $$T_t^{ind} = t^{ind} \cdot C_t \cdot P_t$$

Tr^H = Transfers an private Haushalte
w^s = Sozialhilfesatz
A_{min} = Arbeitseinsatz in der abzubauenden Unterbeschäftigungssituation
Tr^U = Transfers an Unternehmen
T^{dir} = direkte Steuern
t_0 = einkommensunabhängiger Steuerbetrag
t^{dir} = marginaler Einkommensteuersatz
T^{ind} = indirekte Steuern

Die Stabilisierungsaufgabe kann sowohl über die Struktur der Ausgaben und Einnahmen als auch über deren absolute Höhe insgesamt durch die damit verbundene Beeinflussung von Gesamtangebot und Gesamtnachfrage erfüllt werden. Hierzu gehört auch die Entscheidung darüber, ob die anstehenden Ausgaben über Steuereinnahmen oder Kreditaufnahme finanziert werden. Liegt schon ein gewisser Schuldenbestand vor, so führt dies schließlich noch zu zusätzlichen — von den o. g. staatlichen Aufgaben unabhängigen — Ausgaben in Höhe der Zinszahlungen (auf den Schuldenstand der Vorperiode)[41].

Der Staatsbudgetsaldo ergibt sich dann wie folgt[42]:

(33) $$S_t = t_0 + t^{dir} \cdot Y_t + t^{ind} \cdot C_t \cdot P_t - (I^{st} + G^I) \cdot P_t - w_t \cdot A^{st} - w^s \cdot AL_t - s \cdot (A_t^{pr} - A_{min}) - B_{t-1} = \Delta B_t / r_t$$

Die Einkommen der privaten Haushalte entstehen damit sowohl im privaten als auch im staatlichen Sektor. Zu den aus dem Produktionsprozeß resultierenden Faktoreinkommen ($Q_t \cdot P_t$) summieren sich noch die Einkommen des öffentlichen Dienstes ($w_t \cdot A^{st}$) sowie die Zinseinkünfte auf inländische Staatsschuldtitel und auf ausländische Bonds in inländischer Hand abzüglich der an das Ausland abfließenden Zinszahlungen[43].

(34) $$Y_t = Q_t \cdot P_t + w_t \cdot A^{st} + B_{t-1} - WP_{t-1}^2 + e_t \cdot F_{t-1}$$
$$Y_t^r = Y_t / P_t^v$$

Y^r = Realwert der Bruttoeinkommen der privaten Haushalte

Das verfügbare Einkommen berechnet sich durch Addition der Transfers an die Haushalte und Unternehmen und durch Abzug der direkten Steuern.

(35) $$Y_t^v = Y_t + Tr_t^H + Tr_t^U - T_t^{dir}$$

---

41 Unter der Annahme, daß ein Wertpapier pro Periode eine Werteinheit Ertrag abwirft, gibt B nicht nur die Anzahl der Staatspapiere, sondern auch deren nominelle Zinszahlung für diesen Zeitraum an.

42 Gebühren und Beiträge sowie Erwerbseinkünfte des Staates bleiben hier außer acht.

43 Die Zinserträge *privater* Wertpapiere sind in den Faktoreinkommen $Q_t \cdot P_t$ enthalten. Somit müssen nur die Zinserträge *staatlicher* Wertpapiere gesondert erfaßt werden (B_{t-1}). Ausländer halten sowohl private als auch staatliche inländische Aktiva. Die darauf entfallenden Zinsen mindern die inländischen Zinseinkommen um WP_{t-1}^2.

Das reale verfügbare Einkommen schließlich berücksichtigt den Realwertverlust des Einkommens bei steigendem Verbraucherpreisniveau.

(36) $$Y_t^{rv} = Y_t^v / P_t^v$$

4.2.4 Dynamik und Stabilität des Gesamtsystems

Aus dem vorangegangenen Gleichungssystem lassen sich für jede Periode
— die Finanzmarktgrößen: r_t, e_t
— die Vermögensbestandsgrößen: M_t, B_t, V_t, WP_t^2, K_t^{pr}, K_t^{st}, W_t
— die Vermögensbestandsveränderungen: S_t, LBS_t, I_t^{pr} und
— die Gütermarktgrößen: w_t, P_t, P_t^v, A_t^{pr}, AL_t, Q_t, Y_t, Y_t^{rv}

in Abhängigkeit von
— den exogenen Auslandsvariablen: r^*, W^*, P^*
— den exogenen fiskalpolitischen Einflußgrößen: G_t^I, I_t^{st}, A_t^{st}, s, w^s, t^{dir}, t^{ind}
— den exogenen geldpolitischen Maßnahmen: ΔM, ΔB, ΔV
— und den Systemparametern: γ, χ

ermitteln.

Ein Überblick über diese Gesamtstruktur des Modells und der darin implizierten Kausalzusammenhänge findet sich im Anhang II.

(1) Zeitverzögerungen im Anpassungsprozeß

Die Dynamik des Systems resultiert aus den zeitverzögerten Anpassungsprozessen der Wechselkurserwartungen, der Lohnforderungen, der Konsum-, der Export- und der Importnachfrage sowie aus den Bestandsanpassungsprozessen des Kapitalstocks und der Assetbestände.

(38)
$$\begin{aligned}
e_t^e &= e_t^e(\tilde{e}, e_t, \varepsilon)\\
w_t &= w_t(P_{t-1}^{ve}, AL_{t-1}, \varepsilon)\\
C_t &= C_t(Y_{t-1}^{rv}, W_{t-1}/P_{t-1}^v, \varepsilon)\\
Ex_t &= Ex_t(tot_{t-1}, \varepsilon)\\
Im_t &= Im_t(Y_{t-1}^{rv}, W_{t-1}/P_{t-1}^v, tot_{t-1}, \varepsilon)\\
K_t^{pr} &= K_t^{pr}(K_{t-1}^g(r_{t-1}, Q_{t-2}, \varepsilon))\\
B_t &= B_t(B_{t-1}, S_{t-1}(Y_{t-1}, C_{t-1}, P_{t-1}, w_{t-1}, AL_{t-1}, A_{t-1}^{pr}, B_{t-2}, \varepsilon))\\
V_t &= V_t(V_{t-1}, LBS_t(e_t, tot_{t-1}, Y_{t-1}^{rv}, W_{t-1}/P_{t-1}^v, F_{t-1}, WP_{t-1}^2, e_{t-1}, \varepsilon))
\end{aligned}$$

e_t^e = in Periode t für die Folgeperiode $t+1$ erwarteter Wechselkurs
ε = Vektor aller exogenen Größen

Werden noch die Bestimmungsgleichungen für P_t (bzw. P_t^v), Y_t (bzw. Y_t^{rv}), Q_t, r_t und W_t berücksichtigt, so ergibt sich hieraus ein umfangreiches, inhomogenes Differenzengleichungssystem zweiter Ordnung.

Liegt Stabilität des Systems vor, so bewirkt eine anfängliche Störung des Ausgangsgleichgewichts einen Anpassungsprozeß aller Variablen, der dann endet, wenn keine Bestandsveränderungen mehr erfolgen, also $S_t = LBS_t = I_t^{pr} = I_t^{st} = 0$[44].

Die Steady-state-Bedingung eines konstanten staatlichen Kapitalstocks mit staatlichen *produktiven* Nettoinvestitionen von Null bedeutet hierbei, daß eine fiskalpolitische Maßnahme in Form einer Erhöhung produktiver staatlicher Investitionen nur *transitorischen* Charakter haben darf. Im Gegensatz zu rein keynesianischen Nachfrageansätzen hat dies trotzdem Auswirkungen auf das langfristige Gleichgewicht, da mit gestiegenem staatlichen Kapitalstock sich die Angebotsbedingungen dauerhaft verändert haben. Das Ausmaß dieses Effektes hängt allerdings davon ab, über wieviele Perioden hinweg produktive staatliche Nettoinvestitionen beibehalten werden[45].

Um den Vergleich mit anderen — permanenten — budgetpolitischen Maßnahmen zu ermöglichen, wird in der späteren Analyse unterstellt, daß eine Erhöhung produktiver staatlicher Investitionen nach einer Anzahl von Perioden in eine Erhöhung unproduktiver staatlicher Investitionen gewandelt wird. Damit sind zum einen die *Nachfrage*effekte dieser Maßnahme mit denen anderer permanenter Budgetpolitiken vergleichbar, zum anderen können jedoch die mit einer staatlichen Kapitalstockerweiterung verbundenen *Angebots*effekte erfaßt werden[46].

---

[44] Die staatlichen unproduktiven Investitionen (G^I) können einen positiven Wert behalten, da sie annahmegemäß den produktiven Kapitalstock nicht ausdehnen und damit keine Angebotsveränderungen induzieren.

[45] In diesem Zusammenhang soll kurz auf das Problem der Bestimmung der Periodenlänge im Modell eingegangen werden. Eine dynamische Analyse ist dadurch gekennzeichnet, daß neben den exogenen Parametern und den endogenen Variablen, die auch bei komparativ-statischer Betrachtung eine Rolle spielen, noch eine sog. „Sequenzvariable" (z.B. die Zeit) hinzukommt. Dabei ist der Begriff der „Sequenzvariablen" jedoch allgemeiner als der der Zeit, indem die Sequenzvariable eine „beliebige Art von Raum darstellt oder irgendeine andere Variable, wie etwa die Bevölkerung, die einen regelmäßigen Ablauf nimmt" (Vgl. Boulding (1971), S. 322).

Von Bedeutung ist also nicht eine exakte zeitliche Abgrenzung der Periodenlänge, sondern allein die Tatsache, daß den endogenen Variablen Lösungswerte in Abhängigkeit von der Sequenzvariablen zugeordnet werden, sie damit von der Prozeßabfolge, d.h. von Veränderungen der Sequenzvariablen determiniert sind.

Sobald allerdings eine numerische Spezifikation der Verhaltensweise im Modell vorgenommen wird und diese numerische Spezifikation empirisch möglichen Werten angenähert sein soll, wird implizit eine gewisse Einengung der ökonomisch plausiblen Periodenlänge vorgenommen.

[46] Die Annahme eines nur temporär unproduktiven Charakters der staatlichen Investitionserhöhung mag hinsichtlich der gewählten zeitlichen Abgrenzung willkürlich erscheinen. Die ökonomische Begründung einer *irgendwie* gearteten zeitlichen Begrenzung der Produktivität staatlicher Investitionen im Rahmen eines langfristigen Bestandsgleichgewichtsansatzes mag sich jedoch als plausibel erweisen:

a) Eine vielfach festzustellende Komplementarität zwischen privaten und staatlichen Investitionen könnte ein Grund für einen Rückgang staatlicher produktiver Investi-

(2) Stabilitätsanalyse

Voraussetzung für das letztendliche Erreichen einer neuen Gleichgewichtssituation als *Endpunkt* des Anpassungsprozesses ist die *Stabilität* des Systems[47]. Ist ein System unstabil, so führen Störungen des Anfangsgleichgewichts zu Reaktionen der endogenen Variablen, die kein neues Steady-state-Gleichgewicht mehr hervorrufen. Die Frage, ob eine solche Stabilität vorliegt, wurde in der Literatur vor allem für den Fall kreditfinanzierter expansiver Fiskalpolitik sehr ausführlich und sehr kontrovers diskutiert[48].

Für die Stabilität des Anpassungsprozesses ist es erforderlich, daß infolge expansiver Fiskalpolitik ein langfristig positiver Einkommensmultiplikator resultiert, der zusätzliche (einkommensabhängige) Steuern induziert, mit denen die anfängliche Staatsausgabenerhöhung (oder Steuersenkung) und die zusätzlichen Zinszahlungen letztendlich finanziert werden können[49]. Steigt das Einkommen nicht in ausreichendem Maße, so verbleibt ein anhaltendes Budgetdefizit, das ständig weitere Vermögensbestandsveränderungen hervorruft — ein Steady-state-Gleichgewicht wird nicht erreicht. Unter Berücksichtigung der Zinszahlungen auf die ausstehende Staatsschuld vergrößert sich das Budgetdefizit in diesem Fall sogar laufend weiter, und in entsprechendem Maße wachsen die Vermögensänderungen.

Eine wichtige Rolle für den langfristigen Einkommenseffekt spielen dabei die Auswirkungen der Vermögensänderungen auf Finanz- und Gütermarkt. Je größer die Vermögensabhängigkeit der privaten Absorption ist, um so eher führen Budgetdefizite zu Einkommenssteigerungen. Je stärker jedoch die Vermögensabhängigkeit der Geldnachfrage ist, um so eher ergeben sich zinssteigernde Tendenzen und damit eine Abschwächung des expansiven Fiskalimpulses. Das Ausmaß der Zinssteigerungen hängt dabei u.a. von der Substituierbarkeit zwischen Geld und Bonds ab. Je mehr Geld und Bonds als

---

tionen (zugunsten unproduktiver Ausgaben) sein, wenn die privaten Nettoinvestitionen gegen Null tendieren.

b) Je größer der produktive Kapitalstock des Staates ist, um so größer werden auch die damit verbundenen — unproduktiven — Folge- und Nebenkosten. Sollen die sonstigen staatlichen Ausgaben unverändert bleiben, könnte man unterstellen, daß die anfänglichen Ausgaben für produktive staatliche Investitionen sich später in Ausgaben für die laufende Nutzung eines sich nun nicht mehr erweiternden staatlichen Kapitalstocks wandeln.

[47] Vgl. zum Begriff der Stabilität in ökonomischen Modellen Zwicker (1981), S. 77ff.

[48] Vgl. für geschlossene Volkswirtschaften Ott/Ott (1965), Christ (1968), Blinder/Solow (1973), Pyle/Turnovsky (1976), Tobin/Buiter (1976), Cohen (1978), Nguyen/Turnovsky (1979 und 1980) und Turnovsky (1980). Stabilitätsbetrachtungen im Rahmen von Modellen offener Volkswirtschaften finden sich bei Oates (1966), Scarth (1975), Turnovsky (1976 und 1980), Allen (1977), Siebke/Knoll/Schmidberger (1981).

[49] Dazu muß $dY/dG > 1$ sein, so daß faktisch ein langfristiges crowding out in diesem Fall ausgeschlossen ist.

enge Substitute angesehen werden, um so geringer sind die für Finanzmarktgleichgewicht notwendigen Zinssteigerungen[50].

In offenen Volkswirtschaften hängt die Stabilität des Systems zusätzlich noch vom Grad der internationalen Kapitalmobilität und der Substituierbarkeit in- und ausländischer Finanzanlagen ab. Bei vollkommener Kapitalmobilität und vollkommener Substituierbarkeit wird bei flexiblen Wechselkursen kein Ausgleich des Budgetdefizits erreicht; das Einkommen steigt nicht, da in Höhe des Fiskalimpulses ein wechselkursinduziertes Leistungsbilanzdefizit entsteht. Eine solche Situation kann jedoch als stabil angesehen werden, da sich im Inland keine Einkommens- und Vermögensbestandsveränderungen mehr ergeben: Die neu ausgegebenen Staatsschuldtitel fließen direkt ins Ausland ab und erhöhen nicht den inländischen Vermögensbestand.

Andererseits kann nicht davon ausgegangen werden, daß ein solches *dauerhaft* anhaltendes — durch Kapitalimporte finanziertes — Budgetdefizit niemals Auswirkungen auf die ausländische Volkswirtschaft haben wird. Zum einen werden ausländische Kapitalanleger aus Risikoüberlegungen irgendwann nicht mehr bereit sein, immer mehr inländische Staatspapiere in ihr Portefeuille aufzunehmen. (Dann liegt allerdings auch keine vollständige Substituierbarkeit mehr vor.) Zum anderen werden irgendwann die *anhaltenden* Kapitalimporte des Inlands auch zu Vermögenseffekten (und Zinseffekten) im Ausland führen (selbst wenn zunächst von einem „kleinen Land" ausgegangen wurde), so daß hierdurch auch wieder Anpassungsreaktionen im Inland ausgelöst werden. Unter diesem Gesichtspunkt kann man nicht von einem „wirklichen" Steady-state-Gleichgewicht sprechen[51].

Je geringer die Substituierbarkeit zwischen in- und ausländischen Bonds jedoch ist, desto größer ist die Chance für einen langfristigen Budgetausgleich. Allerdings ist im Vergleich zur geschlossenen Volkswirtschaft auf jeden Fall die Gefahr der Unstabilität größer, da — außer bei vollkommener Kapitalimmobilität — in gewissem Umfang zinsinduzierte Kapitalimporte entstehen, die den inländischen Wechselkurs aufwerten und die Leistungsbilanz sich verschlechtern lassen. Letzteres jedoch wirkt dem expansiven Fiskalimpuls eindeutig entgegen und damit der Wahrscheinlichkeit eines ausreichend großen Einkommenseffektes.

Wird allerdings eine differenziertere Budgetstruktur analysiert, die neben staatlichen Investitionen oder Sachgüterkäufen auch andere — z.T. von der Konjunkturlage abhängige — Ausgabenarten berücksichtigt sowie neben der Einkommensteuer auch noch andere Steuern einbezieht, so sind die Stabilitätsbedingungen noch weitaus komplexer gestaltet. In Verbindung mit einer differenzierteren Gütermarktstruktur, in der neben Realeffekten auch Preiswirkungen von Bedeutung sind, neben Multiplikatoreffekten auch Akzeleratoref-

---

[50] Vgl. u.a. Cohen (1978).

[51] Vgl. Allen (1977), S. 363.

fekte auftreten können und die Angebotswirkungen privater und staatlicher Investitionen eine Rolle spielen, ergeben sich schließlich eine weitere Vielzahl interdependenter Wirkungszusammenhänge, die eine eindeutige Aussage über die Stabilität des Systems erschweren.

Inwieweit die Ableitung *allgemeiner* Stabilitätsbedingungen in einem solchermaßen komplex gestalteten Modellansatz überhaupt möglich ist bzw. noch die Grundlage für ökonomische Interpretationsmöglichkeiten bilden kann, wird in Anhang I kurz anhand des vorliegenden Modells untersucht.

(3) Vorteile dynamischer Modellsimulationen

Im Gegensatz zu konventionellen komparativ-statischen Modellen, die nur die *Gleichgewichts*zustände vor und nach einer „Störung" beschreiben — allenfalls wird zwischen kurzfristigen (instantaneous) und langfristigen (steady state) Effekten unterschieden —, gilt das Interesse im vorliegenden Modell vor allem auch dem *Anpassungs*zeitraum zwischen zwei Gleichgewichtszuständen. Zwar wird in komparativ-statischen Modellen zumeist mit Hilfe von Stabilitätsanalysen nachzuweisen versucht, daß sich das System nach einer Störung auf einen stabilen Anpassungspfad hin zum neuen Steady-state-Gleichgewicht begibt, doch sind die ökonomischen Aussagen dieser Modelle trotzdem recht begrenzt[52].

Zum einen sind solche Stabilitätsanalysen in umfangreicheren Modellen recht mühsam und zeitraubend, zum anderen sind die formalen Stabilitätsbedingungen (wie im vorliegenden Fall) oftmals so unhandlich, daß sie einer ökonomischen Interpretation kaum noch zugänglich sind. Zugleich sind die beiden Extremfälle des „Instantaneous"-Gleichgewichts und des „Steady-state"-Gleichgewichts von geringem praktischen Interesse. Der erste Fall charakterisiert einen Zeitsprung, der zu kurz ist, um relevante Rückkoppelungen des Systems zu erfassen; der zweite Fall betrifft einen imaginären Endpunkt der Entwicklung, der erst in „unendlicher" Zeit erreicht wird.

Die Wirtschaftspolitik dagegen ist daran interessiert, Aussagen über den tatsächlichen *Verlauf* von Wirtschaftsprozessen über einen bestimmten *endlichen* Zeitraum (Planungshorizont) hinweg zu erlangen[53]. Zur Chrakterisierung dieses intertemporalen Anpassungsprozesses des Systems können im Rahmen

---

[52] Vgl. im folgenden Nguyen/Turnovsky (1983), S. 47f.

[53] (Komparativ-) statische Modelle berücksichtigen also nicht die Zeit als zusätzliche Variable, sondern lassen alle Reaktionen im selben Zeitraum bzw. Zeitpunkt erfolgen. Da solche statischen Systeme in der ökonomischen Realität jedoch nicht vorkommen, sind dynamische Modelle mit ihrer Berücksichtigung „zeitlich-vertikaler" Interdependenzen wirklichkeitsgerechter. Vgl. Baetge (1977), S. 513; Lang/Ohr (1981), S. 309. Zu den Vorteilen dynamischer Modelle zur Abbildung des tatsächlichen Verlaufs von Wirtschafts*prozessen*, deren Kenntnis für die Stabilisierungspolitik wesentlich ist, vgl. Gschwendtner (1980), S. 30f.

analytischer Modelle allenfalls bei Differenzengleichungen erster und zweiter Ordnung eindeutige Aussagen getroffen werden. Ist die dynamische Struktur des ökonomischen Systems durch Gleichungen höherer Ordnung gekennzeichnet, so können nur noch mit Simulationsrechnungen *numerische* Lösungen für bestimmte Anpassungspfade auf der Grundlage spezifizierter Gleichungen und spezifizierter Parameterwerte ermittelt werden[54]. Im vorliegenden Fall wäre eine Beschreibung dieses Anpassungs*prozesses* generell mit Hilfe der allgemeinen Lösung des Systems inhomogener Differenzengleichungen zweiter Ordnung möglich. Wegen der Vielzahl der Variablen und Interdependenzen ist eine solche analytische Berechnung jedoch hier *praktisch* kaum noch handhabbar bzw. in ihrer Komplexität nicht mehr ökonomisch interpretierbar.

Es wird daher im folgenden der Modellansatz einer numerischen Simulation gewählt, der die Abbildung alternativer Anpassungsverläufe aufgrund spezifischer Wertekonstellationen und Parametervariationen ermöglicht. In der Makroökonomie wird der Begriff „Simulation" vielfach nur im Zusammenhang mit empirisch geschätzten, *ökonometrischen* Modellen verwendet. In dieser Arbeit wird der Begriff jedoch als „theoretische" Simulation[55] verstanden, indem ein analytisches Modell mit möglichst plausibel formulierten (aber nicht empirisch geschätzten) Strukturen und Parameterwerten entwickelt wird, die für eine *Vielzahl* möglicher ökonomischer Systeme relevant erscheinen können. Die Problematik *exakter* empirischer Schätzungen der relevanten Verhaltensfunktionen für spezifische Volkswirtschaften wird dabei umgangen, während zugleich im Rahmen von Sensitivitätsanalysen ein breites Spektrum möglicher Parameterkonstellationen der Realität abgedeckt werden kann.

Mit solchen Simulationen steht ein Instrument zur Verfügung, das die analytische Lösungssuche ablösen und die schwer zu durchschauenden Implikationen großer, vermaschter dynamischer Systeme transparent machen kann[56]. Hierbei sind allerdings Sensitivitätsanalysen von großer Bedeutung, die die Robustheit der Verhaltensmuster des abgebildeten Systems bei verschiedensten Parametervariationen prüfen und somit eine Abgrenzung der Stabilitätseigenschaften des Modells in Abhängigkeit von konkreten, *numerischen* Parameterwerten beinhalten. Ist eine hinreichend große numerische Bandbreite um die — empirischen Werten angenäherten — unterstellten Parameterwerte jeweils mit Stabilität des Modells vereinbar, so läßt dies auf eine recht große allgemeine Stabilität der Modellstruktur insgesamt schließen, so daß hierdurch auch die Problematik der Ableitung *allgemeiner* Stabilitätsbedingungen in sehr komplex gestalteten Modellansätzen an Bedeutung verliert.

---

[54] Vgl. zu den Leistungsgrenzen traditioneller Lösungsverfahren in ökonomischen Modellen Lang (1980), S. 37f. Zur methodischen Grundlegung der Simulationsanalyse vgl. Meissner (1970).

[55] Zu dieser Begriffsdefinition vgl. Nguyen/Turnovsky (1983), S. 47.

[56] Vgl. Kappel (1979), S. 121.

4.2.5 Simulationsanalyse

(1) Spezifizierung des Makrosystems

Zur Durchführung der Simulationsanalyse müssen nun zunächst die bisher allgemein formulierten Verhaltensannahmen genauer spezifiziert werden. Folgende Gleichungen sind davon betroffen:

(1) $M_t = m_t(Y_t, r_t) \cdot W_t = (m_0 + m_1 \cdot Y_t + m_2 \cdot r_t) \cdot W_t$ [57]

(3) $WP_t/r_t = b_t(Y_t, r_t, R_t) \cdot W_t + f_t^*(R_t) \cdot W^* \cdot e_t$
$= (b_0 + b_1 \cdot Y_t + b_2 \cdot r_t + b_3 \cdot R_t) \cdot W_t + (f_0^* + f_3^* \cdot R_t) \cdot W^* \cdot e_t$

(9) $V_t = f_t(R_t) \cdot W_t - f_t^*(R_t) \cdot W^* \cdot e_t$
$= (f_0 + f_3 \cdot R_t) \cdot W_t - (f_0^* + f_3^* \cdot R_t) \cdot W^* \cdot e_t$

(19) $Q_t = Q_t(A_t^{pr}, K_t^{pr}, K_t^{st}) = (A_t^{pr})^{\alpha_0} \cdot (K_t^{pr})^{\alpha_1} \cdot (K_t^{st})^{\alpha_2}$

(21) $K_t^g = K_t^g(r_t, Q_{t-1}) = k_0 + k_1 \cdot r_t + k_2 \cdot Q_{t-1}$

(22) $A_t^{pr} = A_t^{pr}(w_t, s_t, P_t) = q_0 + q_1 \cdot (w_t - s_t)/P_t$

(23) $w_t = w_t(P_{t-1}^{ve}, AL_{t-1}) = w_0 + w_1 \cdot (P_{t-1}^{ve} - P_0^v) + w_2 \cdot (AL_{t-1} - AL_0)$

(26) $C_t(Y_{t-1}^{rv}, W_{t-1}/P_{t-1}^v) = c_0 + c_1 \cdot Y_{t-1}^{rv} + c_2 \cdot W_{t-1}/P_{t-1}^v$
$Ex_t = Ex_t(tot_{t-1}) = ex_0 + ex_3 \cdot (tot_0 - tot_{t-1})$
$Im_t = Im_t(Y_{t-1}^{rv}, W_{t-1}/P_{t-1}^v, tot_{t-1})$
$= im_0 + im_1 \cdot Y_{t-1}^{rv} + im_2 \cdot W_{t-1}/P_{t-1}^v + im_3 \cdot (tot_0 - tot_{t-1})$

Aus der Vermögensrestriktion (12) ergeben sich für Finanzmarktgleichgewicht noch folgende Randbedingungen:

$$m_t + b_t + f_t = 1$$
$$m_i + b_i + f_i = 0 \quad \text{für} \quad i = 0, 1, 2, 3$$

Zur Charakterisierung des numerischen Gerüsts des vorgestellten Modells seien nun zunächst die *Anfangswerte* der interessierenden endogenen Variablen angegeben:

$$e = P = P^* = tot = w = 1$$
$$S = LBS = V = I^{pr} = 0$$
$$r = 0{,}005$$
$$W = 15000; \quad AL = 1500; \quad K^{pr} = 9925;$$
$$Q = 9925; \quad Y^r = 10900; \quad Y^{rv} = 8900.$$

[57] Die Geldnachfragefunktion wird hier in linearer Form verwendet. In ökonometrischen Untersuchungen ist dagegen die Spezifikation

$$M_t^d = m_0 \cdot Y_t^{m_1} \cdot e^{m_2 \cdot r_t} \cdot W_t$$

gebräuchlicher, da diese durch die konstanten Elastizitäten besser schätzbar ist. Für die numerische Ausgestaltung innerhalb der theoretischen Simulation ist jedoch die lineare Formulierung besser handhabbar. Bei nicht allzu großen Schwankungen der Variablen sind die hierbei entstehenden Veränderungen der Elastizitäten relativ unbedeutend.

Die Spezifizierung der Verhaltenskoeffizienten[58] läßt sich am anschaulichsten durch die damit implizierten Nachfrage- und Angebotselastizitäten darstellen.

Aufgrund der linearen Formulierung der Verhaltensgleichungen lassen sich mit Hilfe der Parameterwerte allerdings nur Elastizitäten für das Anfangsgleichgewicht (in Verbindung mit den Anfangswerten aller Bestands- und Stromvariablen) berechnen. Solange die im Verlauf der Simulation entstehenden Veränderungen der endogenen Variablen jedoch — prozentual zum Ausgangswert — relativ gering sind, können die bezüglich der Anfangswerte ermittelten Elastizitätswerte als eine recht gute Annäherung hinsichtlich der ungefähren Größenordnung der Elastizitäten im Gesamtverlauf der Simulation gelten.

Die Parameter der Geldnachfragefunktion entsprechen einer Einkommenselastizität der Geldnachfrage von 0,545 und einer Zinselastizität von −0,5[59,60]. Die Zinselastizität der internationalen Kapitalbewegungen beträgt sowohl für inländische als auch für ausländische Anleger 1,25.

Die Zinselastizität und die Einkommenselastizität der Investitionsnachfrage sind für das Ausgangsgleichgewicht nicht zu berechnen, da die Bezugsgröße — Wert der Investitionen im Ausgangsgleichgewicht — gleich Null ist. Bezieht man die zins- bzw. einkommensinduzierten marginalen Investitionen jedoch auf den gesamten — einkommens- und zinsdeterminierten — *Kapitalstock*, so ergibt sich eine Zinselastizität von −0,1 und eine Einkommenselastizität von ca. 1. In der Sensitivitätsanalyse werden allerdings auch die Auswirkungen einer höheren Zinselastizität untersucht[61].

---

[58] Die numerische Spezifizierung engt naturgemäß den Gültigkeitsbereich der Ergebnisse zunächst auf eine ganz spezifische Datenkonstellation ein. Die spätere Sensitivitätsanalyse zeigt jedoch, daß der Gültigkeitsbereich der qualitativen Resultate sehr viel weiter ausgedehnt werden kann und damit einen Großteil empirisch relevanter Parameterkombinationen abdecken kann — auch wenn hier nicht alle denkbaren Parameterkonstellationen überprüft werden können. Dieses Problem tritt in ähnlicher Form auch bei komplexeren allgemein formulierten komparativ-statischen Modellen auf, in denen die Ergebnisse vielfach richtungsmäßig unbestimmt sind und nur durch numerische Spezifikation der Parameter eine genauere Aussage möglich ist (vgl. Nguyen/Turnovsky (1979), S. 260).

[59] Empirische Schätzungen der Einkommenselastizität der Geldnachfrage finden sich z. B. bei Loef (1982), S. 517ff. Die Bandbreite schwankt bei ihm zwischen kurzfristigen Werten um 0,5 bis hin zu langfristigen Werten von über 1.

[60] Empirische Schätzungen der Zinselastizität der Geldnachfrage gibt es in großer Zahl, doch mit sehr uneinheitlichen Ergebnissen. Hier sei nur kurz auf das Standardwerk von Laidler (1977) verwiesen, der neben eigenen Untersuchungen die verschiedensten Schätzungen anderer Autoren darstellt. Insgesamt lassen sich Zinselastizitäten von absolut kleiner als −0,1 bis hin zu Werten von −1 vertreten.

[61] Vernachlässigt wird hierbei die Möglichkeit unterschiedlicher Zins- und Einkommenselastizitäten der Investitionsnachfrage in Abhängigkeit von der jeweiligen konjunkturellen Lage. Vgl. Dieckheuer (1978), S. 108f. und S. 137f. Zur Vielzahl der verschiedensten ökonometrischen Untersuchungen zur Investitionsnachfrage vgl. Jorgenson (1971).

Die Reallohnelastizität der Arbeitsnachfrage beträgt ca. – 1,4. Die Preiselastizität der Lohnbildung wird mit 0,6 und die „Arbeitsmarktelastizität" der Lohnforderungen (hiermit ist die Elastizität der Lohnforderungen bezüglich der Arbeitslosenzahlen gemeint) mit 0,06 angesetzt. Im Rahmen der Sensitivitätsanalyse wird jedoch auch eine mehr neoklassische Position mit einer höheren Preiselastizität im Lohnbildungsprozeß analysiert.

Die Einkommenselastizität der Konsumnachfrage hat einen Wert von 0,7, die Vermögenselastizität einen Wert von 0,2. Für die Einkommenselastizität der Importe wird ebenfalls ein Wert von 0,7 und für die Vermögenselastizität ebenfalls von 0,2 unterstellt[62]. Die Preiselastizitäten der Export- und Importnachfrage schließlich betragen jeweils absolut ca. 1,25[63]. Die Marshall-Lerner-Bedingung ist damit in jedem Fall erfüllt.

(2) Sensitivitätsanalyse

Hauptzielsetzung der Sensitivitätsanalyse soll hier weniger eine akribische Gegenüberstellung der möglichen — parameterabhängigen — Unterschiede im kurz- und mittelfristigen Anpassungs*verlauf* an eine Störung sein als die Untersuchung, inwieweit Parametervariationen die langfristige *Stabilität* des Modellansatzes beeinflussen.

Im folgenden werden für den Fall einer expansiven Staatsausgabenpolitik in Form einer Erhöhung unproduktiver staatlicher Investitionen die neuen Steady-state-Gleichgewichtswerte der Basisversion mit den neuen Endwerten bei verschiedenen Parameteränderungen verglichen. Dabei wird zumeist jeweils im Vergleich zur Basisversion nur *ein* Parameterwert variiert. Ein vollständiger Sensitivitätstest müßte allerdings nicht nur singuläre Parameteränderungen analysieren, sondern auch Kombinationen verschiedener Parameteränderungen, da diese sich gegenseitig in ihrer Wirkung verstärken können. Solche vollständigen Sensitivitätstests sind bei umfangreichen Modellen wie dem vorliegenden wegen der enormen Anzahl kombinatorischer Möglichkeiten der Parameterverbindungen praktisch nicht durchführbar[64]. Als Alternative werden

---

[62] Empirische Schätzungen für die Einkommenselastizität der Importnachfrage finden sich z.B. bei Jarchow/Rühmann (1982), S. 96. In dieser Analyse wird allerdings nur die Abhängigkeit vom nominalen Einkommen und keine Abhängigkeiten vom Vermögen oder den terms of trade in der Schätzgleichung berücksichtigt. Die dort ermittelten Elastizitäten zwischen 1 und 1,5 sind daher für den Rahmen des vorliegenden Ansatzes als zu hoch anzusehen.

[63] Schätzungen der Preiselastizitäten im Außenhandel liegen mittlerweile vielfach vor. Sie unterscheiden sich recht beträchtlich bezüglich der unterstellten lag-Strukturen. Während kurzfristig oft Preiselastizitäten von kleiner als |1| festgestellt werden, werden langfristig Werte von bis zu |3| ermittelt. Vgl. hierzu Stern/Francis/Schumacher (1976), Naggl (1981), S. 687ff., Goldstein/Kahn (1976) und (1978), Jarchow/Rühmann (1981), S. 70.

[64] Schlußfolgerungen aus solchen gezwungenermaßen reduzierten Sensitivitätstests müssen demnach etwas vorsichtig beurteilt werden, da sie nur einen Ausschnitt aus dem

manchmal mit Hilfe von Zufallsgeneratoren eine Anzahl willkürlicher Kombinationen von Parametervariationen ermittelt, um anhand einer solchen *Stichprobe* die Robustheit des Systems zu überprüfen[65]. Hier sei die Variation mehrerer Parameter gleichzeitig jedoch nur vorgenommen, wenn damit bestimmte ökonomische Grundvorstellungen (z. B. tendenziell eher keynesianische versus tendenziell eher monetaristische Verhaltensmuster) einander gegenübergestellt werden sollen.

Folgende Parametervariationen seien nun hinsichtlich ihres Einflusses auf die Stabilität des Systems untersucht:

— Eine Senkung bzw. Erhöhung der Einkommenselastizität der Geldnachfrage (Bandbreite von $\eta_{M^d,y}$: 0,36 – 0,73);
— Eine Senkung bzw. Erhöhung der Zinselastizität der Geldnachfrage (Bandbreite von $\eta_{M^d,r}$: –0,1 – –1,0);
— Eine Senkung bzw. Erhöhung der Zinselastizität internationaler Kapitalbewegungen (Bandbreite von $\eta_{F^d,R}$: –0,625 – –1,875; Bandbreite von $\eta_{F^{d*},R}$: 0,625 – 1,825);
— Eine Senkung bzw. Erhöhung der Terms-of-trade-Abhängigkeit des Außenhandels (Bandbreite von $\eta_{Im,tot}$: –0,5 – –1,875; Bandbreite von $\eta_{Ex,tot}$: 0,5 – 1,875);
— Eine Erhöhung der Preiselastizität der Lohnforderungen (Bandbreite von $\eta_{w,pv}$: 0,2 – 1,0);
— Eine Erhöhung der „Arbeitsmarktelastizität" der Lohnforderungen (Bandbreite von $\eta_{w,AL}$: –,06 – –0,12);
— Eine Erhöhung der Zinselastizität der Investitionsnachfrage (Bandbreite von $\eta_{K^g,r}$: –0,1 – –0,5);
— Eine Senkung bzw. Erhöhung der Einkommenselastizität der Investitionsnachfrage (Bandbreite von $\eta_{K^g,Q}$: 0,5 – 1,5);
— Eine Senkung der Vermögensabhängigkeit der Absorption (Bandbreite von $\eta_{C,W}$: 0 – 0,2);
— Eine Senkung bzw. Erhöhung der Reallohnabhängigkeit der Arbeitsnachfrage (Bandbreite von $\eta_{A,w/P}$: –1,0 – –1,8).

In zwei speziellen Sensitivitätstests werden schließlich kombinierte Parametervariationen vorgenommen:

— Zum einen wird ein tendenziell mehr monetaristisches Verhaltensmuster unterstellt mit gegenüber der Basisversion niedrigerer Zinselastizität der Geldnachfrage ($\eta_{M^d,r} = 0{,}167$), höherer Zinselastizität der Investitionsnachfrage ($\eta_{K^g,r} = -0{,}25$) und relativ hoher Preiselastizität der Lohnforderungen ($\eta_{w,pve} = 0{,}9$).

Verhalten einer supponierten Struktur präsentieren, niemals aber das gesamte Verhaltensmuster bezeichnen können. Vgl. Kappel (1979), S. 125.

65 Vgl. z. B. Nguyen/Turnovsky (1983), Camilleri/Nguyen/Campbell (1984).

Tabelle 1:
Numerik der Sensitivitätstests

Version	Ökonomische Bedeutung	Parameteränderungen
S 1	höhere Einkommenselastizität der Geldnachfrage	$\Delta m_1 > 0$
S 2	niedrigere Einkommenselastizität der Geldnachfrage	$\Delta m_1 < 0$
S 3	niedrigere Zinselastizität der Geldnachfrage (stabil)	$\Delta \mid m_2 \mid < 0$
S 4	niedrigere Zinselastizität der Geldnachfrage (instabil)	$\Delta \mid m_2 \mid < 0$
S 5	höhere Zinselastizität der Geldnachfrage	$\Delta \mid m_2 \mid > 0$
S 6	niedrigere Zinselastizität internationaler Kapitalbewegungen	$\Delta \mid f_3 \mid, \Delta f_3^* < 0$
S 7	höhere Zinselastizität internationaler Kapitalbewegungen	$\Delta \mid f_3 \mid, \Delta f_3^* > 0$
S 8	reduzierte Terms-of-trade-Abhängigkeit im Außenhandel (stabil)	$\Delta \mid im_3 \mid, \Delta ex_3 < 0$
S 9	reduzierte Terms-of-trade-Abhängigkeit im Außenhandel (instabil)	$\Delta \mid im_3 \mid, \Delta ex_3 < 0$
S 10	erhöhte Terms-of-trade-Abhängigkeit im Außenhandel	$\Delta \mid im_3 \mid, \Delta ex_3 > 0$
S 11	erhöhte Preisabhängigkeit der Lohnforderungen	$\Delta w_1 > 0$
S 12	volle Preisindexierung der Lohnfoderungen	$w_1 = 1$
S 13	erhöhte Arbeitsmarktelastizität der Lohnforderungen	$\Delta \mid w_2 \mid > 0$
S 14	erhöhte Zinselastizität der Investitionsnachfrage	$\Delta \mid k_1 \mid > 0$
S 15	reduzierte Einkommenselastizität der Investitionsnachfrage	$\Delta k_2 < 0$
S 16	höhere Einkommenselastizität der Investitionsnachfrage	$\Delta k_2 > 0$
S 17	niedrigere Vermögenselastizität der privaten Absorption (stabil)	$\Delta c_2 < 0$
S 18	niedrigere Vermögenselastizität der privaten Absorption (instabil)	$c_2 = 0$
S 19	höhere Reallohnelastizität der Arbeitsnachfrage	$\Delta \mid q_1 \mid > 0$
S 20	reduzierte Reallohnelastizität der Arbeitsnachfrage	$\Delta \mid q_1 \mid < 0$
S 21	tendenziell mehr neoklassische Verhaltensmuster	$\Delta \mid m_2 \mid < 0; \Delta \mid k_1 \mid > 0; \Delta w_1 > 0;$
S 22	höhere Substituierbarkeit zwischen in- und ausländischen Finanzanlagen bei sinkender Substituierbarkeit zwischen Geld und Wertpapieren	$\Delta f_o^* > 0;$

— Zum anderen wird eine Version mit veränderten Annahmen über die Substituierbarkeit zwischen Geld und Wertpapieren bzw. zwischen in- und ausländischen Wertpapieren untersucht. Die Zinselastizität der Geldnachfrage wird im Vergleich zur Basisversion niedriger angesetzt ($\eta_M d_{,r} = -0{,}167$) und die Zinselastizität internationaler Kapitalbewegungen relativ hoch ($\eta_F d_{,R} = -1{,}875$; $\eta_F d^*_{,R} = 1{,}875$).

In Tabelle 2 sind die Anfangswerte und die in 200 Perioden nach der „Störung" erreichten neuen — zumeist gleichgewichtigen — Werte der wichtigsten Modellvariablen für die einzelnen Parametervariationen aufgeführt.

Ein neues Steady-state-Gleichgewicht ist durch eine ausgeglichene Leistungsbilanz, ein ausgeglichenes Staatsbudget und Nettoinvestitionen von Null gekennzeichnet. Es zeigt sich, daß mit Ausnahme der Versionen S4, S9 und S18 ein solches Steady-state-Gleichgewicht nach 200 Perioden erreicht ist[66].

Bei den Tests S4, S9 und S18 führen sich nicht abbauende, sondern wachsende Leistungsbilanz- und Staatsbudgetsalden sowie wachsende positive oder negative Nettoinvestitionen zu anhaltenden Bestandsveränderungen. Bei den dort unterstellten Parameterwerten ist das Modell also unstabil.

Auf die ökonomische Interpretation der langfristigen Entwicklung der anderen Modellvariablen infolge der unterstellten expansiven Staatsausgabenpolitik sei hier nun nicht im einzelnen eingegangen. Dieses bleibt Kapitel 5 vorbehalten. Im Rahmen des vorliegenden Sensitivitätstests geht es statt dessen nur darum, zu untersuchen, ob nach der exogenen Störung wieder ein langfristiges Gleichgewicht erreicht wird und welchen Einfluß die Parametervariationen auf die absolute Höhe der langfristigen Endwerte haben.

Folgende Aussagen lassen sich aus den in Tabelle 2 abgebildeten Ergebnissen damit ableiten:

— Die unterstellte Bandbreite an Werten für die Einkommenselastizität der Geldnachfrage (S1, S2) beinhaltet keine unstabilen Anpassungsverläufe. Die Endwerte unterscheiden sich jeweils kaum von denen der Basisversion.
— Eine Senkung der Zinselastizität der Geldnachfrage (S3, S4) kann bei hinreichend niedrigen Werten zur Unstabilität des Modells führen[67]. Im vorliegenden Fall tritt dies jedoch erst bei einer Zinselastizität ein, die absolut kleiner als 0,08 ist. Doch auch bei Stabilität des Systems zeigen die sich stark von der Basisversion unterscheidenden Endwerte, daß die Zinselastizität der Geldnachfrage recht große Bedeutung für das Niveau der langfristigen Gleichgewichtswerte hat.

---

[66] Die später folgenden Abbildungen der Anpassungsverläufe nach unterschiedlichen Störungen verdeutlichen, daß die Anpassungsreaktionen zumeist schon nach 15-20 Perioden nahezu vollständig abgeklungen sind. Dies gilt auch für die Sensitivitätstests. In der Tabelle werden trotzdem die Endwerte der 200. Periode angegeben, um sie mit den unstabilen Fällen besser vergleichbar zu machen.

[67] Vgl. auch Dieckheuer (1978), S. 52f. und S. 66.

Tabelle 2

Langfrist-Ergebnisse der Sensitivitätstests

	Periode	e	P	P^v	tot	r	w	S	LBS
Start	1	1.000	1.100	1.100	1.000	.0050	1.0000	.00	.00
Basis	200	1.048	1.039	1.145	.991	.0059	1.0153	.00	.00
S 1	·	1.049	1.039	1.145	.991	.0060	1.0154	.00	.00
S 2	·	1.047	1.038	1.144	.992	.0058	1.0152	.00	.00
S 3	·	1.069	1.045	1.155	.977	.0085	1.0182	.00	.00
S 4	·	1.205	1.082	1.217	.898	.0199	1.0352	–130.55	– 48.00
S 5	·	1.045	1.038	1.143	.993	.0054	1.0148	.00	.00
S 6	·	1.046	1.038	1.144	.992	.0059	1.0150	.00	.00
S 7	·	1.049	1.039	1.145	.991	.0059	1.0154	.00	.00
S 8	·	1.169	1.047	1.178	.895	.0069	1.0222	.00	.00
S 9	·	2.537	1.010	1.447	.398	.0101	1.0543	–879.51	–197.08
S 10	·	1.043	1.038	1.143	.995	.0059	1.0150	.00	.00
S 11	·	1.084	1.089	1.197	1.004	.0061	1.0799	.00	.00
S 12	·	1.128	1.149	1.259	1.019	.0063	1.1575	.00	.00
S 13	·	1.052	1.044	1.150	.993	.0059	1.0218	.00	.00
S 14	·	1.050	1.043	1.149	.994	.0059	1.0167	.00	.00
S 15	·	1.049	1.039	1.145	.991	.0059	1.0155	.00	.00
S 16	·	1.048	1.038	1.144	.991	.0059	1.0151	.00	.00
S 17	·	1.077	1.043	1.155	.969	.0072	1.0178	.00	.00
S 18	·	1.147	1.039	1.167	.906	.0096	1.0187	–227.28	– 19.68
S 19	·	1.046	1.035	1.141	.989	.0059	1.0150	.00	.00
S 20	·	1.051	1.045	1.151	.994	.0059	1.0158	.00	.00
S 21	·	1.096	1.101	1.210	1.005	.0068	1.0906	.00	.00
S 22	·	1.085	1.049	1.162	.967	.0090	1.0201	.00	.00

Tabelle 2: Fortsetzung

	Periode	V	W	Q	AL	I	K^{pr}	Y^r
Start	1	.0	15000.0	9925.0	1500	.00	9925.0	10900.0
Basis	200	- 252.6	15909.1	10188.4	1341	.00	9993.8	11131.3
S 1	·	- 288.3	15922.6	10189.1	1340	.00	9989.1	11131.0
S 2	·	- 217.4	15896.1	10187.7	1342	.00	9998.5	11131.7
S 3	·	-1003.7	16244.2	10208.4	1319	.00	9899.2	11130.7
S 4	·	-4899.7	18021.3	10338.8	1196	-13.87	9498.0	11231.9
S 5	·	- 117.1	15860.4	10186.4	1344	.00	10011.8	11132.8
S 6	·	- 118.8	15873.8	10185.9	1343	.00	9993.8	11131.9
S 7	·	- 308.5	15923.8	10189.4	1340	.00	9993.8	11131.1
S 8	·	- 622.6	17723.7	10192.3	1335	.00	9954.3	10930.6
S 9	·	-4871.0	30148.3	9371.7	1808	-18.05	9534.4	8269.3
S 10	·	- 238.2	15834.5	10187.9	1342	.00	9995.5	11139.2
S 11	·	- 332.0	15894.2	10018.3	1441	.00	9918.4	11000.9
S 12	·	- 430.5	15886.0	9830.9	1550	.00	9834.5	10854.8
S 13	·	- 260.6	15907.1	10170.5	1352	.00	9985.9	11117.7
S 14	·	- 248.9	15853.9	10163.1	1325	.00	9664.2	11112.3
S 15	·	- 252.0	15900.3	10184.4	1338	.00	9940.5	11128.3
S 16	·	- 253.2	15917.7	10192.5	1344	.00	10048.8	11134.3
S 17	·	- 609.5	18308.1	10202.0	1328	.00	9947.6	11135.6
S 18	·	- 155.0	25513.4	10129.8	1362	-11.62	9825.9	11096.6
S 19	·	- 252.8	15942.8	10209.9	1328	.00	10002.0	11152.6
S 20	·	- 252.4	15859.4	10156.7	1360	.00	9981.7	11100.0
S 21	·	- 534.4	15923.2	9979.7	1433	.00	9593.4	10967.5
S 22	·	-1769.3	16492.5	10226.4	1307	.00	9885.3	11132.5

- Eine Erhöhung der Zinselastizität der Geldnachfrage wirkt nicht destabilisierend (S5).
- Die unterstellte Bandbreite an Werten für die Zinselastizität internationaler Kapitalbewegungen (S6, S7) beinhaltet keine unstabilen Reaktionen. Die Endwerte unterscheiden sich nur wenig von denen der Basisversion.
- Variationen der Terms-of-trade-Abhängigkeit im Außenhandel (S8, S9, S10) bewirken — wie aus der Lehrbuchliteratur bekannt — dann Unstabilität, wenn die Marshall-Lerner-Bedingung bzw. die Robinson-Bedingung nicht mehr erfüllt sind. Hier gilt dies schon bei einer Parameterkonstellation, die für das Ausgangsgleichgewicht eine Terms-of-trade-Elastizität der Export- bzw. Importnachfrage von −0,5 bzw. +0,5 unterstellt (S9). Bei etwas höheren Elastizitäten ist das System zwar stabil, doch mit relativ starken Wechselkursbewegungen verbunden (S8).
- Eine steigende Preiselastizität der Lohnforderungen bis hin zur vollständigen Indexierung (S11, S12) beeinträchtigt die Stabilität des Modells nicht, führt allerdings im Vergleich zur Basisversion zu recht erheblichen quantitativen Unterschieden in den Steady-state-Werten.
- Die unterstellte Bandbreite an Werten für die Arbeitsmarktelastizität der Lohnforderungen (S13) führt zu keinen Unstabilitäten. Die Endwerte unterscheiden sich nur wenig von denen der Basisversion.
- Auch eine im Vergleich zur Basisversion um ein Vielfaches ansteigende Zinselastizität der Investitionen (S14) bewirkt keine Stabilitätsprobleme und keine ausschlaggebenden Unterschiede in den langfristigen Gleichgewichtswerten.
- Veränderungen in der Einkommenselastizität der Investitionsnachfrage (S15, S16) führen im Rahmen der gewählten Bandbreite zu kaum veränderten Steady-state-Werten und zu keinen Stabilitätsproblemen.
- Die Bedeutung der Vermögensabhängigkeit der Absorption für die Stabilität bei bondfinanzierter expansiver Fiskalpolitik zeigt sich wie zu erwarten (S17, S18). Eine sinkende Vermögenselastizität erhöht die Anpassungsdauer an das neue Gleichgewicht und das Reaktionsausmaß fast aller Variablen. Im Extremfall — bei einer Vermögenselastizität gegen Null — wird das System unstabil, das Staatsbudget erreicht keinen Ausgleich.
- Die unterstellte Bandbreite für die Reallohnelastizität der Arbeitsnachfrage (S19, S20) beinhaltet keine unstabilen Reaktionen. Die Endwerte zeigen jedoch deutliche Unterschiede zur Basisversion.
- Die tendenziell mehr monetaristischem Verhaltensmuster entsprechenden Parameterwerte (S21) bewirken im hier unterstellten Ausmaß keine Instabilität. Allerdings sind im Vergleich zur Basisversion ein verlängerter Anpassungszeitraum an das neue Steady-state-Gleichgewicht, quantitativ sehr viel ausgeprägtere Veränderungen der monetären Variablen, geringere Outputeffekte sowie stärkere Fluktuationen im Anpassungsprozeß zu verzeichnen. (Auf den veränderten Anpassungsprozeß wird noch kurz unter Kapitel 5.1.1 eingegangen.)

— Auch die veränderten Substitutionsbeziehungen zwischen den einzelnen Vermögensanlagen zeigen das zu erwartende Ergebnis (S22). Je höher die Substituierbarkeit zwischen in- und ausländischen Wertpapieren und je geringer die Zinselastizität der Geldnachfrage sind, desto stärker sind die Schwankungen aller Variablen im Anpassungsprozeß, desto länger dauert es, bis ein neues Steady-state-Gleichgewicht erreicht ist und desto ausgeprägter sind die Langfrist-Veränderungen der monetären Variablen. Unter der gewählten Parameterkonstellation ist das System jedoch auch hier nach wie vor stabil. (Vgl. auch hierzu noch die Ausführungen unter Kapitel 5.1.1.)

Die Sensitivitätsanalyse zeigt, daß das vorliegende Modell relativ robust auf Parametervariationen reagiert, so daß für eine weite Bandbreite von Parameterkombinationen Stabilität des Systems unterstellt werden kann, und sich in diesen Fällen die Endergebnisse auch jeweils nur quantitativ, *nie* aber qualitativ unterscheiden.

Trotzdem sind unstabile Konstellationen ohne exakte Kenntnis aller Parameterwerte nicht generell auszuschließen. Die hier dargestellten unstabilen Fälle (S4, S9, S18) sind jedoch dadurch gekennzeichnet, daß sich die Unstabilität erst nach einer recht beträchtlichen Anzahl von Perioden entscheidend auswirkt. (Vgl. Abb. 1a bis 1d, 2a bis 2d, 3a bis 3d.) In den ersten Perioden ergeben sich störungsbedingte Schwankungen aller Variablen im mit stabilen Konstellationen vergleichbaren Ausmaß, die sich zunächst sogar wieder weitgehend abbauen. Erst ab der 80. Periode (in Test S9 und S18) bzw. ab der 100. Periode (in Test S4) beginnen die Variablen sich vom Stabilitätspfad zu entfernen und sich explosiv zu entwickeln.

Obwohl der in dieser theoretischen Simulation verwendeten Periodisierung keine eindeutigen Werte bezüglich der Realität zuzuordnen sind, so mag aus der numerischen Spezifikation der Verhaltensparameter und z. B. des Zinssatzes eine Periodenlänge von 1 - 2 Monaten plausibel erscheinen. Entwicklungstendenzen, die erst nach 80 - 100 Perioden auftreten, sind daher eher als langfristig einzustufen, und die Entwicklungen in den ersten Perioden sind als für die praktische Konjunkturpolitik relevanter zu erachten. Selbst im unstabilen Fall wird aber — wie aus Abb. 1 bis 3 ersichtlich — zunächst eine weitgehend stabile Absorbierung des Fiskalimpulses erreicht[68]. Die u. U. später auftretenden explosiven Reaktionen dagegen werden erst zu einem Zeitpunkt aktuell, der möglicherweise *außerhalb* des Planungshorizontes der wirtschaftspolitischen Entscheidungsträger liegt.

---

[68] Die in *ökonometrischen* Modellen abgebildeten Anpassungsprozesse beinhalten im übrigen auch nicht unbedingt langfristig ausgeglichene Staatsbudgetsalden. So weist das DIW-Modell z. B. „Selbstfinanzierungsquoten“ erhöhter Staatsausgaben im Zeitablauf von minimal 20% bis maximal 80% aus. Damit würde kein neues Steady-state-Gleichgewicht erreicht werden, d. h. hiermit würde eine theoretisch unstabile Konstellation gekennzeichnet werden. Vgl. Zwiener (1983).

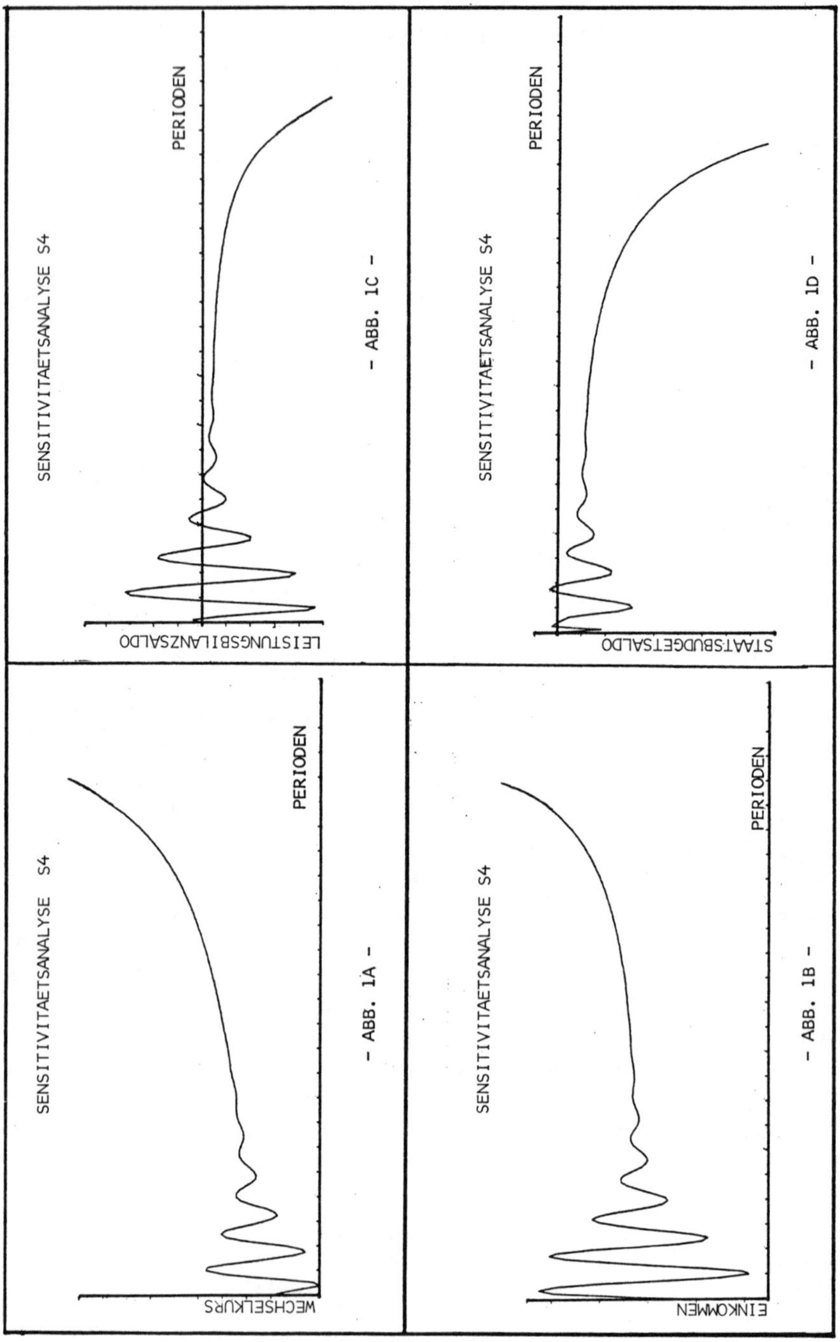
SENSITIVITAETSANALYSE S4
PERIODEN
LEISTUNGSBILANZSALDO
- ABB. 1C -
SENSITIVITAETSANALYSE S4
PERIODEN
STAATSBUDGETSALDO
- ABB. 1D -
SENSITIVITAETSANALYSE S4
PERIODEN
WECHSELKURS
- ABB. 1A -
SENSITIVITAETSANALYSE S4
PERIODEN
EINKOMMEN
- ABB. 1B -

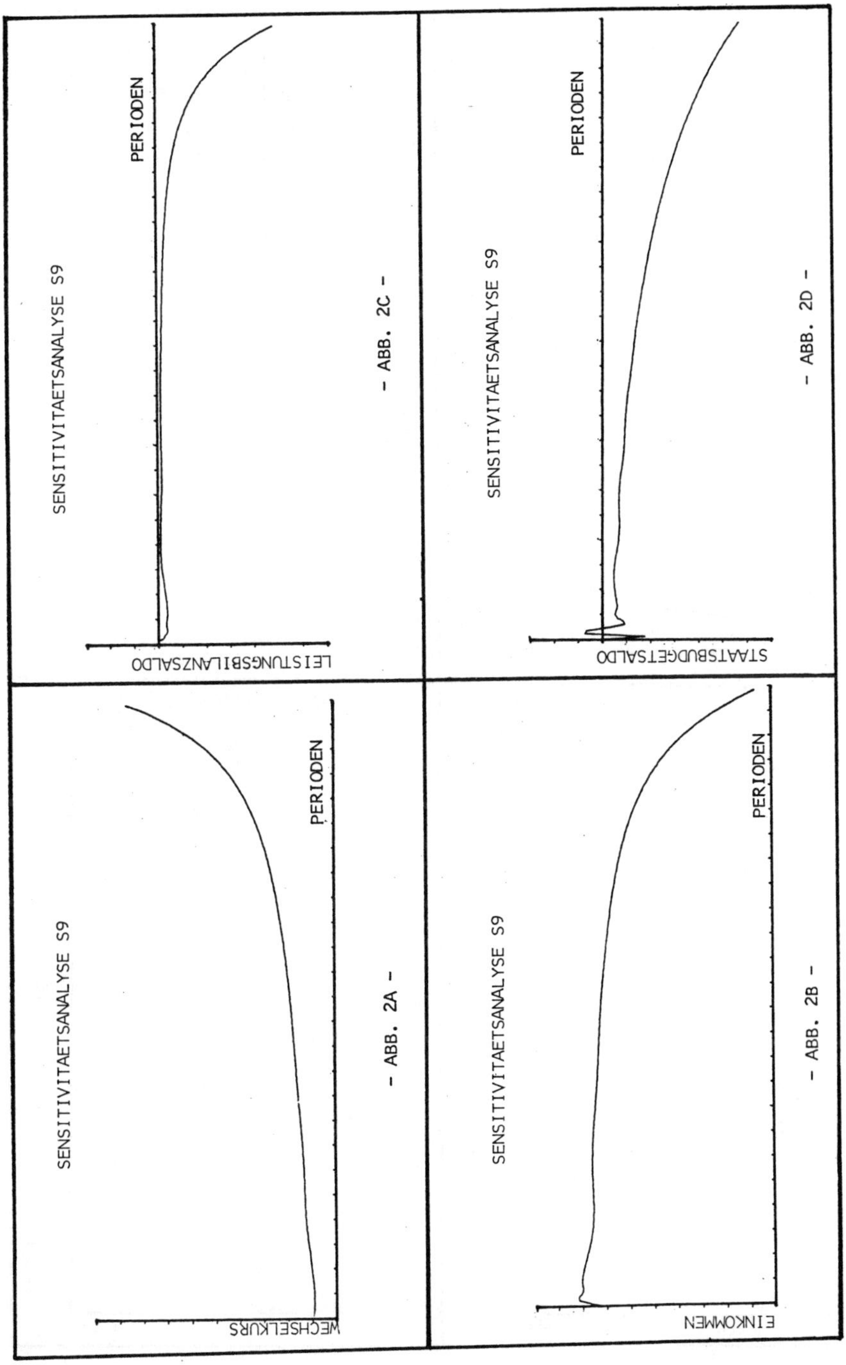
SENSITIVITAETSANALYSE S9
PERIODEN
LEISTUNGSBILANZSALDO
- ABB. 2C -
SENSITIVITAETSANALYSE S9
PERIODEN
STAATSBUDGETSALDO
- ABB. 2D -
SENSITIVITAETSANALYSE S9
PERIODEN
WECHSELKURS
- ABB. 2A -
SENSITIVITAETSANALYSE S9
PERIODEN
EINKOMMEN
- ABB. 2B -

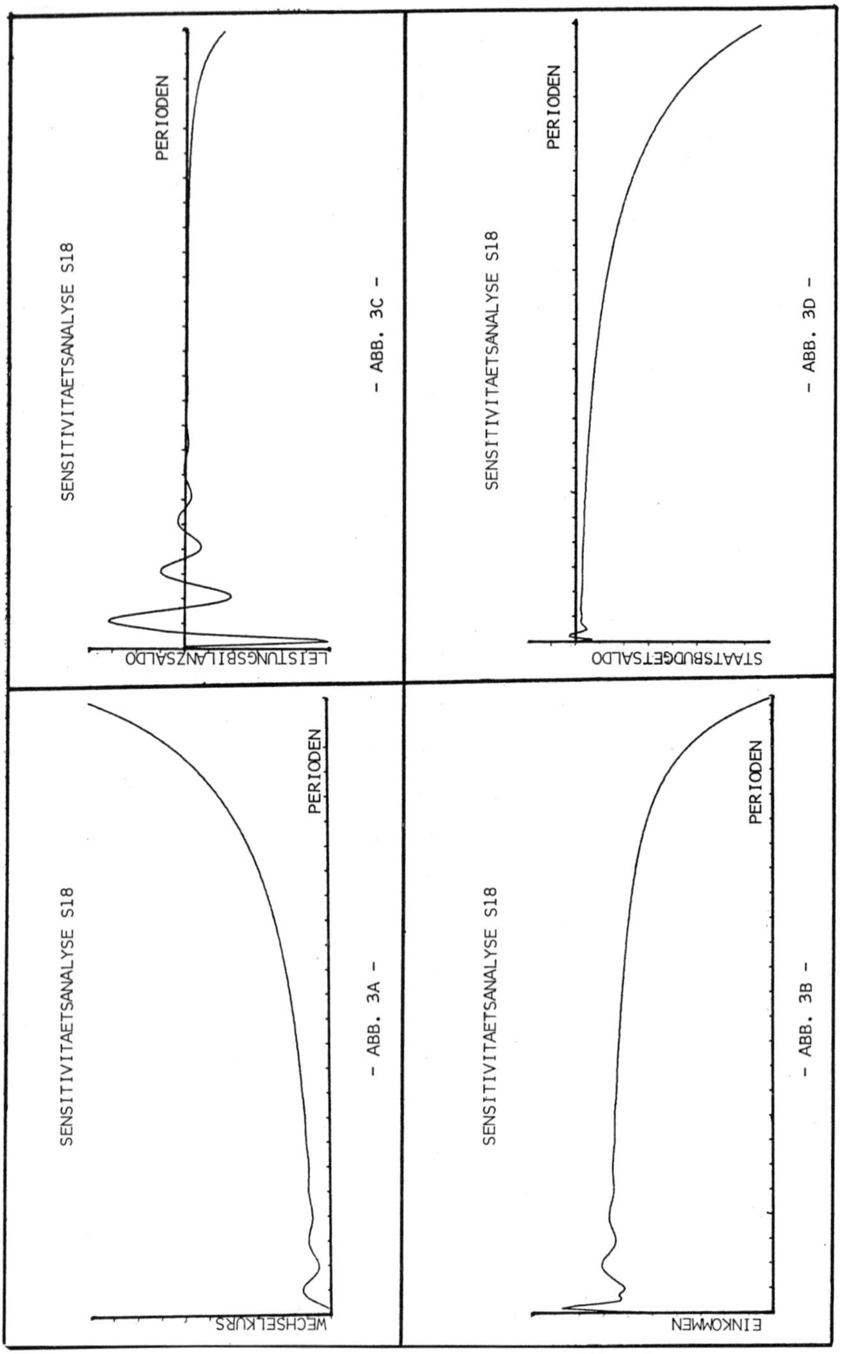
SENSITIVITAETSANALYSE S18
PERIODEN
WECHSELKURS
- ABB. 3A -
SENSITIVITAETSANALYSE S18
PERIODEN
EINKOMMEN
- ABB. 3B -
SENSITIVITAETSANALYSE S18
PERIODEN
LEISTUNGSBILANZSALDO
- ABB. 3C -
SENSITIVITAETSANALYSE S18
PERIODEN
STAATSBUDGETSALDO
- ABB. 3D -

Als Grundlage für wirtschaftspolitische Entscheidungsprozesse mag daher wahrscheinlich eher der *erste* Zeitraum der Verarbeitung eines exogenen budgetpolitischen „Schocks" von Interesse sein und nicht die Langfrist-Analyse eines — *theoretisch* erreichbaren oder nicht erreichbaren — steady state.

Da zudem nicht davon ausgegangen werden kann, daß sowohl die unterstellten Verhaltensparameter als auch die exogenen Politikparameter vollkommen unabhängig von der Stabilität des ökonomischen Systems sind, mag eine eventuelle explosive Entwicklung der ökonomischen Variablen ggf. auch zu stabilisierenden Reaktionen in den Verhaltensfunktionen der Wirtschaftssubjekte oder in den Politikmaßnahmen des Staates führen[69] (natürlich sind generell auch destabilisierende Veränderungen der Verhaltensparameter denkbar).

Auch wenn die Problematik möglicher langfristiger Instabilitäten des Systems keineswegs bedeutungslos ist, sei im folgenden daher dieser Aspekt nicht weiter verfolgt. Die Aussagen des vorliegenden Modells beziehen sich vorrangig auf den Analyserahmen eines kurz- bis mittelfristigen Planungshorizonts, der durch Stabilität des ökonomischen Systems gekennzeichnet sei[70].

Für die Aussagekraft der Modellergebnisse ist jedoch nicht nur von Bedeutung, daß Parametervariationen möglichst keine unstabilen Reaktionen hervorrufen, sondern auch, daß bei Stabilität nur quantitative und keine qualitativen Unterschiede in den Resultaten auftreten. Auch dies ist allerdings durch den Sensitivitätstest weitgehend abgesichert.

---

[69] Vgl. z. B. zu Möglichkeiten der „Regelbindungen" in der Budgetgestaltung Jaeger (1982).

[70] Eine andere Methode zur Ausschaltung der Problematik unstabiler Reaktionsverläufe wenden Camilleri/Nguyen/Campbell (1984) an. In ihrem Modell ist das mit einem bestimmten exogenen Schock verbundene neue Gleichgewicht durch einen Sattelpunkt gekennzeichnet, der dadurch erreicht wird, daß das System sofort aufgrund „rationaler Erwartungen" auf den einen stabilen Pfad hin zum Sattelpunkt „springt" und die unstabilen Pfade (positive Wurzeln) damit automatisch eliminiert werden (S. 134ff.).

Fünftes Kapitel

Binnen- und außenwirtschaftliche Auswirkungen budgetpolitischer Aktivitäten

Die Darstellung der Simulationsergebnisse für die verschiedenen Politikszenarien erfolgt zum einen durch graphische Abbildung der *kurz*- und *mittel*fristigen Zeitpfade verschiedener Variablen, zum anderen durch Erfassung der Steady-state-Endwerte der wichtigsten Systemgrößen, die durch die Werte der 200. Periode repräsentiert werden[1].

Dabei sollen allerdings die Interpretationsmöglichkeiten der langfristigen Gleichgewichtswerte nicht überschätzt werden. Wie schon bei der Diskussion um die Stabilitätseigenschaften des Modells festgestellt wurde, werden die Steady-state-Endwerte erstens unter der längerfristig *praktisch* irrelevanten „ceteris-paribus"-Bedingung und zweitens für einen Zeitpunkt, der zumeist außerhalb des Planungshorizonts wirtschaftspolitischer Entscheidungsträger liegt, ermittelt. Der Aussagegehalt dieser langfristigen Gleichgewichtswerte soll sich im folgenden daher weitgehend darauf beschränken, die langfristige Entwicklungs*tendenz* zu beschreiben, der die ökonomischen Variablen nach der anfänglichen, recht diffizilen „Störungs"-Verarbeitung folgen. Hierzu dient Tabelle 3, die einen Überblick über die Anfangswerte und die Endgleichgewichtswerte für die verschiedenen Modellversionen gibt.

Das größere Interesse gilt jedoch den „Impact-Effekten" und dem *mittel*fristigen Anpassungsverlauf des ökonomischen Systems, wobei die Analyse des Schwankungsausmaßes wichtiger Zielgrößen und die Erfolgsbeurteilung der fiskalpolitischen Maßnahmen innerhalb eines ersten, *begrenzten* Zeitraums von Bedeutung sind. Bei der Erfassung des Schwankungsausmaßes der endogenen Variablen wird dabei für den Vergleich der Wechselkursschwankungen neben der graphischen Darstellung noch ein weiteres Meßkonzept entwickelt. Als Beurteilungskriterium für die Fluktuationen des Wechselkurses während des ersten Zeitraums der Störungsverarbeitung[2] wird die durchschnittliche Streu-

---

[1] Hierbei ist festzuhalten, daß — wie die Abbildungen zeigen — das steady state zumeist schon nach etwa 15-25 Perioden weitgehend erreicht ist. Es werden also nicht 200 Perioden zur Anpassung benötigt. Zur Abgrenzung gegenüber den unstabilen Fällen, die zunächst sich relativ stabilisierende und erst später destabilisierende Reaktionen zeigen, wurden die Anpassungsreaktionen jedoch über 200 Perioden verfolgt, um die Konstanz der Steady-state-Werte zu dokumentieren.

[2] Für die Charakterisierung des Zeitraums der „Impact-Effekte" werden die ersten 10 Perioden betrachtet.

ung des aktuellen Wechselkurses um den — rational erwarteten — späteren neuen Gleichgewichtswechselkurs ermittelt.

Schwankungsmaß des Wechselkurses (VARE):

$$VARE = \sum_{t=1}^{10} (e_t - \tilde{e})^2/10$$

Um den *stabilitäts*politischen Erfolg fiskalpolitischer Maßnahmen für einen ersten begrenzten Zeitraum abzuschätzen, wird eine „Effizienz-Meßzahl" bezüglich der Realeinkommensentwicklung berechnet. Sie ergibt sich aus der Summe der in den ersten 10 Perioden jeweils entstandenen Differenzen zwischen aktuellem Realeinkommen und Anfangswert des Realeinkommens.

Effizienzmaß stabilisierungspolitischer Aktivitäten (EFFYR):

$$EFFYR = \sum_{t=1}^{10} (Y_t^r - Y_0^r)$$

Da starke Wechselkursfluktuationen vielfach als negativ eingestuft werden — z. B. aufgrund möglicher Verunsicherungen bei den Außenhändlern oder der Gefahr destabilisierender Spekulation[3] — werden schließlich in einer dritten Kennziffer „Kosten" der Budgetpolitik — in Höhe der Wechselkursschwankungen — dem „Nutzen" der Budgetpolitik (Steigerungsmaß des Realeinkommens) gegenübergestellt[4].

„Relatives" Schwankungsmaß des Wechselkurses (VARREL):

$$VARREL = VARE/EFFYR$$

Die folgenden Ausführungen beziehen sich nun zunächst auf budgetpolitische Aktivitäten, die mit einer Ausdehnung der Staatsquote verbunden sind[5].

5.1 Ausdehnung der Staatsquote

Der *vergleichenden* Analyse unterschiedlicher budgetpolitischer Maßnahmen ist zunächst eine detaillierte Darstellung der (in der Sensitivitätsanalyse mit Basisversion bezeichneten) Modellversion 1 voranzustellen, die auch im folgenden zumeist als Referenzszenario herangezogen wird.

---

[3] Im vorliegenden Modell ist die Gefahr destabilisierender Spekulation zwar durch die Annahme langfristig rationaler Erwartungen ausgeschlossen, in der Realität sind jedoch — vor allem kurzfristig — auch destabilisierende Reaktionen vorstellbar.

[4] Es liegen hier also keine Zeit*punkt*-bezogenen Kennziffern vor, die sich auf einen „in the long run" zu erreichenden Gleichgewichtswert stützen, sondern Beurteilungsmaßstäbe, die einen ersten, für die Stabilitätspolitik vielleicht relevanten Zeit*raum* abdecken.

[5] Vgl. zur Einordnung der verschiedenen Simulationen Übersicht IV dieser Arbeit.

Tabelle 3:
Steady-state- Werte der Simulationsläufe

	Periode	e	P	tot	r	w	S	LBS	V	△ B/r
Ausgangs-gleichgewicht	1	1.000	1.000	1.000	.0050	1.0000	.00	.00	.0	-
Version 1	200	1.048	1.039	.991	.0059	1.0153	.00	.00	-252.6	1096.9
Version 2	200	1.045	1.013	.969	.0063	1.0061	.00	.00	-341.8	1814.4
Version 3	200	1.029	1.025	.996	.0056	1.0224	.00	.00	-160.1	687.6
Version 4	200	1.058	1.023	.967	.0064	1.0145	.00	.00	-377.5	2191.2
Version 5	200	1.065	1.037	.974	.0064	1.0153	.00	.00	-371.8	2062.0
Version 6	200	1.059	1.034	.976	.0062	1.0139	.00	.00	-336.6	1867.2
Version 7	200	.985	1.001	1.016	.0045	.9999	.00	.00	116.6	-923.1
Version 8	200	.985	1.001	1.017	.0045	.9998	.00	.00	117.3	-927.0
Version 9	200	1.070	1.040	.972	.0065	1.0164	.00	.00	-399.8	2217.4
Version 10	200	1.004	1.005	1.000	.0052	1.0053	.00	.00	- 35.9	209.4
Version 11	200	1.018	1.013	.995	.0053	.9929	.00	.00	- 59.3	198.3
Version 12	200	1.052	1.040	.988	.0060	1.0157	.00	.00	-476.6	1375.4
Version 13	200	1.049	1.014	.966	.0063	1.0066	.00	.00	-567.3	2115.2

Tabelle 3: Fortsetzung

	Periode	W	Q	AL	I	K^{pr}	Y^r	Y^{rv}	v
Ausgangs-gleichgewicht	1	15000.0	9925.0	1500	.00	9925.0	10900.0	8900.0	.000
Version 1	200	15909.1	10188.4	1341	.00	9993.8	11131.3	8942.8	.230
Version 2	200	16608.6	10427.2	1453	.00	10073.8	11344.4	9137.2	.188
Version 3	200	15515.7	9951.1	1282	.00	9912.0	11118.2	8915.3	.233
Version 4	200	16874.5	10245.5	1305	.00	9996.7	11161.7	9150.7	.172
Version 5	200	16727.9	10167.0	1352	.00	9967.3	11085.7	9086.4	.180
Version 6	200	16565.3	10145.3	1365	.00	9963.4	11069.0	9070.1	.180
Version 7	200	14229.9	9943.0	1491	.00	9953.4	10944.4	8748.7	.126
Version 8	200	14226.9	9942.6	1491	.00	9953.4	10944.0	8748.4	.126
Version 9	200	16857.5	10184.0	1342	.00	9970.4	11099.0	9099.2	.180
Version 10	200	15140.2	9914.6	1505	.00	9911.1	10894.3	8888.6	.136
Version 11	200	15189.2	10164.6	1557	.00	10007.2	10918.0	8929.8	.224
Version 12	200	15972.3	10192.7	1338	.00	9993.8	11129.8	8938.7	.346
Version 13	200	16683.1	10432.2	1450	.00	10073.9	11342.6	9132.5	.268

5.1.1 Wachsende Staatsnachfrage durch Erhöhung unproduktiver staatlicher Investitionen

Version 1 erfaßt die Auswirkungen einer Ausdehnung der Staatsquote durch eine einmalige anhaltende Erhöhung unproduktiver staatlicher Investitionen — eine Analysekonstellation, von der die meisten Ansätze zur Fiskalpolitik in offenen Volkswirtschaften ausgehen. Der Anstieg der Staatsnachfrage ist dabei real bemessen, so daß der Nominalwert der exogenen Erhöhung staatlicher Investitionsausgaben von Variationen des Preisniveaus beeinflußt wird ($\Delta G^I \cdot P_t$). Bezüglich der Finanzierung wird unterstellt, daß der Staat zu Anfang der ersten Periode Kredite in voller Höhe der zusätzlichen Staatsnachfrage aufnimmt. In den folgenden Perioden erfolgt die staatliche Nettokreditaufnahme (oder Schuldentilgung) zu Anfang jeder Periode jeweils nach Maßgabe des Staatsbudgetsaldos zu Ende der Vorperiode. Abb. 4a bis 4h zeigen den Anpassungsverlauf ausgewählter gesamtwirtschaftlicher Größen für diesen Simulationsrahmen.

(1) Impact-Entwicklung

Die Wechselkursentwicklung ist in der ersten Periode allein durch die Veränderungen auf den Finanzmärkten geprägt, d.h. durch das zur Budgetfinanzierung erhöhte Angebot an inländischen Staatspapieren, die hierdurch induzierte Zinsanpassung und die im Rahmen semi-rationaler Wechselkurserwartungen sich bildende Wechselkursänderungsrate[6]. Gütermarktabhängige Einflüsse auf die Leistungsbilanz und damit auf den Devisenmarkt wirken sich jeweils erst in der Folgeperiode aus.

In der ersten Periode steigt der Wechselkurs kräftig an, bleibt aber noch unter dem neuen Steady-state-Wert (vgl. Abb. 4a und Tab. 3)[7]. Es konkurrieren hierbei zinsbedingte Senkungstendenzen (aufgrund des inländischen Zinsanstiegs) mit vermögensbedingten und aufwertungserwartungsbedingten Anstiegstendenzen, wobei die Vermögenseffekte (aufgrund des inländischen Vermögenszuwachses durch die Ausgabe von Staatspapieren) und die Aufwertungser-

---

[6] Der Steady-state-Wechselkurs, der im Rahmen der semi-rationalen Wechselkurserwartungshypothese die kurzfristige Wechselkursänderungserwartung mitbestimmt, ist höher als der Anfangswechselkurs: $\tilde{e} = e_{t=200} > e_{t=0}$. Allerdings gilt:

$$d\hat{e}_{t=1} = \gamma \cdot (\tilde{e} - e_{t=1}) / e_{t=1} \gtrless 0, \text{ da } e_{t=1} \lessgtr \tilde{e}.$$

Da der Steady-state-Wechselkurs im vorliegenden Modell schon zu Anfang bekannt sein muß, erfolgt seine Bestimmung jeweils durch einen vorgelagerten Simulationslauf mit der Hypothese adaptiver Wechselkurserwartungen. Da die unterschiedlichen Wechselkurshypothesen nur Einfluß auf den Anpassungsverlauf, nicht aber auf die langfristige Gleichgewichtslösung haben, kann der hieraus ermittelte Steady-state-Wechselkurs dann in den Simulationslauf mit der semi-rationalen Erwartungshypothese „eingespeist" werden.

[7] Da in Abb. 4 nur die ersten Perioden graphisch verdeutlicht sind, hat es den Anschein, als ob ein overshooting auch gegenüber dem langfristigen Gleichgewichtswert vorläge. Doch steigt der Wechselkurs in den Folgeperioden noch sukzessive weiter an, bis der in Tab. 3 erfaßte Steady-state-Wert erreicht ist.

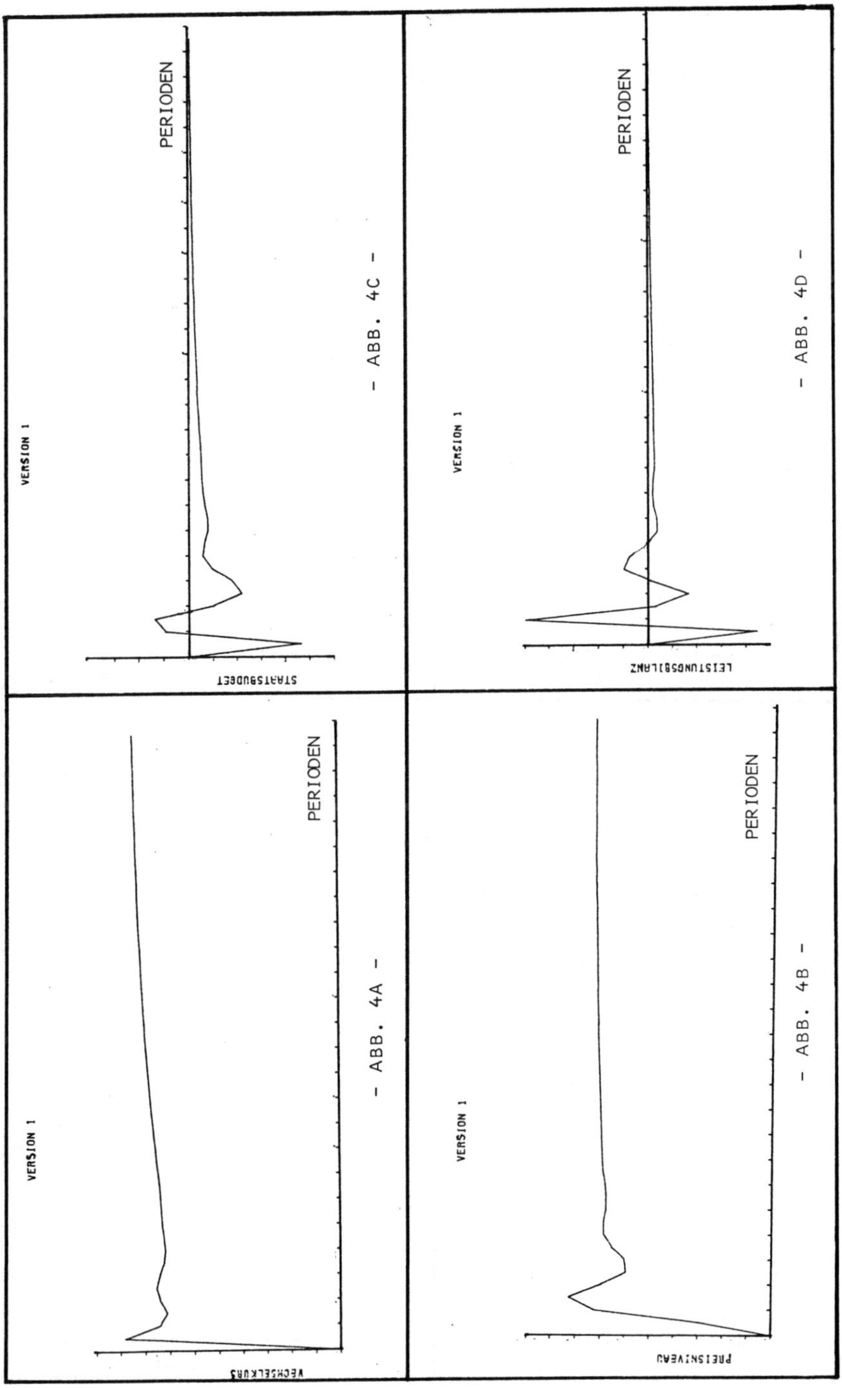
VERSION 1
PERIODEN
STAATSBUDGET
- ABB. 4C -
VERSION 1
PERIODEN
LEISTUNGSBILANZ
- ABB. 4D -
VERSION 1
PERIODEN
WECHSELKURS
- ABB. 4A -
VERSION 1
PERIODEN
PREISNIVEAU
- ABB. 4B -

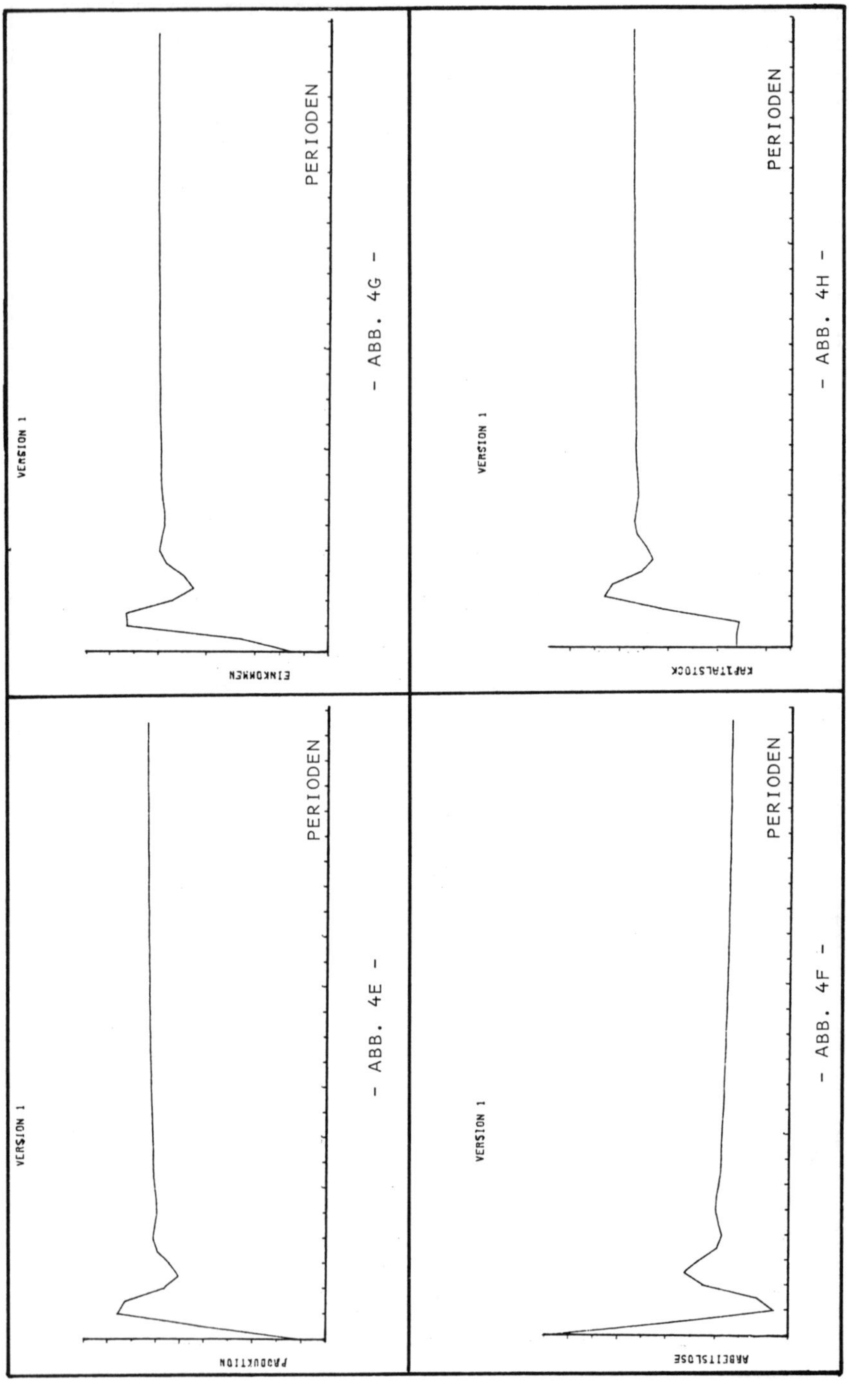

- ABB. 4G -

- ABB. 4H -

- ABB. 4E -

- ABB. 4F -

wartung (durch den sofortigen Anstieg des — rational erwarteten — langfristigen Wechselkurses) die Wechselkursentwicklung hier dominieren. Die Aufwertung erhöht jedoch den Importwert in inländischer Währung und bewirkt damit eine sofortige wertbedingte Leistungsbilanzverschlechterung (J-Kurven-Effekt), die durch einen entsprechenden Nettokapitalimport kompensiert werden muß. Der Wechselkurs steigt dann genau so lange, bis die verbleibende Aufwertungserwartung zu gering ist, um in Verbindung mit der vermögensbedingten Mehrnachfrage nach ausländischen Wertpapieren die zinsinduzierte Mehrnachfrage nach inländischen Assets vollkommen zu kompensieren. Damit entsteht ein Nettokapitalimport, der dem Leistungsbilanzdefizit entspricht.

Eine niedrigere Zinselastizität internationaler Kapitalbewegungen, eventuell verbunden mit einer höheren Zinselastizität der Geldnachfrage, kann allerdings auch zu einem so starken Wechselkursanstieg führen (die Tendenz zu zinsinduzierten Nettokapitalimporten ist dann geringer), daß ein overshooting über den Steady-state-Wechselkurs resultiert. Nun ist die vermögensbedingte Mehrnachfrage nach ausländischen Assets so groß, daß sogar noch eine Abwertungserwartung induziert werden muß, um zusammen mit den inländischen Zinssteigerungen Nettokapitalimporte in Höhe des Leistungsbilanzdefizits zu erzeugen.

Dem kräftigen Anstieg des Wechselkurses in der 1. Periode folgt in den nächsten beiden Perioden eine teilweise Rücknahme der Aufwertungstendenz. Diese resultiert aus einem inländischen Leistungsbilanzüberschuß in der 2. Periode und einer vermögensbedingt sinkenden Nachfrage[8] nach ausländischen Assets, was beides die Nettodevisennachfrage senkt. Hinzu kommen in der 3. Periode noch weitere (einkommens- und preisbedingte) Zinssteigerungstendenzen, die den Wechselkurs negativ beeinflussen. Die Zinsentwicklung ist dann allerdings auch wiederum verantwortlich für die erneute Umkehr der Wechselkursentwicklung in der 4. Periode, in der wieder ein leichter Anstieg des Wechselkurses zu beobachten ist.

Der anfängliche Preisniveauanstieg (Abb. 4b) hat seine Ursache in der gestiegenen Staatsnachfrage und den hierdurch induzierten multiplikativen Nachfragewirkungen; die gegenläufige Entwicklung ab der 4. Periode ist Folge des gewachsenen privaten Kapitalstocks, der das Angebotspotential ausdehnt, und der ab der 4. Periode einkommensbedingt rückläufigen Nachfrage. Während der expansive staatliche Nachfrageimpuls zunächst positive Produktions- und Beschäftigungseffekte beinhaltet (Abb. 4e und 4f), führt die zinsbedingt abnehmende Investitionsnachfrage und eine sinkende vermögensabhängige Konsumnachfrage[9] ab der 3. Periode zu einer rückläufigen Produktion. Diese wiederum bewirkt zusammen mit einer sich zunächst noch verstärkenden

---

[8] Das Vermögen ist in Periode 2 durch das Leistungsbilanzdefizit der Vorperiode wieder gesunken.

[9] Das — konsumbeeinflussende — *reale* Vermögen sinkt ab der 2. Periode — zunächst wegen des starken Preisanstiegs sowie des leistungsbilanzdefizitbedingten Rückgangs des Nominalvermögens und danach wegen der staatlichen Budgetüberschüsse.

Kapitalintensivierung (der Kapitalstock reagiert erst mit zweiperiodiger Verzögerung auf Outputveränderungen) erneut steigende Arbeitslosenzahlen.

Das Staatsbudget gerät zunächst erwartungsgemäß in ein Defizit, das allerdings wegen der einkommensabhängigen Steuermehreinnahmen kleiner ausfällt als die anfängliche Ausgabenerhöhung. In der Folgeperiode wird aufgrund des kräftigen multiplikatorbedingten weiteren Einkommensanstiegs sogar ein Budgetüberschuß erzielt, der sich jedoch im weiteren Verlauf durch den Einkommensrückgang wieder in ein Defizit verwandelt. Das Leistungsbilanzdefizit der 1. Periode ist allein der wechselkursbedingten Verteuerung der Importe zuzurechnen, der darauffolgende Überschuß hat seine Ursache in der Terms-of-trade-Verschlechterung der 1. Periode. Für die in der 3. und 4. Periode wieder auftretenden Defizite der Leistungsbilanz sind Preis- und Einkommensanstieg der 2. und 3. Periode verantwortlich.

Auch die weiteren (abnehmenden) zyklischen Schwankungen aller Variablen ergeben sich entsprechend der bisherigen Darstellung aus unterschiedlichen Lag-Strukturen der Verhaltenshypothesen und den Multiplikator- und Akzeleratorwirkungen. Die mittelfristigen Anpassungen erfolgen dabei in Schwankungen um einen sich jeweils asymptotisch dem neuen langfristigen Gleichgewichtswert annähernden stetigen Trend.

In diesem Zusammenhang sei noch kurz auf die unterschiedlichen Anpassungsreaktionen bei den in den Sensitivitätstests S 21 und S 22 unterstellten Parameterkombinationen eingegangen. Anhand der zuvor definierten Kennziffern lassen sich die dort sehr viel heftigeren monetären Fluktuationen für die ersten 10 Perioden quantitativ erfassen. Zugleich zeigt sich, daß diese beiden Varianten auch mit kurzfristig schon sehr viel geringeren Outputeffekten verbunden sind.

	Schwankungsmaß des Wechselkurses: VARE (. 10^{-2})	Effizienzmaß der Realeinkommens-wirkung: EFFYR	„Relatives" Schwankungsmaß des Wechselkurses: VARREL (. 10^{-5})
Basis	0,0135	1611,8	0,0084
S 21	0,0619	257,6	0,2402
S 22	0,1335	1282,6	0,1041

Im späteren Vergleich verschiedener fiskalpolitischer Strategien sei jedoch nur noch Bezug auf die Parameterkonstellation der Basisversion genommen. Das Interesse gilt dann ja den Unterschieden in den Reaktionsverläufen in Abhängigkeit vom jeweiligen fiskalpolitischen Impuls. Diese wiederum dokumentieren sich — jedenfalls innerhalb der in den Sensitivitätstests unterstellten Parameterbandbreiten — unabhängig von der (allen zu vergleichenden Simulationsläufen gleichermaßen) zugrunde gelegten spezifischen Parameterkonstellation.

(2) Langfrist-Analysen

Die neuen langfristigen Gleichgewichtswerte zeigen eindeutig positive Produktions-, Einkommens- und Beschäftigungseffekte. Gegenüber der realen Staatsausgabenerhöhung von 200 steigt die Produktion um etwa 263, das Realeinkommen um 231, und die Arbeitslosenzahl sinkt um etwas mehr als 10%[10]. Das reale *verfügbare* Einkommen der privaten Haushalte erhöht sich allerdings um weniger. Da im neuen langfristigen Gleichgewicht das Staatsbudget wieder ausgeglichen ist, muß der Anstieg der Staatsausgaben durch höhere Steuern oder verringerte Transferausgaben finanziert worden sein, d.h. das private verfügbare Einkommen muß c.p. um diesen Betrag verringert worden sein. Dem höheren Realeinkommen aufgrund höherer Produktion und Mehreinstellung von Arbeitskräften stehen also die verringerten Transfers an private Haushalte (Rückgang an Arbeitslosengeld) und höhere Einkommen- und Mehrwertsteuerzahlungen entgegen.

Das inländische Zinsniveau ist zwar gestiegen, doch führt der Akzeleratoreffekt dazu, daß der Kapitalstock trotzdem gewachsen ist. Das höhere inländische Zinsniveau bedingt zugleich eine höhere *Bestands*nachfrage ausländischer Anleger nach inländischen Wertpapieren. Diese negative Tendenz auf das Nettoauslandsvermögen ($V < 0$) wird nur teilweise durch den vermögensabhängigen Anstieg der *Bestands*nachfrage nach ausländischen Wertpapieren kompensiert. Die verbleibende Verschlechterung der Nettoauslandsposition zeigt an, daß im Anpassungszeitraum passive Leistungsbilanzsalden überwogen haben, die durch entsprechende Nettokapitalimporte finanziert wurden.

Der Anstieg des Gesamtvermögens geht auf den gewachsenen Realkapitalstock und die im Zuge von Budgetdefiziten neu ausgegebenen Bonds zurück. Die zeitweiligen Budgetüberschüsse, die höhere Nettoauslandsverschuldung und die durch die Zinssteigerung repräsentierten Kursverluste verringern zwar das Gesamtvermögen, doch dominieren die erstgenannten positiven Effekte. Das Verhältnis der Veränderung der Nettoauslandsverschuldung zur Neuverschuldung des Staates beträgt etwa 23%[11]. Da Staatspapiere und private Wertpapiere als vollkommene Substitute angenommen werden, kann natürlich nicht festgestellt werden, in welchem Umfang tatsächlich *staatliche* Auslandsverschuldung vorliegt bzw. inwieweit das Ausland *private* Wertpapiere gekauft hat.

---

[10] Eine Intensivierung des fiskalpolitischen Impulses (Verdoppelung von $\Delta G = 200$ auf $\Delta G = 400$; Proportionalitätsfaktor von 2) führt im übrigen wegen der Nicht-Linearitäten im Modell zu überproportionalen Veränderungen der Variablen. Dabei ist der positive Proportionalitätsfaktor bei den monetären Größen höher als bei den realen Variablen (*tot:* 2,193; *W:* 2,167; *e:* 2,143; *P:* 2,111 im Vergleich zu Y^r: 2,040; *Q:* 2,038; *K:* 2,020). Ein ähnliches Ergebnis findet sich bei Dieckheuer (1978), S. 265.

[11] Das Verhältnis der Veränderung der Nettoauslandsverschuldung zur Neuverschuldung des Staates wird durch den Koeffizienten v wiedergegeben, der sich aus $v = |\Delta V| \cdot r / \Delta B$ berechnet.

Mit der inländischen Produktionsausdehnung ist auch ein Preisniveauanstieg verbunden. Die Aufwertung des Wechselkurses (=Abwertung der heimischen Währung) ist jedoch ausgepräger, so daß sich eine Verschlechterung der inländischen terms of trade ergibt. Diese Verbesserung der internationalen Wettbewerbsfähigkeit ist notwenig, um eine ausgeglichene Leistungsbilanz zu gewährleisten, da allein einkommens- und vermögensbedingt ein Leistungsbilanzdefizit induziert würde[12].

Im folgenden sollen diese Ergebnisse der Basisversion den Resultaten alternativer fiskalpolitischer Impulse gegenübergestellt werden.

5.1.2 Alternative Gestaltung wachsender Staatsnachfrage bei temporärer Staatsverschuldung

Der Simulationslauf einer Erhöhung staatlicher unproduktiver Investitionen wird nun zunächst verglichen mit einer gleichwertigen Erhöhung staatlicher produktiver Investitionen (Version 2) sowie dem Fall eines entsprechenden Anstiegs des Staatskonsums (Version 3). In allen drei Szenarien erfolgt die Finanzierung der induzierten temporären Ausgabenüberschüsse über staatliche Kreditaufnahme.

Bei dieser vergleichenden Analye ist zu beachten, daß Staatskonsum und unproduktive staatliche Investitionen nur als Komponente der staatlichen Endnachfrage eine Rolle spielen, während die produktiven staatlichen Investitionen auch den Kapitalstock erhöhen und damit die private Angebotsseite beeinflussen. Um auch dafür ein Steady-state-Gleichgewicht analysieren zu können, wird in Version 2 unterstellt, daß die zusätzlichen staatlichen Investitionen nur bis zur 60. Periode produktiven Charakter tragen, danach sich jedoch nicht mehr kapitalstockerweiternd auswirken. Hierdurch ist es möglich, sowohl die kurzfristige Unterscheidung in rein nachfragewirksame und nachfrage- *und* angebotswirksame Effekte staatlicher Budgetpolitik zu erfassen als auch die Auswirkungen (temporärer) staatlicher Kapitalstockerweiterungen auf das langfristige Bestandsgleichgewicht zu untersuchen[13].

---

[12] Unter der Annahme vollkommener internationaler Kapitalmobilität müßte im steady state die Leistungsbilanz nicht ausgeglichen sein, sondern es müßten sich nur die Vermögenseffekte von Staatsbudgetsaldo und Leitungsbilanzsaldo gegenseitig kompensieren. Unter dieser Bedingung gelangen Camilleri/Nguyen/Campbell (1984) zu dem Ergebnis einer langfristigen *Abwertung* des Wechselkurses, die allerdings zusammen mit einem Einkommens- und Vermögensanstieg zu einem langfristigen Leistungsbilanzdefizit führt, dem ein Staatsbudgetdefizit gegenübersteht.

[13] Vgl. hierzu auch Kap. 4.2.4 dieser Arbeit.

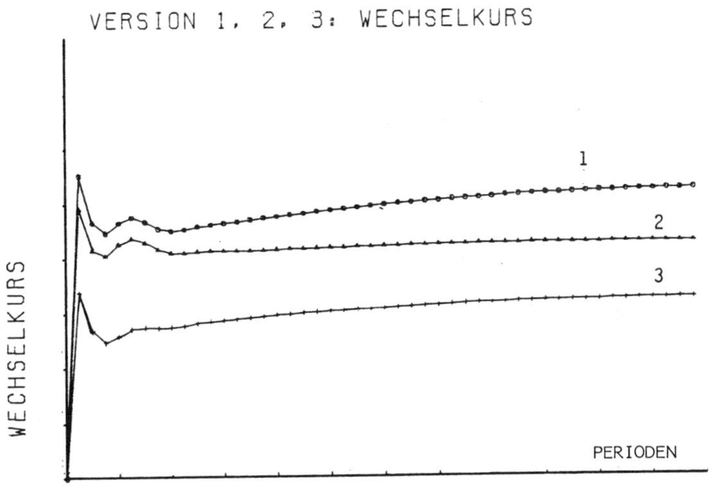
VERSION 1, 2, 3: WECHSELKURS
WECHSELKURS
PERIODEN
1
2
3

- ABB. 5A -

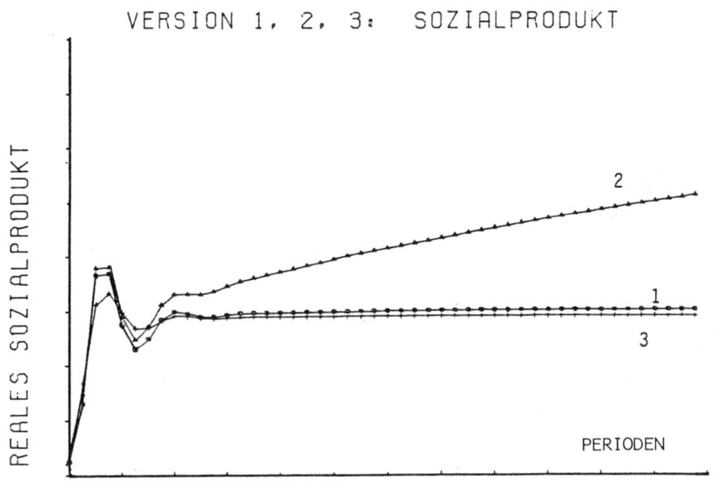
VERSION 1, 2, 3: SOZIALPRODUKT
REALES SOZIALPRODUKT
PERIODEN
2
1
3

- ABB. 5B -

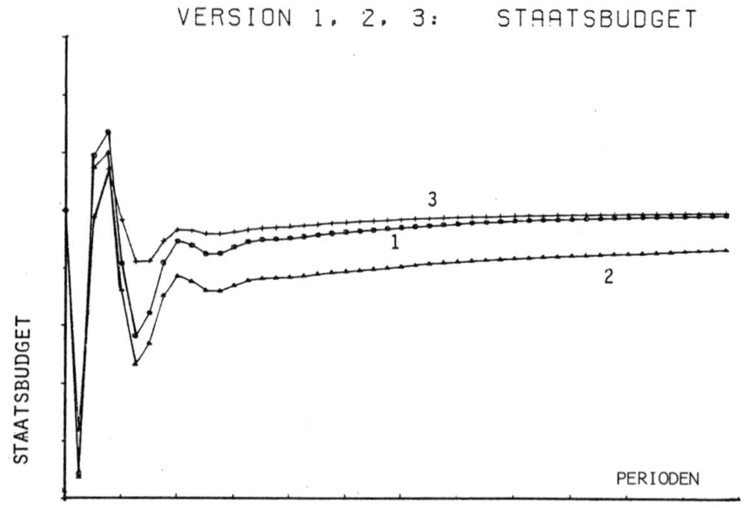
VERSION 1, 2, 3: STAATSBUDGET
STAATSBUDGET
3
1
2
PERIODEN

- ABB. 5C -

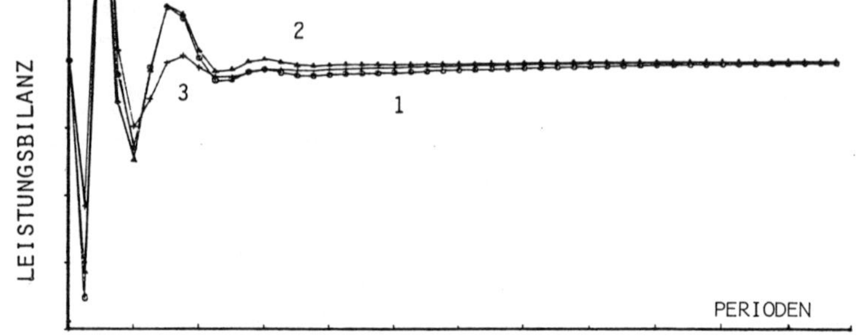
VERSION 1, 2, 3: LEISTUNGSBILANZ
LEISTUNGSBILANZ
2
3
1
PERIODEN

- ABB. 5D -

(1) Kurz- und mittelfristige Unterschiede in den Anpassungsverläufen

Abb. 5a zeigt die unterschiedlichen Wechselkursreaktionen für die drei alternativen Formen einer Ausdehnung der Staatsnachfrage. Während die Reaktions*richtungen* zunächst kaum differieren, weichen die *Ausmaße* des primären Wechselkursimpulses erheblich voneinander ab. (Vgl. hierzu auch die Differenzen in der Kennziffer VARE in Tab. 4.)

Tabelle 4:
Indikatoren der Wechselkurs- und Realeinkommenswirkungen im Anfangszeitraum

	VARE: * $\sum_{t=1}^{10} (e_t-\tilde{e})^2/10$	EFFYR: $\sum_{t=1}^{10} (Y_t^r-Y_o^r)$	VARREL: ** VARE/EFFYR
Version 1	0,0135	1611,8	0,0084
Version 2	0,0132	1806,2	0,0073
Version 3	0,0064	1693,6	0,0038
Version 4	0,0500	654,9	0,0764
Version 5	0,0372	536,4	0,0694
Version 6	0,0295	553,2	0,0533
Version 7	0,0066	982,7	0,0068
Version 8	0,0064	958,4	0,0067
Version 9	0,0442	518,5	0,0853
Version 10	0,0010	-266,3	-0,0037
Version 11	0,0012	-29,5	-0,0411
Version 12	0,0494	1731,9	0,0285
Version 13	0,0496	1920,5	0,0258

*: — $\cdot 10^{-2}$; **: $\cdot 10^{-5}$;

Hierbei ist zu berücksichtigen, daß durch die semi-rationale Wechselkurserwartungshypothese die primäre Wechselkursreaktion schon durch den langfristigen Gleichgewichtswert mitgeprägt ist. Aus der Analyse der Basisversion ist bekannt, daß in der ersten Periode die Portfolioeffekte des steigenden Bondbestands die Wechselkursreaktion bestimmen. Der Wechselkurs steigt an, bis zins- und abwertungserwartungsbedingte Nettokapitalimporte die vermögensbedingte Mehrnachfrage nach ausländischen Wertpapieren soweit überkompensieren, daß ein Kapitalbilanzüberschuß entsteht, der dem wechselkursinduzierten Leistungsbilanzdefizit entspricht. Bei gleichen anfänglichen Zins- und Vermögenseffekten unterscheiden sich dabei die notwendigen Abwertungserwartungen (*Differenz* zwischen aktueller Aufwertung und langfristig erwarteter Aufwertung) nur wenig. Damit werden durch die unterschiedlichen langfristigen

Wechselkursentwicklungen die Unterschiede in der Primärreaktion (aktuelle Aufwertung) weitgehend vorgegeben[14, 15].

Anders als die Wechselkurseffekte unterscheiden sich die — in den Graphiken nicht erfaßten — Preiseffekte in der ersten Periode *qualitativ*. Während höhere staatliche Investitionsausgaben direkt zu einem preissteigernden Nachfrageüberhang nach privat erstellten Gütern führen, wirken sich erhöhte Ausgaben für den Staatskonsum (Mehreinstellung von Staatsbediensteten) erst in der Folgeperiode über einen Anstieg der induzierten Konsumnachfrage auf das Preisniveau aus.

Der Anstieg des realen Sozialprodukts in der Impact-Periode ist in Version 3 am höchsten. Dem Sozialproduktanstieg infolge höherer Produktion staatlicher Investitionsgüter bzw. infolge der durch höheren staatlichen Konsum repräsentierten Mehrerstellung öffentlicher Güter steht eine aufwertungsbedingte *Reduktion* des Realeinkommens gegenüber. Da die Aufwertung (der fremdländischen Währung) in Version 3 am geringsten ist, resultiert hier zunächst der höchste reale Sozialproduktszuwachs (vgl. Abb. 5b).

In den Folgeperioden einer multiplikatorbedingten Verstärkung des Einkommenseffektes erweisen sich die in den Versionen 1 und 2 erfaßten Politiken zeitweise expansiver und zeitweise weniger expansiv als die in Version 3 unterstellte Maßnahme. Erst in der langfristigen Entwicklung zeigt sich ein eindeutig positiverer Einkommenseffekt — vor allem bei Version 2. Für die unterschiedlichen Entwicklungen sind zum einen die unterschiedlichen Wechselkurseffekte mit ihren Auswirkungen auf die Leistungsbilanz verantwortlich. Zum anderen sind sie auf Unterschiede im *verfügbaren* Einkommen zurückzuführen, das für die private Nachfrage mitentscheidend ist.

Da der Anstieg des Staatskonsums im hier zugrundegelegten Modellansatz allein durch zusätzlich eingestellte öffentliche Bedienstete erfolgt, sinken entsprechend die Arbeitslosenzahlen und die damit verbundenen Transferzahlungen. Das verfügbare Einkommen steigt demnach nur im Ausmaß der Differenz zwischen Lohnsatz und Sozialhilfesatz. Die Ausdehnung staatlicher Investitionen dagegen führt im vollen Umfang der Mehrproduktion auch zu steigenden Einkommen. Andererseits erhöhen sich die Verbraucherpreise in Version 3 aufgrund des geringeren Wechselkursanstiegs weniger, so daß dies wiederum für eine günstigere Realeinkommensentwicklung als in den anderen beiden Versionen spricht.

Für den Zeitraum der ersten 10 Perioden *insgesamt* ergibt sich, daß Version 2 die höchsten Realeinkommenseffekte erzielt, Version 3 aber noch vor Version 1 rangiert (vgl. Tab. 4, Kennziffer EFFYR). Die hohen Einkommenswirkungen in

---

[14] Je größer die aktuelle Aufwertung allerdings ist, desto größer ist auch das Leistungsbilanzdefizit, das durch einen entspechenden Nettokapitalimport kompensiert werden muß; dies setzt wiederum eine desto höhere Abwertungserwartung voraus.

[15] Zur Langfrist-Entwicklung der Wechselkurse vgl. die Ausführungen in Kap. 5.1.2.

Version 2 sind auf die preissenkende Kapazitätsausdehnung infolge der produktiven staatlichen Investitionen zurückzuführen. Die günstigere Entwicklung in Version 3 im Vergleich zur Version 1 kann u.a. durch die anfangs stärkere Differenz in der Wechselkursentwicklung erklärt werden. Die aufwertungsbedingte Realeinkommenssenkung ist in Version 3 sehr viel geringer als in Version 1.

Setzt man die durch die staatliche Politikmaßnahme in den ersten 10 Perioden ausgelösten Wechselkursschwankungen in Relation zum erzielten Realeinkommensanstieg (Kennziffer VARREL in Tab. 4), so ist die Budgetpolitik in Version 3 mit den *relativ* geringsten „Nebenwirkungen" verbunden.

Der durch eine Erhöhung des Staatskonsums ausgelöste stärkere Abbau der Arbeitslosigkeit verringert zugleich auch in stärkerem Maße die staatlichen Transferzahlungen, so daß das temporäre Staatsdefizit in Version 3 sehr viel geringer ist als in den Vergleichssimulationen und auch schneller abgebaut wird (vgl. Abb. 5c).

(2) Unterschiedliche langfristige Entwicklungen

Die unterschiedlichen langfristigen Reaktionen der meisten Variablen sind weitgehend durch die unterschiedlichen Vermögensentwicklungen in den drei betrachteten Versionen geprägt[16].

Eine Ausdehnung des Staatskonsums durch Mehreinstellung öffentlicher Bediensteter ist mit einem relativ raschen Abbau des temporären Staatsdefizits verbunden, da der starke Rückgang an Arbeitslosen die Transferzahlungen entsprechend reduziert. Dies bedeutet eine relativ geringe Akkumulation an neuen Staatsschuldtiteln und damit einen geringen Vermögenszuwachs. Der letztendliche Vermögenszuwachs ist jedoch mitentscheidend für das Ausmaß der Konsum- und Importnachfrage und damit für die Einkommensentwicklung und die Leistungsbilanz. Je geringer Einkommens- und Vermögensanstieg sind, um so geringer sind der induzierte Importanstieg und die — für einen langfristigen Leistungsbilanzausgleich notwendige — Verschlechterung der terms of trade.

Letzteres ist auch die Erklärung für den vergleichsweise geringen langfristigen Anstieg des Wechselkurses.

Eine steigende Staatsnachfrage in Form höherer produktiver Investitionen führt zwar zu stark steigender privater Produktion, jedoch infolge höherer Kapitalintensität nur zu einem geringen Abbau der Arbeitslosigkeit. Die Sanierung des Staatshaushalts benötigt einen längeren Zeitraum, und entsprechend mehr steigt das Vermögen durch Ausgabe neuer Bonds. Das Einkommen muß letztendlich sehr viel mehr ansteigen als in der vorigen Version, um die nötigen Steuermehreinnahmen zu induzieren. Die Kapitalintensivierung ermöglicht einen mäßigen Preisanstieg. Für das langfristige Leistungsbilanzgleichge-

[16] Vgl. im folgenden Tabelle 3.

wicht ist eine kräftige Terms-of-trade-Verschlechterung erforderlich, die dazu führt, daß trotz des geringen inländischen Preisanstiegs der Wechselkurs einen sehr viel höheren Wert annimmt als bei steigendem Staatskonsum.

Der Vergleich mit den Wirkungen wachsender Ausgaben für unproduktive staatliche Investitionen kann auch als Vergleich zwischen verschiedenen Formen staatlicher Konsumausgaben angesehen werden. Da im vorliegenden Modell unter Staatskonsum nur Zahlungen an öffentliche Bedienstete erfaßt werden, müssen z. B. Ausgaben für laufenden Sachaufwand hier den unproduktiven staatlichen Investitionen zugeordnet werden, obwohl sie streng genommen zum Staatskonsum gehören[17].

Die Ergebnisse hinsichtlich Realeinkommensentwicklung, Vermögenszuwachs, Beschäftigungseffekt und Terms-of-trade-Entwicklung liegen zwischen denen einer Politik der Ausdehnung des öffentlichen Dienstes und denen einer Erhöhung produktiver staatlicher Investitionen. Der Preiseffekt ist wegen der höheren Nachfrage nach privat erstellten Gütern deutlicher als in Version 3 und auch höher als in Version 2, da dort die Angebotswirkungen der öffentlichen Investitionen die Preissteigerungstendenzen wachsender Nachfrage zum Teil auffangen. Um die für langfristiges Leistungsbilanzgleichgewicht notwendige Terms-of-trade-Verschlechterung zu gewährleisten, muß der Wechselkurs entsprechend kräftig ansteigen und hat somit den bisher vergleichsweise höchsten Wert.

(3) Vor- und Nachteile alternativer Formen wachsender Staatsnachfrage

Ein Vergleich der Versionen 1 bis 3 läßt folgende Aussagen über die Differentialwirkungen der alternativen Erhöhungen der Staatsnachfrage zu:

— Der primäre Wechselkursausschlag und die Streuung des Wechselkurses sind bei einer Ausdehnung der Beschäftigung im öffentlichen Dienst am geringsten.
— Der Realeinkommenseffekt ist bei einer Ausdehnung produktiver staatlicher Investitionen am höchsten. Im Anfangszeitraum ist der Realeinkommenseffekt bei einer Ausdehnung des öffentlichen Dienstes höher als bei vermehrten Sachmittelkäufen des Staates (unproduktiven staatlichen Investitionen), in der langen Frist dagegen ist es umgekehrt.
— Der Beschäftigungseffekt ist naturgemäß im Fall der Mehreinstellung öffentlicher Bediensteter am höchsten und bei vermehrten produktiven staatlichen Investitionen am geringsten[18].
— Das Anwachsen des Staatsschulden*stands* ist bei einer Politik der Ausdehnung produktiver staatlicher Investitionen am ausgeprägtesten, bei einer

[17] Vgl. Koetz (1983), S. 100ff., Gschwendtner (1980).

[18] So gelangt auch Lachmann (1982b) zum Ergebnis, daß trotz *positivem* Nachfragemultiplikator sogar ein *negativer* Beschäftigungseffekt (Beschäftigungs-crowding-out) resultieren kann, wenn durch höhere Staatsausgaben die Produktivität der Arbeit steigt.

Ausdehnung des öffentlichen Dienstes am geringsten. Die gleiche Entwicklung zeigt sich bei der (negativen) Reaktion des Nettoauslandsvermögens.

Je nach politischer Zielsetzung sind diese bisherigen drei budgetpolitischen Alternativen also unterschiedlich zu bewerten. Eine mehr beschäftigungsorientierte Budgetpolitik wird in einer Ausdehnung des Staatskonsums durch Mehreinstellung öffentlicher Bediensteter bestehen, mit allerdings nur geringem Realeinkommenszuwachs, aber relativ niedriger Staats- und Auslandsverschuldung und geringen Wechselkurswirkungen.

Eine rein wachstumsorientierte Zielsetzung wird einer Förderung produktiver staatlicher Investitionen den Vorzug geben — auf Kosten vergleichsweise höherer Arbeitslosigkeit, höherer Staatsschuld und höherer (privater und/oder staatlicher) Auslandsverschuldung. Allerdings beinhaltet der starke Realeinkommensanstieg die Möglichkeit einer eventuellen finanziellen *Kompensation* des unterbeschäftigten Faktors Arbeit durch vermehrte Umverteilung. Zugleich ist der *Anpassungs*zeitraum zwar durch höhere Leistungsbilanzdefizite gekennzeichnet als in den anderen beiden Versionen, doch zeigt die starke langfristige Terms-of-trade-Verschlechterung an, daß eine Ausdehnung produktiver staatlicher Investitionen die Exportwirtschaft überproportional stark fördert. Durch den relativ starken Anstieg des realen verfügbaren Einkommens und des Vermögens erhöht sich die Importnachfrage sehr, und entsprechend muß der Export für langfristiges Leistungsbilanzgleichgewicht expandieren.

5.1.3 Erhöhung staatlicher Transfers bei Konstanz der Realausgaben und temporärer Staatsverschuldung

In den Versionen 4, 5, und 6 werden alternative Formen staatlicher Transferpolitik analysiert (vgl. Abb. 6a bis 6d). Version 4 unterstellt eine staatliche Beschäftigungssubvention, die den von den Unternehmen zu zahlenden Lohnsatz entsprechend reduziert. Der Subventions*satz* ermittelt sich aus dem — in allen Simulationen gleichermaßen unterstellten — anfänglichen budgetpolitischen Impuls von 200, dividiert durch die Anzahl der beschäftigten Arbeitskräfte, wenn diese über ein vorgebenes Beschäftigungsminimum hinaus ansteigt. Mit steigender Zahl der Beschäftigten bleibt hier der *Gesamt*betrag der Unternehmenssubvention konstant, während der Subventions*satz* pro Arbeitsplatz variiert. Damit soll eine gewisse Vergleichbarkeit der einzelnen Versionen untereinander gewährleistet sein. (Wobei allerdings zu berücksichtigen ist, daß die Ausgaben für zusätzliche staatliche Investitionen oder zusätzlichen Staatskonsum mit steigendem Preis- bzw. Lohnniveau etwas über den Anfangsimpuls hinaus ansteigen. Jedoch ist das Ausmaß dieses Effektes nicht so gravierend, daß er die qualitativen Resultate beeinträchtigt.)

Version 5 untersucht eine Erhöhung autonomer Transfers an Haushalte, die in einer Verringerung des autonomen Steuerbetrags zum Ausdruck kommt. Version 6 erfaßt steigende Transferzahlungen an private Haushalte in Form eines erhöhten Sozialhilfesatzes für Arbeitslose. Abb. 6 beinhaltet der Übersichtlichkeit wegen nur den Fall der Unternehmenssubventionen und den der Transferzahlungen an private Haushalte aus Version 6 im Vergleich mit der Basisversion.

(1) Steigende staatliche Transfers im Vergleich zu steigender Staatsnachfrage

Eine Ausdehnung der Staatsquote zugunsten zusätzlicher Transferzahlungen führt in den Anfangsperioden zu einer sehr viel stärkeren Streuung des Wechselkurses und zu geringeren Realeinkommenseffekten (vgl. Tab. 4). Der expansive Impuls wirkt etwas verzögert erst über die — infolge des höheren verfügbaren Einkommens — steigende Konsumnachfrage und hat daher zunächst sehr viel geringere Multiplikatoreffekte als der direkte Nachfrageeffekt steigender Realausgaben.

Langfristig sind diese Unterschiede nicht mehr so deutlich, bzw. eine Politik der Beschäftigungssubventionen an Unternehmen erzielt sogar ein *höheres* Realeinkommen als eine Politik steigender staatlicher Investitionsausgaben (vgl. Tab. 3). Die relativ günstigere langfristige Position ist zum einen wieder auf die Vermögenseffekte zurückzuführen. Da im Falle der Transferzahlungen bei zunächst geringerem Realeinkommensanstieg auch das entstehende Budgetdefizit langsamer abgebaut wird, müssen mehr Staatsschuldtitel emittiert werden, und das private Vermögen steigt stärker. Dies wiederum führt zu höherer vermögensabhängiger Konsumnachfrage, die den Nachteil eines geringeren Anfangsimpulses teilweise kompensieren kann. Die Politik der Beschäftigungssubvention weist zum anderen daneben noch außerordentlich schwach steigende Preise auf (da die faktischen Lohnkosten der Unternehmen gesenkt werden), so daß der *Realwert* des ursprünglichen Fiskalimpulses vergleichsweise wenig geschmälert wird. Dieser Effekt ermöglicht in Verbindung mit dem hohen Vermögensanstieg eine langfristige Realeinkommenssteigerung, die den Wert in der Basisversion sogar übertrifft. Das reale *verfügbare* Einkommen ist allerdings bei *jeder* der drei Transfer-Politiken *langfristig* höher als in der Basisversion.

Die in allen Versionen der staatlichen Transfererhöhungen langfristig höhere Staatsschuld (verglichen mit der Basisversion) bedingt einen höheren inländischen Zinssatz. Damit verbunden ist eine höhere Bestandsnachfrage der Ausländer nach inländischen Wertpapieren, die sich in einer größeren Nettoauslandsverschuldung ausdrückt. Da der (negative) Wert des Nettoauslandsvermögens die vergangenen Nettokapitalimporte und entsprechenden Leistungsbilanzdefizite repräsentiert, zeigt sich hieraus, daß im Anpassungszeitraum bei staatlicher Transferpolitik höhere bzw. anhaltendere Leistungsbilanzdefizite vorliegen als bei der Erhöhung staatlicher Sachkäufe.

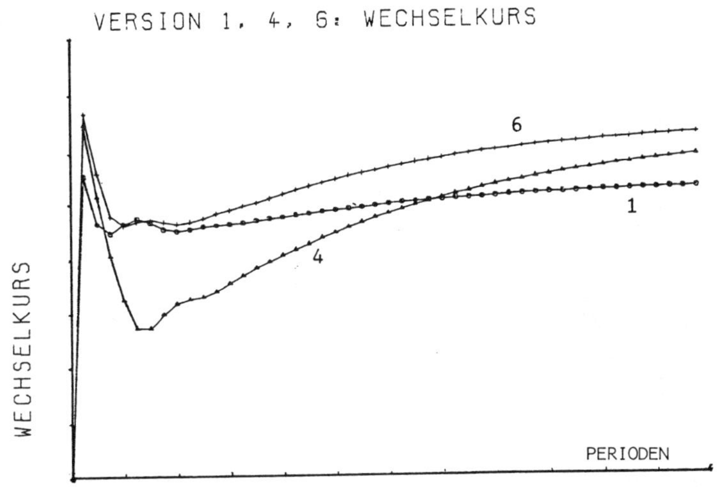
VERSION 1, 4, 6: WECHSELKURS
WECHSELKURS
6
1
4
PERIODEN

- ABB. 6A -

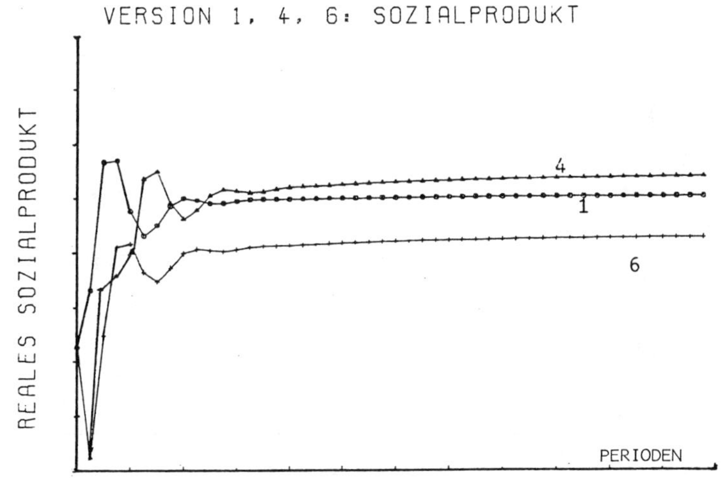
VERSION 1, 4, 6: SOZIALPRODUKT
REALES SOZIALPRODUKT
4
1
6
PERIODEN

- ABB. 6B -

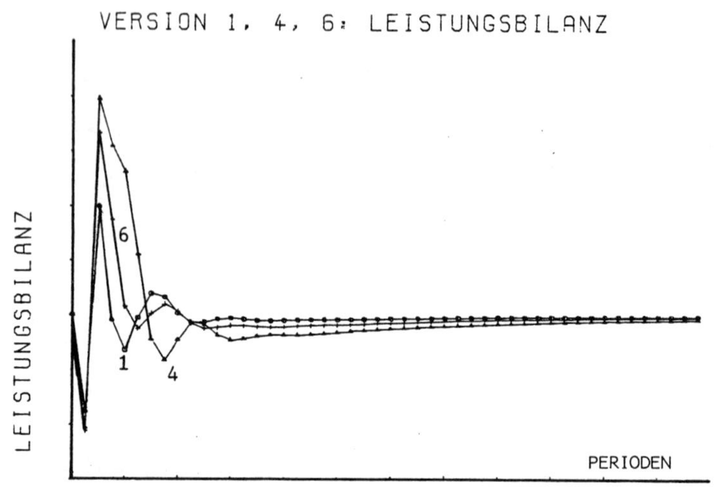
VERSION 1, 4, 6: LEISTUNGSBILANZ
LEISTUNGSBILANZ
6
1
4
PERIODEN

- ABB. 6C -

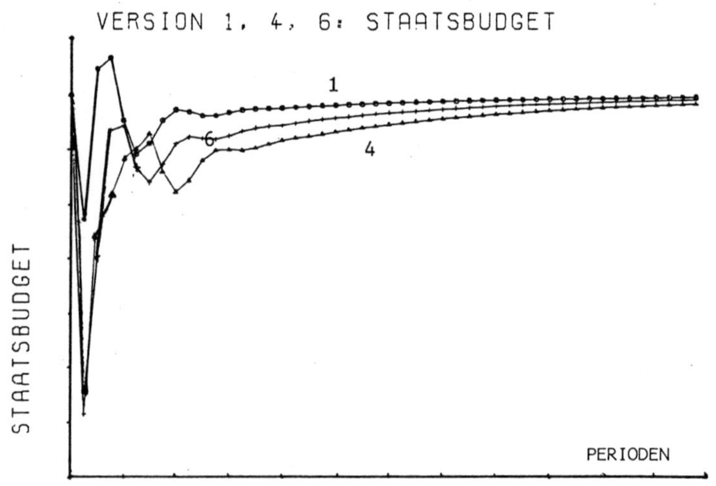
VERSION 1, 4, 6: STAATSBUDGET
STAATSBUDGET
1
6
4
PERIODEN

- ABB. 6D -

(2) Unternehmensubvention versus Transfer an private Haushalte

Die Unternehmenssubventionen haben sowohl kurzfristig als auch langfristig expansivere Wirkungen als die Transfers an private Haushalte. Kurzfristig ist dies auf anfänglich vergleichsweise hohe Leistungsbilanzüberschüsse zurückzuführen, die aus dem niedrigeren Preisniveau resultieren. Langfristig — bei tendenziell ausgeglichener Leistungsbilanz — kann dieser Effekt keine Rolle mehr spielen. Statt dessen baut sich jedoch das Budgetdefizit nur relativ langsam ab[19], so daß die Vermögenseffekte gegenüber den anderen Versionen kräftiger ausfallen. Diese sind Ursache des *länger*fristigen expansiveren Impulses.

Beim Vergleich der beiden alternativen Transferzahlungen an private Haushalte ist zu berücksichtigen, daß die Senkung des autonomen Steuerbetrags während des gesamten Analysezeitraums den gleichen Wert behält, während das Ausmaß des Fiskalimpulses eines höheren Sozialhilfesatzes mit sinkender Arbeitslosenzahl abnimmt und entsprechend auch das Budgetdefizit schneller zurückgeht. Hieraus ergeben sich langfristig in Version 5 etwas höhere Realeinkommens- und Vermögenseffekte als in Version 6. Da hiermit auch eine stärkere Preissteigerung und eine — für Leistungsbilanzgleichgewicht notwendige — stärkere Verschlechterung der terms of trade verbunden sind, resultiert in Version 5 auch ein kräftigerer Anstieg des Steady-state-Wechselkurses.

Insgesamt sind aus der Analyse staatlicher Transferzahlungen folgende Ergebnisse von Interesse:

— Der expansive Impuls ist in der *Anfangs*phase sehr viel geringer als bei direkter staatlicher Nachfragepolitik; *langfristig* ist diese Abweichung allerdings weniger ausgeprägt, und bei Beschäftigungssubventionen an Unternehmen können sogar stärkere Multiplikatoreffekte resultieren als in der Referenzversion.

— Die Streuung des Wechselkurses ist in den Anfangsperioden relativ hoch; langfristig wertet der Wechselkurs deutlich mehr auf als bei staatlicher Nachfragepolitik. Letzteres ist auf den stärkeren Vermögensanstieg, die hierdurch induzierte höhere Importnachfrage und die damit — für Leistungsbilanzausgleich — notwendige stärkere Terms-of-trade-Verschlechterung zurückzuführen.

— Die Nettoauslandsverschuldung ist — bedingt durch das im Vergleich zur Referenzversion höhere inländische Zinsniveau — größer. Damit liegt im Anpassungszeitraum eine stärkere Beeinträchtigung des expansiven Impul-

[19] Der langsamere Abbau des Budgetdefizits kann zum einen durch die relativ niedrige Preissteigerung erklärt werden. Der Staat präsentiert sich im vorliegenden Modell als „Inflationsgewinner“, indem die Einnahmenseite des Budgets enger mit Preissteigerungen verbunden ist als die Ausgabenseite. Je geringer die Preissteigerung ist, desto langsamer erfolgt damit c.p. der Abbau des Defizits. Zum anderen ermöglicht die Beschäftigungssubvention überproportional hohe Lohnabschlüsse, an die sich auch die Lohnzahlungen im öffentlichen Dienst anpassen müssen und damit eine Ausgabenexpansion bewirken.

ses durch Leistungsbilanzdefizite vor als bei einer Budgetpolitik wachsender Staatsnachfrage.

5.1.4 Erhöhung der Staatsnachfrage bei ausgeglichenem Budget (Budgetverlängerung)

Im folgenden wird eine Ausdehnung der Staatsquote untersucht, die nicht durch staatliche Kreditaufnahme, sondern durch Steuererhöhungen finanziert wird. Eine Erhöhung der Ausgaben für unproduktive staatliche Investitionen ist mit einer Erhöhung der autonomen Steuern (Version 7) bzw. mit einer entsprechenden Erhöhung des Einkommensteuer*satzes* (Version 8) verbunden. Abbildung 7 zeigt die Reaktionsverläufe im Vergleich mit der Basisversion.

Die Ergebnisse aus Tabelle 3 und 4 belegen, daß aus einer solchen Politik der „Budgetverlängerung" sowohl kurzfristig als auch langfristig positive Realeinkommenseffekte resultieren[20]. Während im Zeitraum der ersten 10 Perioden eine steuerfinanzierte Staatsausgabenerhöhung jedoch etwa 60% der Realeinkommenswirkungen einer kreditfinanzierten Staatsausgabenerhöhung (Basisversion) erreichen kann, sind die *langfristigen* Output- und Realeinkommenseffekte der Versionen 7 und 8 vergleichsweise gering: Die Outputsteigerung beträgt nur knapp 7% und die Realeinkommenssteigerung nur etwa 19% im Vergleich zur Basisversion. Dabei ist zwischen den Versionen 7 und 8 — also zwischen einer Erhöhung des autonomen Steuer*betrags* und eines gleichwertigen Anstiegs des Einkommenssteuer*satzes* — kaum ein Unterschied zu ersehen. Aus den Tabellen 3 und 4 sind nur geringfügige numerische Divergenzen erkennbar, die sich vor allem im Anfangszeitraum dokumentieren. Je stärker der Einkommensanstieg ist, um so stärker wirkt sich die Steuersatzerhöhung auf die Steuermehreinnahmen und die Beschneidung des verfügbaren Einkommens aus. In den ersten Perioden des relativ starken expansiven Impulses ist dieser daher bei Version 8 etwas weniger ausgeprägt.

Die langfristig vergleichsweise sehr viel schwächeren expansiven Impulse sind Folge des gesunkenen Vermögens. Das Vermögen nimmt ab, da das Staatsbudget im Gesamtzeitraum nie in eine Defizitposition gerät, sondern — vor allem am Anfang — recht erhebliche Überschüsse aufweist und sich entsprechend der Bestand an inländischen Staatspapieren reduziert. Zwar steigt der private Kapitalstock (zins- und akzeleratorbedingt) etwas an, und auch die Nettoauslandsposition entwickelt sich langfristig positiv (nach anfänglich einkommensabhängig starker Leistungsbilanzverschlechterung bilden sich später über einen

---

[20] Obwohl die in Version 7 betrachtete Budgetpolitik sich aus den in Version 1 und Version 5 (mit umgekehrten Vorzeichen) unterstellten Maßnahmen zusammensetzt, können die dort ermittelten Ergebnisse nicht einfach als Ergebnis für Version 7 addiert werden. Wegen der Nicht-Linearitäten im Modell sind die numerischen Resultate einer steuerfinanzierten Staatsausgabenerhöhung nicht exakt die Summe aus den Ergebnissen einer isolierten Staatsausgabenerhöhung und einer isolierten Steuererhöhung.

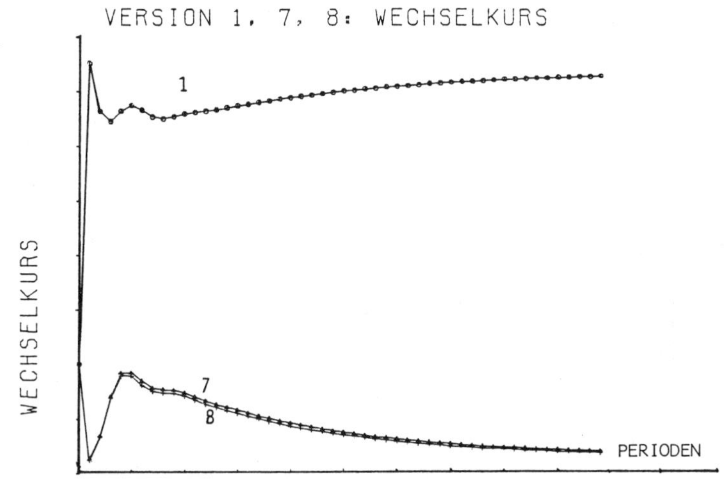
VERSION 1, 7, 8: WECHSELKURS
WECHSELKURS
1
7
8
PERIODEN

- ABB. 7A -

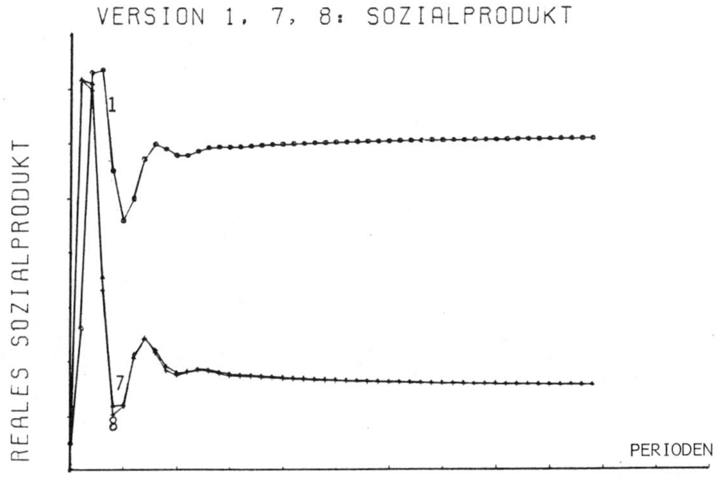
VERSION 1, 7, 8: SOZIALPRODUKT
REALES SOZIALPRODUKT
1
7
8
PERIODEN

- ABB. 7B -

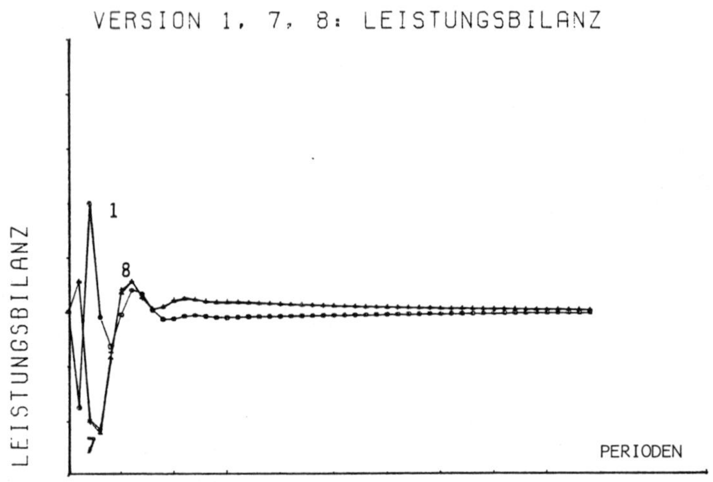
VERSION 1, 7, 8: LEISTUNGSBILANZ
LEISTUNGSBILANZ
1
8
7
PERIODEN

- ABB. 7C -

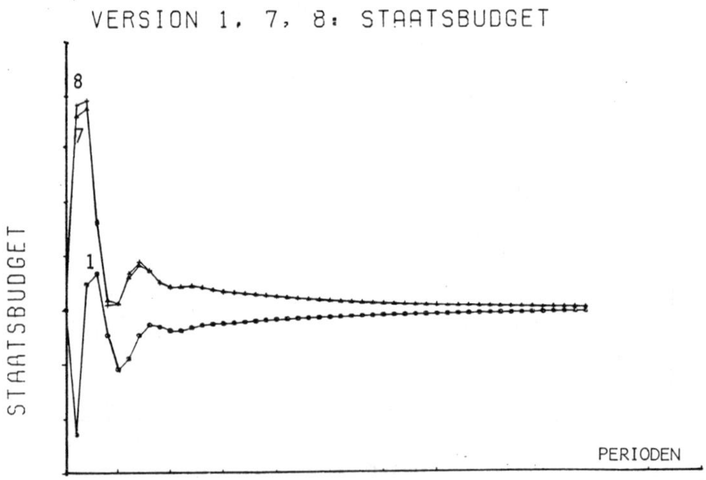
VERSION 1, 7, 8: STAATSBUDGET
STAATSBUDGET
8
7
1
PERIODEN

- ABB. 7D -

längeren Zeitraum hinweg Leistungsbilanzüberschüsse heraus), doch dominieren die staatlichen Budgetüberschüsse eindeutig die Vermögensentwicklung.

Der Anstieg des Realeinkommens ist weiterhin so gering, daß er die steuerinduzierte Verringerung des *verfügbaren* Einkommens nicht kompensieren kann. Langfristig steht dem exogenen Nachfrageanstieg aufgrund staatlicher Investitionsausgaben also sowohl eine vermögens- als auch einkommensbedingt sinkende *private* Nachfrage gegenüber, so daß Gesamtnachfrage und Produktion nur geringfügig steigen. Kurzfristig dagegen dominiert der expansive Impuls steigender *Staats*nachfrage, und der Rückgang privater Nachfrage ist allein steuerbedingt und tritt erst um eine Periode verzögert auf.

Der Steady-state-Wechselkurs ist niedriger als der Anfangswert: Für langfristiges Leistungsbilanzgleichgewicht muß eine Terms-of-trade-Verbesserung vorliegen, da das gesunkene verfügbare Einkommen und das gesunkene Vermögen alleine einen Leistungsbilanzüberschuß über sinkende Importnachfrage induzieren würden. Da das inländische Preisniveau nur wenig steigt, wird die Terms-of-trade-Verbesserung durch eine Aufwertung der heimischen Währung erreicht. Aufgrund der rationalen Wechselkurserwartungen sinkt der Wechselkurs daher auch schon in der ersten Periode kräftig ab, steigt jedoch infolge der Leistungsbilanzdefizite in den nächsten vier Perioden zunächst wieder etwas an. Das Ausmaß der Schwankungen des Wechselkurses im kurzfristigen Betrachtungszeitraum ist jedoch geringer als in der Basisversion.

Der Anstieg des Nettoauslandsvermögens bedeutet Leistungsbilanzüberschüsse und entsprechende Kapitalbilanzdefizite im Anpassungszeitraum. Im Endeffekt ist der Bestand ausländischer Wertpapiere im Inland gestiegen und/oder der Bestand inländischer Wertpapiere in ausländischer Hand gesunken. Verantwortlich für die veränderte Bestandsnachfrage ist der gesunkene inländische Zinssatz, der ausländische Aktiva attraktiver macht. Dieser Zinseffekt muß dabei den Vermögenseffekt überkompensieren, der isoliert für eine sinkende Nachfrage nach ausländischen Assets sprechen würde.

Zusammenfassend ist eine steuerfinanzierte Ausdehnung der Staatsquote durch folgende Hauptresultate gekennzeichnet:

— Der langfristige Vermögensrückgang ermöglicht über eine sinkende Geldnachfrage Zinssenkungen, die einen wachsenden Realkapitalstock bewirken. Der Produktions- und Realeinkommensanstieg führt aufgrund dieser Kapitalintensivierung nur zu einem minimalen Abbau der Arbeitslosigkeit.

— Im Anpassungszeitraum erlaubt die wachsende Kapitalintensität eine steigende Produktion bei nur geringem Preisanstieg. Da zudem der Wechselkurs zunächst wieder ansteigt, ist der internationale Wettbewerbsverlust gering, und die sinkende Importnachfrage (infolge niedrigeren Vermögens und niedrigeren verfügbaren Einkommens) dominiert über einen längeren Zeitraum hinweg die Leistungsbilanzentwicklung.

— Langfristig führt der einkommens- und vermögensbedingte Rückgang der Importe zu einem entsprechenden terms of trade-induzierten Rückgang der Exporte, d.h. zu negativen Auswirkungen auf die Exportgüterindustrie.

5.1.5 Erhöhung der Staatsnachfrage bei Defizitfinanzierung durch direkte staatliche Auslandsverschuldung

Die Analyse direkter staatlicher Auslandsverschuldung erfolgt unter der Prämisse, daß Ausländer inländische private und staatliche Wertpapiere nun *nicht* mehr als vollkommene Substitute betrachten, sondern die zur Finanzierung des staatlichen Ausgabenprogramms neu emittierten Staatsschuldtitel als besonders sichere und günstige Anlageform werten. Unter diesen Bedingungen entwickeln ausländische Anleger über die ursprüngliche Nachfrage nach inländischen Wertpapieren hinaus noch *zusätzliche* Nachfrage nach den neuen Staatsschuldtiteln. Die staatliche Auslandsverschuldung führt damit *nicht* in gleichem Umfang zu einem Rückgang privater Auslandsverschuldung. Im Modell wird dies durch eine entsprechende Erhöhung der autonomen ausländischen Nachfrage nach inländischen Wertpapieren berücksichtigt ($\Delta f_0^* > 0$).

Die Erhöhung der Staatsnachfrage erfolgt einmal in Form unproduktiver Investitionen (Version 12) und zum anderen in Form produktiver Investitionen (Version 13). In Abb. 8a bis 8d sind diese Simulationen im Vergleich mit der Basisversion dargestellt. Der Vergleich Inlandsverschuldung versus Auslandsverschuldung wird vor allem an der Gegenüberstellung von Version 1 und Version 12 bzw. von Version 2 und Version 13 deutlich. (Letzteres kann allerdings nur anhand der numerischen Resultate aus Tabelle 3 und 4 und durch Verbindung von Abb. 5 mit Abb. 8 erfolgen.)

Während sich bei realem Sozialprodukt und Staatsbudgetsaldo auch in den Anfangsperioden keine qualitativen Unterschiede in Abhängigkeit von der Finanzierungsstruktur (Inlands- oder Auslandsverschuldung) zeigen, ergeben sich für Wechselkurs und Leistungsbilanz je nach Gläubigerstruktur unterschiedliche Entwicklungen.

Trotz (rational erwartet) *langfristig* höherem Wechselkurs wertet die ausländische Währung *anfangs* bei staatlicher Auslandsverschuldung um sehr viel weniger auf als bei Inlandsverschuldung. Die zusätzlichen Kapitalimporte durch die direkte Abgabe der Staatspapiere an das Ausland müssen — für Devisenmarktgleichgewicht — großteils durch private Kapitalexporte kompensiert werden. Es kann nur ein Kapitalbilanzüberschuß in Höhe des anfänglich geringen Leistungsbilanzdefizits entstehen. Die privaten Kapitalexporte sind zunächst allein Folge einer Aufwertungserwartung bezüglich der ausländischen Währung. Vermögenseffekte treten noch nicht auf, da die neu ausgegebenen Bonds ja nicht zu *inländischen* Vermögenstiteln werden. Eine ausreichend hohe Aufwertungserwartung wiederum ist nur möglich, wenn der Wechselkurs in den Impact-Perioden weit unter seinem neuen Steady-state-Wert bleibt. In den

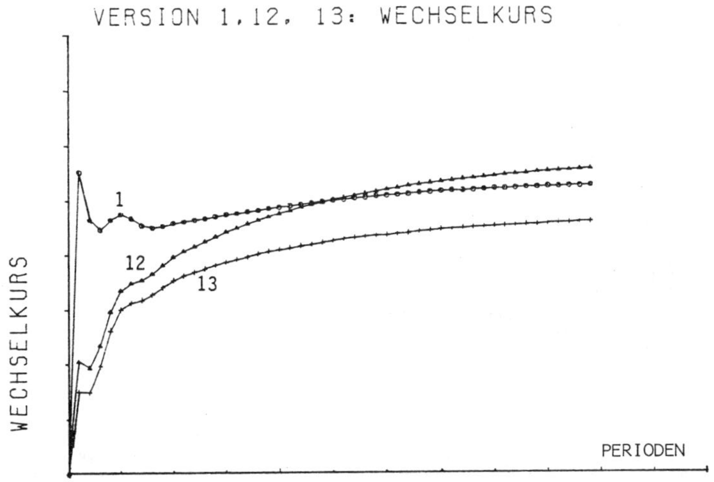
VERSION 1, 12, 13: WECHSELKURS
WECHSELKURS
1
12
13
PERIODEN

- ABB. 8A -

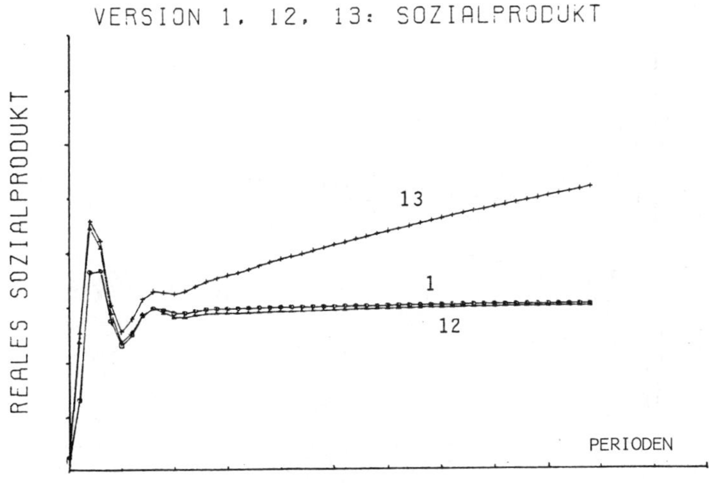
VERSION 1, 12, 13: SOZIALPRODUKT
REALES SOZIALPRODUKT
13
1
12
PERIODEN

- ABB. 8B -

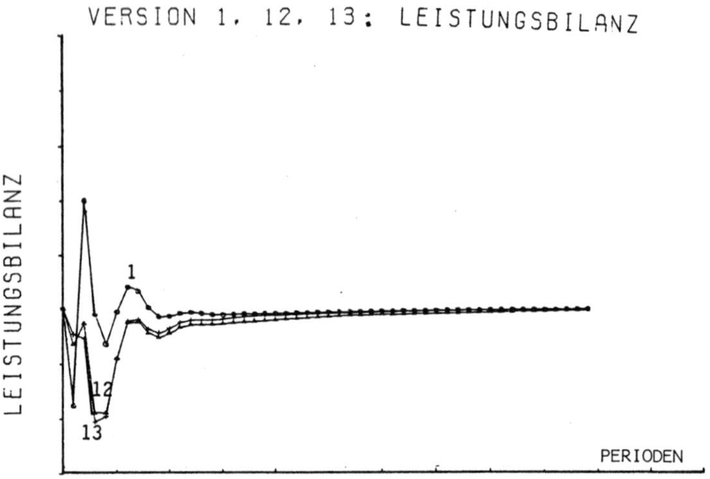
VERSION 1, 12, 13: LEISTUNGSBILANZ
LEISTUNGSBILANZ
1
12
13
PERIODEN

- ABB. 8C -

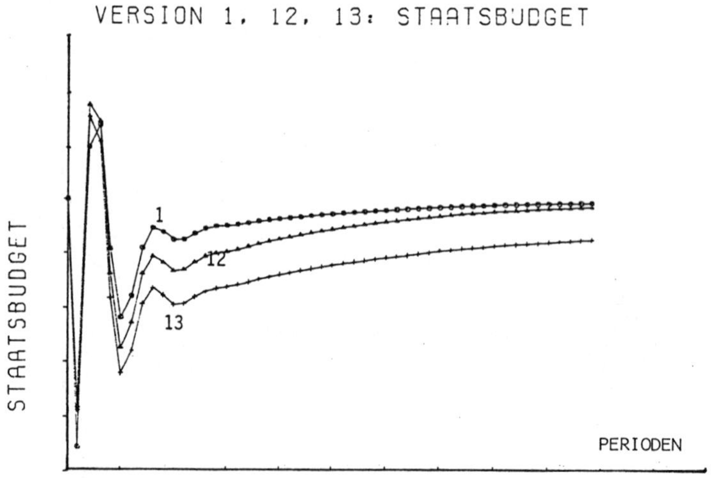
VERSION 1, 12, 13: STAATSBUDGET
STAATSBUDGET
1
12
13
PERIODEN

- ABB. 8D -

Folgeperioden dagegen steigt er stark an — zunächst aufgrund eines kräftigen inländischen Leistungsbilanzdefizits, später infolge vermögensabhängig wachsender Nachfrage nach ausländischen Assets[21].

Die Leistungsbilanz gerät aufgrund des nur geringen Wechselkursanstiegs und der einkommens- und preisbedingt steigenden Nachfrage nach ausländischen Produkten nach kurzer Verzögerung in ein kräftiges Defizit. Nach dem späteren weiteren Anstieg des Wechselkurses verbessert sich die Leistungsbilanz wieder, gerät aber nie in eine Überschußposition.

Das reale Sozialprodukt zeigt bei direkter Auslandsverschuldung in den Anfangsperioden deutlich höhere Multiplikatorwirkungen als bei Inlandsfinanzierung (vgl. Tab. 4). Dies ist auf die zunächst kaum ansteigenden inländischen Zinsen zurückzuführen. Im langfristigen Verlauf dagegen ergeben sich hier wie bei den anderen *realen* Variablen (Produktion, Arbeitslosenzahl, Kapitalstock) kaum Unterschiede zwischen den jeweils zu vergleichenden Versionen (vgl. Tab. 3).

Die anfänglich vergleichsweise höheren Investitionen (wegen der niedrigeren Zinsen und des anfänglich höheren Einkommenseffektes) führen zunächst auch zu stärkerer Kapitalintensivierung und damit zu einem geringeren Abbau der Arbeitslosigkeit. Dies wiederum ist die Erklärung für den vergleichsweise verzögerten Abbau des Staatsdefizits (wegen der höheren Transferzahlungen). Später dominieren die Leistungsbilanzdefizite und die wieder abnehmende Investitionsnachfrage (die Zinsen steigen aufgrund der im Anpassungsprozeß auftretenden neuen Staatsdefizite) die Realeinkommensentwicklung, so daß der Fall der Auslandsverschuldung nun längere Zeit sogar mit geringfügig niedrigeren Realeinkommenswirkungen verbunden ist als der Fall der Inlandsfinanzierung.

Die anhaltenderen Staatsdefizite bewirken einen höheren inländischen Vermögensanstieg, der nur zum Teil durch die höhere Nettoauslandsverschuldung (infolge der Leistungsbilanzdefizite) kompensiert wird. Das inländische Zinsniveau ist daher langfristig sogar etwas höher als bei Inlandsverschuldung. Für Leistungsbilanzgleichgewicht ist bei gleichem einkommensinduzierten, aber verstärktem vermögensinduzierten Importanstieg sowie einer negativen Zinszahlungsbilanz eine *stärkere* Verschlechterung der terms of trade notwendig.

Aus diesen Ergebnissen der Simulation direkter staatlicher Auslandsverschuldung seien folgende Hauptpunkte hervorgehoben:

— Im Anfangszeitraum kann eine Defizitfinanzierung durch staatliche Kreditaufnahme im Ausland im Vergleich zur Inlandsverschuldung die expansiven

[21] Es wird angenommen, daß die im späteren Anpassungsverlauf neu auftretenden Staatsbudgetdefizite wieder durch *Inlands*verschuldung finanziert werden — die direkte Auslandsverschuldung sich also nur auf Finanzierung der anfänglichen exogenen Staatsausgabenerhöhung bezieht. Spätere Budgetdefizite wirken damit wieder im Inland vermögenserhöhend.

Wirkungen der Staatsausgabenerhöhung verstärken. Grund ist der zunächst geringere Zinsanstieg.

— Langfristig sind die *realen* Effekte weitgehend ähnlich. Allerdings entstehen eine höhere Staats- und Auslandsverschuldung sowie ein höherer Wechselkurs und Zinssatz. (Letzteres ist auf die Annahme einer nur *einmaligen* Auslandsverschuldung und Finanzierung späterer Budgetdefizite wieder über den inländischen Wertpapiermarkt zurückzuführen.)

— Im Anpassungszeitraum entstehen bei direkter Auslandsverschuldung sehr viel ausgeprägtere und anhaltendere Leistungsbilanzdefizite, die dem expansiven staatlichen Nachfrageimpuls entgegenwirken. Langfristig ist die Aufwertung der ausländischen Währung vergleichsweise hoch, da neben dem einkommens- und vermögensbedingten Importanstieg auch noch die höheren Zinszahlungen an das Ausland durch (terms of trade-bedingt) steigende Exporte kompensiert werden müssen.

— Die höheren Zinszahlungen an ausländische Kapitaleigner bewirken, daß trotz geringfügig höherer Produktion das Realeinkommen etwas niedriger ist als im Falle von Inlandskrediten.

5.2 Veränderung der Budgetstruktur bei konstanter Staatsquote

Als letzten budgetpolitischen Maßnahmenkomplex untersuchen die folgenden Simulationen Veränderungen der staatlichen Einnahmen- und Ausgaben*struktur*, die bei unveränderter Staatsquote erfolgen. In Version 9 wird der Einkommmensteuersatz reduziert und der Einnahmenausfall durch Kreditaufnahme finanziert. Version 10 beinhaltet eine Senkung des Einkommensteuersatzes bei Kompensation des Steuerausfalls durch eine entsprechende Erhöhung des Mehrwertsteuersatzes. Schließlich wird in Version 11 Staatskonsum durch staatliche unproduktive Investitionen ersetzt. Abb. 9a bis 9d verdeutlichen die Ergebnisse.

5.2.1 Unterschiedliche Finanzierungsstrukturen

Während die in Version 9 erfaßte Variation der Finanzierungsstruktur uneingeschränkt positive kurzfristige und langfristige Multiplikatorwirkungen zeigt (die Wirkungszusammenhänge ähneln den in Version 5[22] beschriebenen), resultieren in Simulation 10 eindeutig negative Gesamteffekte. Der durch die Einkommensteuersenkung induzierte Anstieg des verfügbaren Einkommens wird von Anfang an durch die infolge der Mehrwertsteuererhöhung erhöhten Preise kompensiert, so daß das reale verfügbare Einkommen zunächst konstant

---

[22] Version 5 erfaßte eine Erhöhung der autonomen Transfers (Reduktion des autonomen Steuerbetrags).

bleibt. Die Mehrwertsteuererhöhung hat jedoch über das Verbraucherpreisniveau noch einen weiteren Effekt — nämlich auf die Lohnforderungen. Der Anstieg des Verbraucherpreisniveaus erhöht die Lohnforderungen und bewirkt damit steigende Herstellerpreise. Diese wiederum reduzieren das reale verfügbare Einkommen weiter und induzieren einen schwachen negativen Multiplikatorprozeß. Damit verbunden sind sinkende Steuereinnahmen und im folgenden ein Staatsbudgetdefizit. Die aus der Finanzierung des Defizits durch Staatsschuldtitel resultierenden Vermögenseffekte ermöglichen allerdings eine Umkehr der Entwicklung, so daß die letztendlichen negativen Produktions- und Einkommenseffekte nicht so gravierend ausfallen.

Die langfristigen Realeinkommenseinbußen sind daher in Relation zu den kurzfristigen Effizienzverlusten als sehr gering zu beurteilen (vgl. den Steady-state-Wert von Y^r aus Tab. 3 mit der Kennziffer EFFYR aus Tab. 4).

Die Leistungsbilanz gerät in den Anfangsphasen einige Zeit in eine Überschußposition (das rückläufige Realeinkommen verringert die Importnachfrage), später sind jedoch über einen längeren Zeitraum aufgrund der vermögensbedingt steigenden Importnachfrage und einer preisbedingten Verschlechterung der Wettbewerbsposition geringe Leistungsbilanzdefizite zu verzeichnen. Der Steady-state-Wechselkurs steigt geringfügig, da ein terms of trade-bedingter Exportanstieg erforderlich ist, um im langfristigen Gleichgewicht die vermögensabhängig gestiegene Importnachfrage zu kompensieren.

Bei der Beurteilung dieses Vergleichs unterschiedlicher Steuerstrukturen ist zu beachten, daß die negativen Effekte eines Ersatzes von Einkommensteuereinnahmen durch Verbrauchsteuereinnahmen primär von den erhöhte Lohnforderungen ausgehen. Das Modell impliziert, daß Verbrauchsteueränderungen im Lohnbildungsprozeß berücksichtigt werden, während Veränderungen der direkten Steuer keinen Einfluß haben. Würde der Einkommensteuersatz gleichermaßen die Bildung der Lohnforderungen beeinflussen, indem eine Senkung der direkten Steuern in ihren positiven Auswirkungen auf das verfügbare Einkommen miteinbezogen würde, ergäben sich aus der unterstellten Steuerstrukturvariation kaum gesamtwirtschaftliche Differentialwirkungen. In Theorie und Realität ist allerdings eine vorrangige Orientierung der Lohnforderungen am (erwarteten) Verbraucherpreisniveau und der Arbeitslosenzahl unter *Vernachlässigung* des Einflusses von Einkommensteuersatzänderungen auf das verfügbare Einkommen dominierend.

5.2.2 Unterschiedliche Ausgabenstrukturen

Die Verringerung des Staatskonsums (hier: geringere Anzahl öffentlicher Bediensteter) zugunsten einer Ausdehnung der Ausgaben für unproduktive Sachkäufe hat kurz- und langfristig unterschiedliche Wirkungen. Während in den Anfangsperioden negative Realeinkommenseffekte dominieren (vgl. Tab. 4), verbleibt langfristig ein geringfügig positiver Multiplikatoreffekt (vgl. Tab. 3).

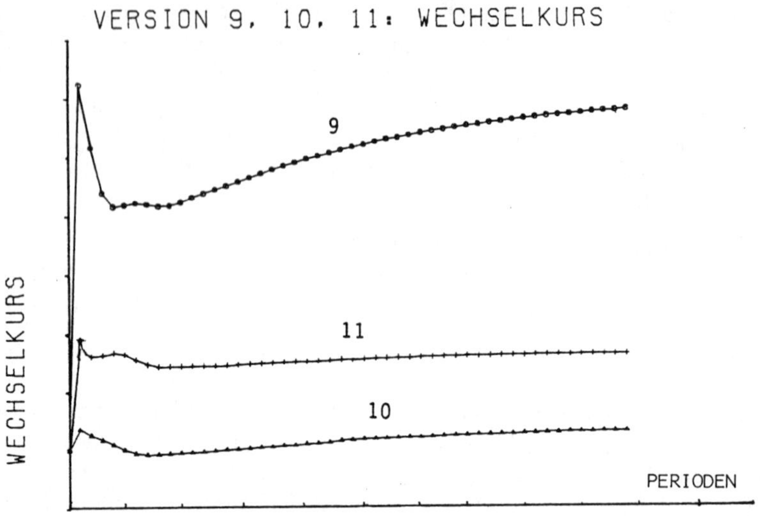
VERSION 9, 10, 11: WECHSELKURS
WECHSELKURS
9
11
10
PERIODEN

- ABB. 9A -

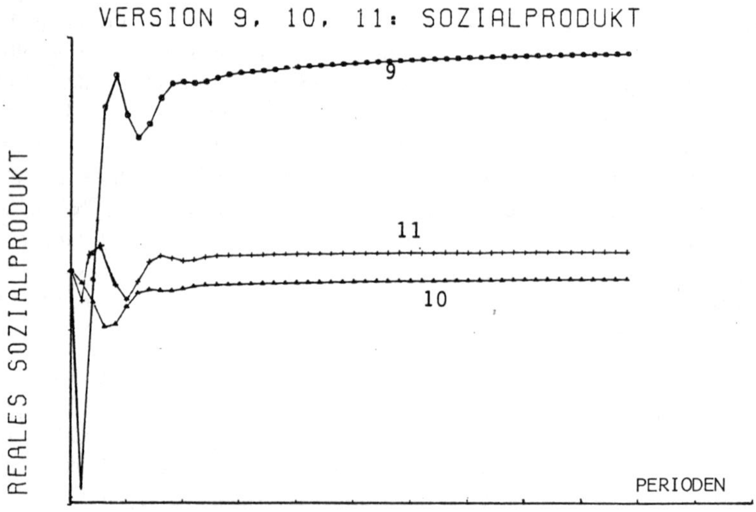
VERSION 9, 10, 11: SOZIALPRODUKT
REALES SOZIALPRODUKT
9
11
10
PERIODEN

- ABB. 9B -

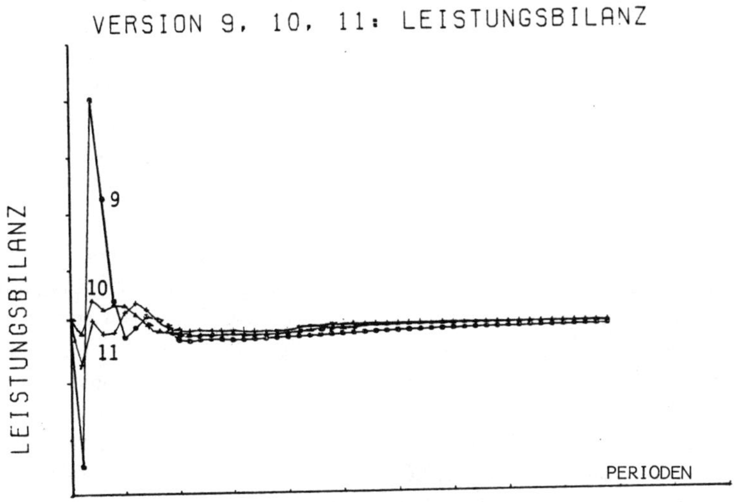
VERSION 9, 10, 11: LEISTUNGSBILANZ
LEISTUNGSBILANZ
9
10
11
PERIODEN

- ABB. 9C -

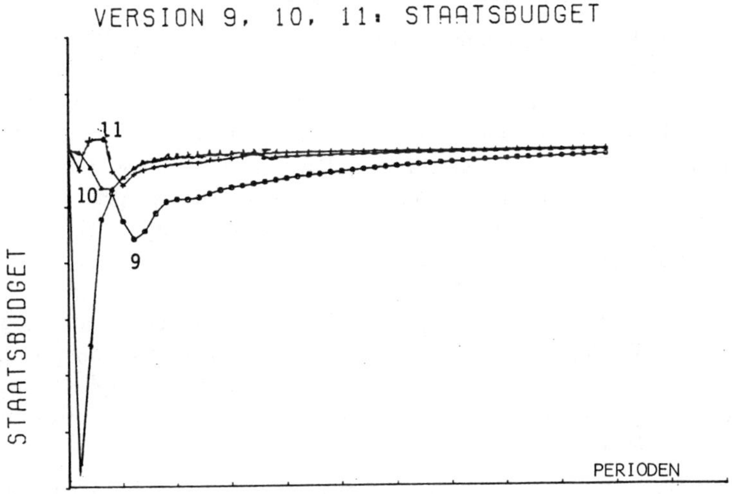
VERSION 9, 10, 11: STAATSBUDGET
STAATSBUDGET
11
10
9
PERIODEN

- ABB. 9D -

Der Realeinkommensverlust in der ersten Periode ist wie in den anderen Versionen allein dem Wechselkursanstieg zuzurechnen, der den Realwert des Einkommens verringert. In den nächsten beiden Perioden steigt das Einkommen zunächst etwas an, da sich die Einkommenseffekte des rückläufigen Staatskonsums und des Zuwachses an Staatskäufen nicht exakt kompensieren. Die Freisetzung öffentlicher Bediensteter ist mit höheren Arbeitslosenzahlen verbunden, die höhere staatliche Transfers an private Haushalte bewirken. Das *verfügbare* Einkommen steigt daher per Saldo und leitet über steigende Konsumnachfrage einen positiven Multiplikator ein. Diese Entwicklung wird noch durch — in Abhängigkeit von den höheren Arbeitslosenzahlen — zurückhaltende Lohnforderungen unterstützt.

Schon in der vierten Periode überwiegen jedoch wieder negative Einkommenseffekte. Die gestiegene staatliche Güternachfrage wird trotz gesunkener Lohnforderungen nur bei steigenden Güterpreisen befriedigt, was wiederum die internationale Wettbewerbsfähigkeit beeinträchtigt. Die Preissteigerungen senken c.p. auch das reale *verfügbare* Einkommen (die Gehaltszahlungen aus dem öffentlichen Dienst und die staatlichen Transfers werden real weniger wert), so daß auch hierüber ein negativer Konsumnachfrageeffekt resultiert. Schließlich ist in den Anfangsperioden das Vermögen gesunken (infolge eines Leistungsbilanzdefizits und Staatsbudgetüberschusses) und reduziert die vermögensabhängige Nachfrage. Langfristig werden diese negativen Wirkungen jedoch wieder durch steigende vermögensabhängige Nachfrage (es bildet sich aufgrund gestiegener Transfers und niedrigerer Steuereinnahmen ein sich nur langsam abbauendes Staatsdefizit heraus) überkompensiert.

Die Wechselkursschwankungen sind bei dieser Form der Budgetpolitik relativ gering. Der Wechselkurs steigt in der ersten Periode etwas über den neuen Steady-state-Wert an. Die rationalen Wechselkurserwartungen haben zunächst eine steigende Nachfrage nach fremdländischen Assets bewirkt und damit den Wechselkurs emporgetrieben. Das hieraus folgende geringfügige Leistungsbilanzdefizit (J-Kurven-Effekt) läßt den Wechselkurs weiter steigen, bis — bei anfänglicher Abwesenheit von Zins- und Vermögenseffekten — eine Abwertungserwartung entsteht, die dem Leistungsbilanzdefizit entsprechende Kapitalimporte induziert. Die späteren Zins- und Vermögenseffekte lassen den Wechselkurs zunächst wieder etwas absinken, sich dann aber relativ schnell und stetig an seinen neuen Gleichgewichtswert annähern. Aufgrund der langfristig positiven Vermögens- und Einkommenseffekte ist dabei für Leistungsbilanzgleichgewicht eine Verschlechterung der terms of trade notwendig, die einen Wechselkursanstieg über die Preisniveauerhöhung hinaus erfordert.

Insgesamt endet die Anpassung der gesamtwirtschaftlichen Variablen an diese Veränderung der Budgetstruktur mit einem höheren Staatsschuldenstand und einer höheren Nettoauslandsverschuldung. Im Anpassungszeitraum haben damit die Leistungsbilanzdefizite etwas die Überschüsse überwogen.

Die Veränderung der staatlichen Ausgabenstruktur hat zugleich auch eine Veränderung der gesamtwirtschaftlichen Produktionsstruktur zugunsten des Tradable-Sektors zur Folge. Dabei ist der Importsubstitutionsgütersektor überproportional positiv betroffen, da die gesamte Produktion an tradables relativ mehr expandiert als die Exportnachfrage und Exportgüterproduktion[23].

5.2.3 Außenwirtschaftliche Bedeutung der Budgetstruktur

Aus den Ergebnissen der Simulationen 9, 10 und 11 lassen sich folgende Aussagen über die *außenwirtschaftlichen* Auswirkungen alleiniger Variationen der staatlichen Budget*struktur* — bei konstanter absoluter Höhe der staatlichen Aktivität — zusammenfassen.

— Ein Ersatz von Steuereinnahmen durch Kreditaufnahme bewirkt eine starke Aufwertung der ausländischen Währung. Langfristig gilt dies, da nur eine relativ starke Verschlechterung der terms of trade bei steigendem Einkommen und hohem Vermögenszuwachs Leistungsbilanzgleichgewicht gewährleistet. Kurzfristig gilt es, da die rationalen Wechselkurserwartungen Aufwertungserwartungen induzieren, die über steigende Nachfrage nach ausländischen Aktiva den Wechselkurs sofort hochtreiben. (Bei *adaptiven* Wechselkurserwartungen wäre kurzfristig eine *Abwertung* zu erwarten, da dann der inländische Zinsanstieg zunächst ausschlaggebend für die in- und ausländische Nachfrage nach inländischen Aktiva wäre[24]). Nach dem anfänglich starken Anstieg des Wechselkurses folgt eine gegenläufige Entwicklung und im Anschluß daran eine sehr langsame Annäherung an den neuen Gleichgewichtskurs. Solange der Wechselkurs weit unter seinem neuen Steady-state-Wert ist, kann der terms of trade-abhängige Exportanstieg nicht den einkommens- und vermögensbedingten Importanstieg kompensieren, und es resultieren anhaltende — wenn auch nicht sehr ausgeprägte — Leistungsbilanzdefizite.

— Ein Ersatz von Einkommensteuereinnahmen durch Einnahmen aus Verbrauchsteuern hat — unter den gesetzten Lohnbildungsprämissen[25] — eine geringfügige Aufwertung der ausländischen Währung und eine geringfügige Verschlechterung der Nettoauslandsposition zur Folge. Allerdings ist der Wechselkursanstieg geringer als der inländische Preisanstieg, so daß langfristig eine Terms-of-trade-Verbesserung vorliegt. Damit wird die Exportnachfrage auf die gesunkene Importnachfrage zurückgedrängt.

— Ein Ersatz von Ausgaben für Staatskonsum (Reduzierung der Anzahl öffentlicher Bediensteter) durch Ausgaben für unproduktive staatliche

[23] Die Produktion an tradables steigt um $\Delta Q/Q_{t=1} = 2{,}414\%$ und die Exportgüterproduktion um $\Delta tot \cdot ex_3/Ex_{t=1} = 0{,}562\%$.

[24] Vgl. hierzu auch die Ausführungen unter 5.3.

[25] Annahme, daß eine Verbrauchsteuererhöhung die Lohnforderungen steigert, während eine Einkommensteuersenkung sie nicht in gleichem Maße reduziert.

Investitionen erhöht den Wechselkurs langfristig über die inländischen Preissteigerungen hinaus, so daß eine langfristige Terms-of-trade-Verschlechterung resultiert. Im Anpassungszeitraum der Störungsverarbeitung ist die Terms-of-trade-Verschlechterung zeitweise noch zu gering (da der Wechselkurs nach einem anfänglichen starken Anstieg wieder etwas sinkt), um einen Exportanstieg zu induzieren, der die einkommens- und vermögensabhängige Import-Mehrnachfrage kompensieren kann: Es überwiegen Leistungsbilanzdefizite, so daß per Saldo eine negative Nettoauslandsposition entsteht.

5.3 Interdependenz zwischen Staatsbudget-, Leistungsbilanz- und Wechselkursentwicklung

Die bisherige Analyse zeigte die unterschiedlichen Anpassungsverläufe der binnen- und außenwirtschaftlichen Variablen in Abhängigkeit von verschiedenen budgetpolitischen Maßnahmen. Im Anpassungszeitraum an die exogenen Politikschocks traten dabei jeweils sowohl positive und/oder negative Staatsbudget- als auch positive und/oder negative Leistungsbilanzsalden auf sowie mehr oder minder kräftig ausgeprägte Auf- und Abwertungen des Wechselkurses. Es stellt sich nun zum einen die Frage, ob die auftretenden Staatsbudget- und Leistungsbilanzsalden vielleicht in einem systematischen Zusammenhang zueinander stehen, und zum anderen, ob die induzierten Staatsbudget- und Leistungsbilanzsalden eine eindeutige Beziehung zur Wechselkursentwicklung aufweisen. Die folgenden Ausführungen befassen sich mit diesen beiden Komplexen.

5.3.1 Haushaltsungleichgewichte als Determinante außenwirtschaftlicher Ungleichgewichte?

Hinsichtlich eines möglichen Zusammenhangs zwischen Staatsbudgetsaldo und Leistungsbilanzsaldo wird vielfach die These vertreten, eine wachsende Staatsverschuldung führe tendenziell zu einer Leistungsbilanzverschlechterung. So vertrat u.a. die OECD in den Jahren 1976/77 die Ansicht, wirtschaftlich „starke" Länder, wie die Bundesrepublik oder Japan, sollten ihr Budgetdefizit erhöhen, um damit Wirkungsketten auszulösen, die ihre Leistungsbilanzüberschüsse gegenüber den „schwachen" Ländern abbauen würden[26]. Hierbei sind hauptsächlich drei Wirkungsketten vorstellbar:

— Eine Staatsverschuldung im Zuge expansiver Fiskalpolitik erhöht die inländische Gesamtnachfrage und das inländische Einkommen, wodurch auch steigende Importnachfrage induziert wird.

— Die inländische Staatsverschuldung bewirkt über Zinssteigerungen Kapitalimporte. Bei flexiblen Wechselkursen erhöht sich der Außenwert der

[26] Vgl. hierzu die Ausführungen in Lehment (1980), S. 61f.

inländischen Währung, so daß eine Wettbewerbsverschlechterung resultiert, die den Leistungsbilanzüberschuß reduziert.

— Unter der Annahme einer Stabilität des Finanzierungssaldos des inländischen *privaten* Sektors muß jede positive oder negative Veränderung des staatlichen Finanzierungssaldos zu einer entsprechenden Veränderung des Finanzierungssaldos mit dem Ausland führen[27].

Inwieweit diese Wirkungszusammenhänge infolge staatlicher Defizitpolitik nun tatsächlich die Leistungsbilanzentwicklung dominieren bzw. ob noch andere Einflüsse gleichzeitig induziert werden, die diese Effekte überlagern, wurde mehrfach empirisch zu überprüfen versucht.

(1) Parallelitäten zwischen Leistungsbilanz- und Staatsbudgetentwicklung in der Realität

Betrachtet man die Situation der Bundesrepublik Deutschland etwa in den letzten zwölf Jahren, so zeigen sich in diesem Zeitraum durchweg hohe, anfangs auch noch wachsende Staatsbudgetdefizite. Im gleichen Zeitraum weist die Leistungsbilanz allerdings nur in drei Jahren (1979-81) ein Leistungsbilanzdefizit auf, in den anderen Jahren dagegen zum Teil außerordentlich hohe Überschüsse. Hier ist also kein systematischer Zusammenhang zwischen Staatsbudget und Leistungsbilanz feststellbar.

Wachsende Importnachfrage infolge fiskalisch bedingter Einkommensexpansion wurde vielfach durch preisbedingte Wettbewerbsvorteile und hierdurch starkes Exportwachstum überlagert. Staatliche Kreditaufnahme führte des weiteren zumeist nicht zu einem bedeutsamen Zinsanstieg, Kapitalimporten und Wechselkursanstieg, da der Finanzierungssaldo des privaten Sektors nicht unverändert blieb, sondern vielfach wachsende Überschüsse aufwies, wenn der Staat zunehmend Defizite verzeichnete. Selbst in den Jahren, die durch Staatsbudget- *und* Leistungsbilanzdefizite gekennzeichnet waren, ist die Leistungsbilanzentwicklung wohl nicht unbedingt *kausal* auf das staatliche Defizit zurückzuführen. Statt dessen unterlagen sowohl das staatliche Budget als auch der Außenbeitrag u. a. dem gleichen exogenen Einfluß des gravierenden zweiten Ölpreisschocks: Die aufgrund der Ölpreisverteuerung sinkenden Einkommen vergrößerten das öffentliche Finanzierungsdefizit, und der ölpreisbedingt steigende Importwert verschlechterte die Leistungsbilanz[28].

Untersuchungen, die sich mit der Situation in den USA befassen, kommen für den Zeitraum bis 1980 zu keinem eindeutigen Beweis eines systematischen *kausalen* Zusammenhangs zwischen öffentlichem Finanzierungssaldo und Außenbeitrag. Zwar sind im Gegensatz zur Bundesrepublik längere Phasen der

---

[27] Vgl. zu diesem „fiskalischen Ansatz der Zahlungsbilanztheorie" und seiner Bedeutung für die bundesrepublikanische Situation auch Neuthinger (1980), S. 277ff.

[28] Vgl. Neuthinger (1980), S. 277.

Kombination von Staatsdefiziten und Leistungsbilanzdefiziten feststellbar, doch weist etwa Yang[29] nach, daß das amerikanische Leistungsbilanzdefizit vor allem durch zu hohe Inflation und damit durch die expansive Politik der Notenbank hervorgerufen wurde. Nur wenn ein eindeutiger Zusammenhang zwischen Staatsdefizit und Inflation nachweisbar wäre, sei damit auch eine Beziehung zwischen Leistungsbilanzdefizit und Staatsdefizit anzunehmen.

Der bei Kelly[30] vorzufindende empirische Test kann zwar eine gewisse statistische Signifikanz für eine zeitweilig gleichläufige Entwicklung der beiden Finanzierungssalden aufweisen, doch fehlt auch hier ein kausaler Erklärungsansatz sowohl für die Perioden einer gleichläufigen als auch für die nachweisbaren Perioden einer unterschiedlichen Entwicklung.

Anders ist die Situation in den letzten Jahren zu beurteilen. Das anhaltend hohe Staatsdefizit der USA ist — allerdings auch in Kombination mit einer restriktiven Geldpolitik — mit hohen Zinsen und entsprechenden Kapitalimporten verbunden. Der hierdurch ausgelöste Dollarkursanstieg ist Ursache des hohen Leistungsbilanzdefizits, das sich damit weitgehend als direkte Konsequenz aus der Budgetpolitik des Staates ergibt[31].

Schließlich sei noch eine letzte Studie erwähnt, die versucht, eine empirische Relation zwischen öffentlichem Finanzierungssaldo und Außenbeitrag zu erfassen. Leibfritz[32] ermittelt mit Hilfe einer Querschnittsanalyse über vierzehn Industrieländer eine Regression zwischen Leistungsbilanz und Staatsverschuldung und kommt zu dem Ergebnis, daß die Leistungsbilanzposition tendenziell um so ungünstiger wurde, je schneller die Staatsverschuldung zunahm. Der — zudem relativ schwache — statistische Zusammenhang kann jedoch auch hier weder Aufschluß über mögliche *kausale* Zusammenhänge geben noch die Bedeutung exogener Einflüsse, die auf Staatsbudget und Leistungsbilanz gleichermaßen wirken, abschätzen.

(2) Aussagen des Modells zum Zusammenhang zwischen Budgetsaldo und Außenbeitrag

Das vorliegende Modell weist für die einzelnen Simulationen recht unterschiedliche Relationen zwischen Staatsbudget- und Leistungsbilanzentwicklung auf. Vier Hauptschemata kristallisieren sich dabei heraus, die in Abb. 10a bis 10d erfaßt sind.

Abb. 10a zeigt die Gegenüberstellung von Staatsbudgetsaldo und Leistungsbilanzsaldo aus Version 1, die auch als repräsentativ für die Versionen 2 und 3

---

[29] Vgl. Yang (1980).

[30] Vgl. Kelly (1982).

[31] Vgl. zur Wechselkurswirkung des amerikanischen Budgetdefizits u.a. Oudiz/Sachs (1984), S. 19f.

[32] Vgl. Leibfritz (1980).

gelten kann. Es zeigt sich, daß eine Erhöhung der Staatsnachfrage, die durch Kredite finanziert wird, zunächst eine vollkommen gleichgerichtete Entwicklung von Staatsbudget und Leistungsbilanz bewirkt, indem in den ersten fünf Perioden Staatshaushalt und Außenbeitrag jeweils gleichermaßen Defizite oder Überschüsse aufweisen. In den Folgeperioden ist nur noch die *Tendenz* gleichgerichtet: Steigende (sinkende) Leistungsbilanzüberschüsse sind mit — um eine Periode verzögert — sinkenden (steigenden) Staatsdefiziten verbunden.

Abb. 10b erfaßt Version 12, die weitgehend auch die Entwicklung von Version 13 mitabbildet. Eine Erhöhung der Staatsnachfrage, die durch direkte Auslandsverschuldung finanziert wird, hat zunächst eine gleichgerichtete Wirkung auf Staatsbudget und Leistungsbilanz, doch führt in der zweiten Periode die Verbesserung der staatlichen Haushaltssituation zu einem *Überschuß*, während die Verbesserung des Außenbeitrags nur das Leistungsbilanzdefizit *verringert*. In den späteren Perioden zeitweise abnehmender und zeitweilig zunehmender Leistungsbilanzdefizite weist das Staatsdefizit jeweils um eine Periode verzögert die gleichen Reaktionsrichtungen auf.

Weitgehende gegenläufige Reaktionspfade von Staatshaushalt und Außenbeitrag zeigt Abb. 10c. Hier sind die Entwicklungen für Version 6 erfaßt, die auch weitgehend denen der Versionen 4, 5, 9, 10 und 11 entsprechen. Die genannten Versionen umfassen Budgetpolitiken, die mit Konstanz der „Realausgaben“[33], d. h. mit konstanter Staatsnachfrage, verbunden sind. Es verändern sich nur die Einnahmen- oder Ausgaben*struktur* des Staatshaushaltes bzw. die durch ihn bewirkte Umverteilung. Abgesehen von den ersten beiden Perioden, in denen nach einem gleichzeitigen Staats- und Leistungsbilanzdefizit eine Verbesserung der Haushaltssituation mit einem Überschuß der Leistungsbilanz einhergeht, sind hier jeweils abnehmende (wachsende) Leistungsbilanzüberschüsse mit sinkenden (zunehmenden) Staatsdefiziten verbunden.

Auch Abb. 10d kann keinen systematischen Zusammenhang zwischen öffentlichem Finanzierungsdefizit (-überschuß) und negativem (positivem) Außenbeitrag nachweisen. Die dort dargestellte Version 7 bzw. 8 repräsentiert die Beziehung zwischen Staatshaushalt und Leistungsbilanz infolge einer Erhöhung der Staatsnachfrage bei zunächst ausgeglichenem Budget. Während das Staatsbudget infolge des Einkommensanstiegs wechselnd zunehmende und abnehmende Überschüsse verzeichnet, gerät die Leistungsbilanz zunächst in ein Defizit und in den späteren Perioden in einen (gegenläufig zum Staatsbudget schwankenden) leichten Überschuß.

Insgesamt zeigt sich, daß budgetpolitische Maßnahmen, die in einer kreditfinanzierten Erhöhung der Staatsnachfrage bestehen, (unabhängig davon, welcher Art der Anstieg der Staatsnachfrage ist und ob Inlands- oder Auslandsverschuldung vorliegt) im Rahmen des vorgestellten Modells zu weitgehend gleichgerichteten Entwicklungen bei Staatsbudget und Leistungsbilanz führen.

---

[33] Zum Begriff der „Realausgaben“ vgl. Littmann (1976), S. 72.

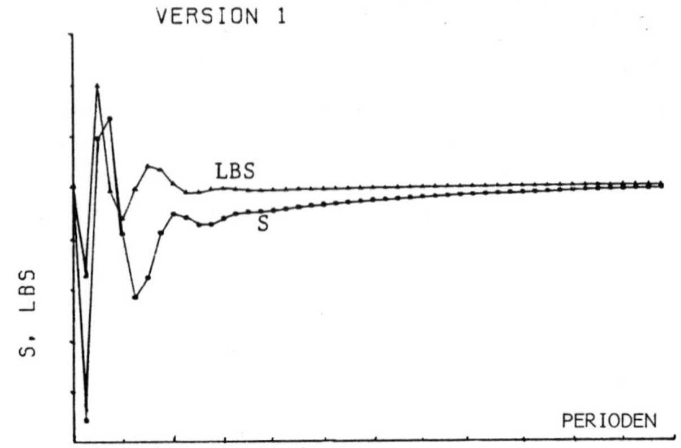

- ABB. 10A -

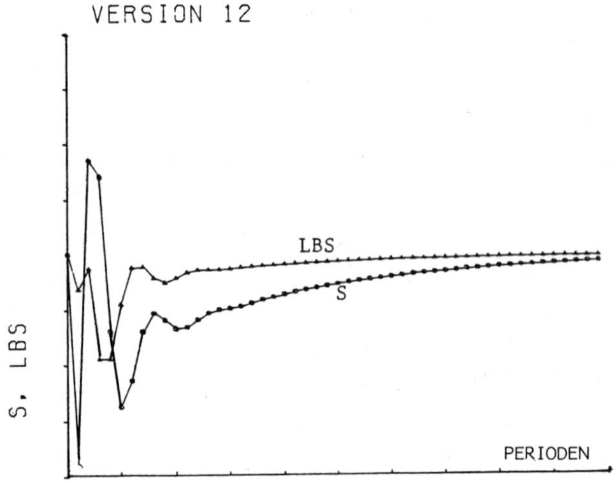

- ABB. 10B -

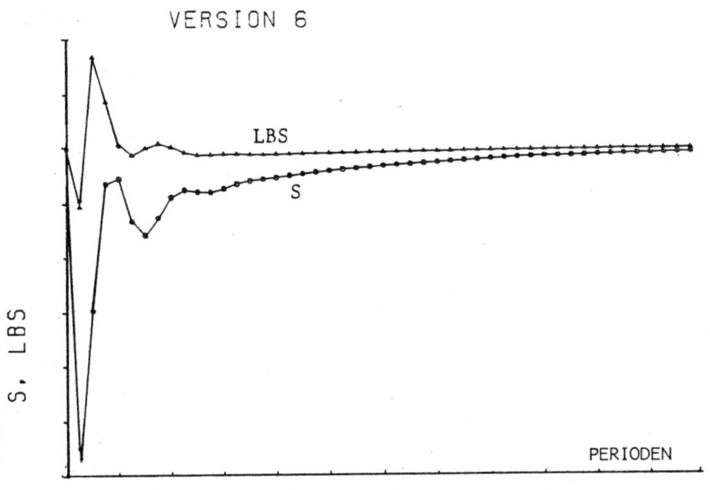

- ABB.. 10C -

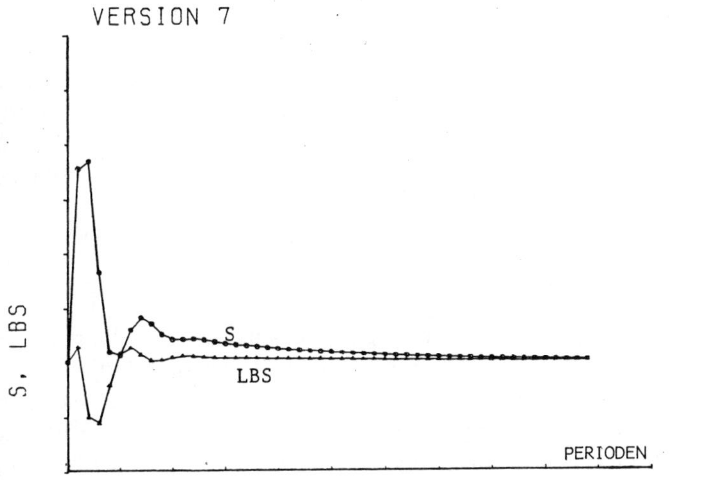

- ABB.. 10D -

Zwar sind auch Perioden feststellbar, in denen die absoluten Werte gegenläufige Wirkungen aufzuzeigen scheinen (Staatsdefizite in Verbindung mit Leistungsbilanzüberschüssen oder umgekehrt), doch ergeben sich hier zumindest gleichgerichtete *Entwicklungs*tendenzen, d.h. *wachsende* Staatsdefizite sind dann mit *sinkenden* Leistungsbilanzüberschüssen und umgekehrt verbunden. Hier dominieren die öffentlichen Finanzierungssalden Zins-, Kapitalbilanz-, Wechselkurs- und Leistungsbilanzentwicklung. Das *Ausmaß* der Finanzierungssalden zeigt allerdings, daß auch bei gleichgerichteter Reaktion von öffentlichem Haushalt und Außenbeitrag doch nicht von einer vollständigen *Konstanz* des privaten Finanzierungssaldos ausgegangen werden kann. Die Salden des öffentlichen Haushalts fallen nahezu immer absolut höher aus als die Leistungsbilanzsalden, so daß sich auch die Finanzierungssalden des privaten Sektors geändert haben müssen.

Budgetpolitische Maßnahmen, die an der Ausgaben- oder Finanzierungs*struktur* oder an der Umverteilung (durch Transferzahlungen) ansetzen, führen hingegen zu gegenläufigen Reaktionen von Staatsbudget und Leistungsbilanz. Das vorherrschend gleichzeitige Auftreten von Staatsbudgetüberschüssen (-defiziten) mit Leistungsbilanzdefiziten (-überschüssen) bedeutet, daß hier die *Einkommens*entwicklung weitgehend maßgeblich für Staatshaushalt *und* Außenbeitrag ist: Einkommenserhöhungen bewirken über wachsende Steuereinnahmen c.p. einen Budgetüberschuß bzw. einen Abbau des Defizits und andererseits über steigende Importe und — bei gleichzeitig induzierten Preiserhöhungen — sinkende Exporte eine Leistungsbilanzverschlechterung. (Vice versa bei einer Einkommensreduktion.)

Da Veränderungen der öffentlichen Finanzierungsstruktur oder Veränderungen in der Transferpolitik direkt am verfügbaren Einkommen ansetzen, bewirken sie eine direktere und stärkere Reaktion des privaten Sparverhaltens, als es bei kreditfinanzierter staatlicher Nachfragepolitik der Fall ist. Die Finanzierungssalden des privaten Sektors können hierdurch sowohl der Kompensation der staatlichen Finanzierungsalden als auch der Finanzierungssalden gegenüber dem Ausland dienen.

5.3.2 Budgetpolitik und Wechselkurs

Die Auswirkungen staatlicher Budgetpolitik auf den Wechselkurs werden vor allem im Zusammenhang mit hohen Budgetdefiziten diskutiert. Auch im Rahmen der vorliegenden Arbeit wurde (in Kapitel 2.5) untersucht, welche Bedingungskonstellationen eine kreditfinanzierte expansive staatliche Nachfragepolitik begleiten müssen, um jeweils eine Aufwertung bzw. eine Abwertung der heimischen Währung zu induzieren.

Es konkurrieren vor allem zinsbedingte Aufwertungstendenzen (infolge zinsinduzierter Nettokapitalimporte) mit vermögensbedingten, preisbedingten und einkommensbedingten Abwertungstendenzen (durch infolge wachsenden

Vermögens steigende Nachfrage nach ausländischen Assets und ausländischen Gütern; durch infolge der Nachfrageerhöhung steigende Preise und damit sinkenden Exporten; durch infolge wachsenden Einkommens steigende Importnachfrage). Hinzu kommen noch Wechselkurserwartungseffekte, die je nach Art der Erwartungsbildung c.p. zu einer Zunahme (bei Aufwertungserwartungen bezüglich der heimischen Währung) oder Abnahme (bei Abwertungserwartungen) der Nettokapitalimporte führen können.

Inwieweit in der Realität Auf- oder Abwertungen die wahrscheinlichere Folge einer bondfinanzierten expansiven Fiskalpolitik sind, untersuchen u.a, Oudiz und Sachs[34] anhand der wichtigsten Industrieländer. Sie kommen zu dem Ergebnis, daß die USA das einzige Land sind, das auch längerfristig in Verbindung mit hoher Staatsverschuldung eine Aufwertung erfahren kann. Alle anderen Länder, die eher als „kleine“ Volkswirtschaften zu bezeichnen sind, müssen dagegen bei wachsender Staatsverschuldung u.a. mit Vertrauensverlust rechnen, der zu Abwertungserwartungen, hierdurch induzierten Nettokapitalexporten und damit zu einer tatsächlichen Abwertung der eigenen Währung führt.

Bezüglich der Bundesrepublik kommt allerdings Lehment[35] zu einem anderen Ergebnis: Er meint, nachweisen zu können, daß auch hier die zinsabhängigen Aufwertungstendenzen dominieren und die Gefahr eines Vertrauensverlustes in bundesdeutsche Anlagen derzeit nicht bestehe. Seine Aussagen beziehen sich allerdings mehr auf kurzfristige Wechselkurswirkungen; die Bedeutung der Realeinkommenseffekte auf die Leistungsbilanz wird als gering eingestuft, und Vermögenseffekte einer länger anhaltenden Staatsverschuldung werden vollkommen vernachlässigt.

Im hier vorgestellten Modell dagegen resultiert bei allen budgetpolitischen Maßnahmen, die mit Kreditfinanzierung verbunden sind, kurz- und auch langfristig eine reale Abwertung der heimischen Währung (Anstieg des Wechselkurses). Die langfristige Entwicklung ergibt sich klar aus der Steady-state-Bedingung einer ausgeglichenen Leistungs- und Kapitalbilanz. Bei gestiegenem Realeinkommen und gestiegenem Vermögen erhöhen sich die Importe, und nur eine reale Abwertung der inländischen Währung kann über eine verbesserte internationale Wettbewerbsfähigkeit eine entsprechende Exportzunahme bewirken.

Im *Anpassungs*verlauf an das neue Steady-state-Gleichgewicht können allerdings sehr wohl Leistungsbilanzsalden auftreten, so daß hier z.B. die positiven Einkommens- und Vermögenseffekte in ihrer Wirkung auf die Leistungsbilanz noch nicht durch eine reale Abwertung kompensiert sein müssen. Hier *könnten* die Zinseffekte eventuell die Wechselkursentwicklung dominieren und über steigende Nachfrage nach inländischen Wertpapieren eine reale Aufwertung der inländischen Währung auslösen. Daß trotzdem auch die „Impact-Reaktionen“

---

[34] Vgl. Oudiz/Sachs (1984), S. 19.

[35] Vgl. Lehment (1985).

im vorliegenden Ansatz einen eindeutigen Anstieg des Wechselkurses (Abwertung der inländischen Währung) zeigen, ist auf die unterstellte Wechselkurserwartungshypothese zurückzuführen. Die Annahme semi-rationaler Wechselkurserwartungen bewirkt sofort eine Aufwertungserwartung bezüglich der ausländischen Währung, die über höhere Bestandsnachfrage nach ausländischen Assets den Wechselkurs von Anfang an nach oben treibt. Damit tritt zugleich im Rahmen des vorliegenden Modellansatzes weder kurz- noch langfristig ein wechselkursinduziertes crowding out (Leistungsbilanzverschlechterung infolge einer Aufwertung) auf.

Läge dem Modell allerdings eine adaptive Wechselkurserwartungshypothese zugrunde, wäre in den ersten Perioden eine Wechselkurssenkung (Aufwertung der inländischen Währung) zu erwarten, da dann zu diesem Zeitpunkt der Zinseffekt nicht durch Abwertungserwartungen überkompensiert würde. Die *langfristige* Wechselkursentwicklung wäre allerdings die gleiche wie bei semi-rationalen Erwartungen. Die im *Anpassungs*verlauf jedoch zeitweilig auftretende reale Aufwertung der heimischen Währung könnte dann hier c.p. zu einer Verschlechterung der Leistungsbilanz und damit zu einem wechselkursinduzierten crowding out führen.

Die bei semi-rationalen Wechselkurserwartungen im Anpassungsverlauf auftretenden Leistungsbilanzdefizite sind dagegen nicht auf eine reale *Aufwertung* der heimischen Währung zurückzuführen, sondern auf einkommens-, vermögens- und preisbedingte negative Einflüsse auf den Außenbeitrag, die durch die positiven Einflüsse der realen *Abwertung* nicht kompensiert werden konnten. Insofern könnte man solche Leistungsbilanzdefizite im übertragenen Sinne auch als wechselkursinduziertes crowding out bezeichnen, da der inländische Zinsanstieg verhindert, daß die inländische Währung soweit abwertet, daß infolge der hierdurch verbesserten internationalen Wettbewerbschancen der Außenbeitrag zum Ausgleich kommt: Wechselkursinduziertes crowding out also nicht infolge einer Aufwertung, sondern infolge einer zu schwachen Abwertung.

Sechstes Kapitel

Schlußbetrachtung

Ziel der vorliegenden Analyse war es, die Bedeutung internationaler Wirtschaftsverflechtung für die binnen- und außenwirtschaftlichen Wirkungen staatlicher Budgetpolitik herauszuarbeiten. Dabei ging es nicht um die Ableitung wirtschafts*politischer* Empfehlungen, sondern um die *theoretische* Darstellung von Kausalzusammenhängen, die sich im Rahmen eines bestimmten makroökonomischen Modellansatzes präsentieren.

Die Untersuchung machte deutlich, daß die zu berücksichtigenden Zusammenhänge so vielschichtig und komplex sind, daß aus einem *allgemein* formulierten Modellansatz keine eindeutigen Aussagen zu den eingangs gestellten Fragenkomplexen ableitbar sind. Erst die numerische Analyse erlaubte es, — in Abhängigkeit von möglichst plausibel gestalteten Parameterkonstellationen — die Wirkungen unterschiedlicher budgetpolitischer Strategien auf die relevanten gesamtwirtschaftlichen Variablen zu erfassen. Hierbei ist natürlich eine gewisse Einengung der Aussagekraft der Ergebnisse auf die untersuchte Bandbreite von Parameterkonstellationen zu berücksichtigen. Die Vorteile der *dynamischen* Simulation zeigen sich in der Möglichkeit einer Abbildung der *Anpassungs*verläufe der Variablen, die z. T. von anderen Einflußgrößen dominiert werden als die langfristigen Steady-state-Werte.

Die Gegenüberstellung verschiedenster Formen staatlicher Budgetgestaltung beweist, daß Einkommens-, Leistungsbilanz- und Wechselkurswirkungen einer Ausdehnung der Staatsquote ganz entscheidend sowohl von der Art der staatlichen Ausgabenerhöhung (produktive bzw. unproduktive staatliche Investitionen, Staatskonsum oder staatliche Transfers) als auch von der Art der Finanzierung (staatliche Kreditaufnahme im In- oder Ausland, direkte oder indirekte Steuererhöhungen) abhängen. Die Analyse zeigt auch, daß Strukturveränderungen im staatlichen Budget — bei unveränderter Staatsquote — zu nicht zu vernachlässigenden Leistungsbilanz- und Wechselkurseffekten führen, die auch langfristige Folgen für die binnenwirtschaftlichen Zielgrößen haben. Schließlich ergeben die unterschiedlichen Ansatzpunkte staatlicher Budgetpolitik auch recht unterschiedliche mögliche Zusammenhänge zwischen Staatsbudget- und Leistungsbilanzentwicklung, so daß die vielfach vereinfachten Annahmen über einen stringenten Zusammenhang zwischen Staatsbudgetsaldo, Wechselkurs und Leistungsbilanz relativiert werden.

Die Analyse staatlicher Budgetpolitik im Rahmen einer offenen Volkswirtschaft erweitert die Mehrdimensionalität politischer Zielsetzungen um einen weiteren Faktor. Während innerhalb einer geschlossenen Volkswirtschaft staatliche Budgetplanung vor allem als ein „dynamisches Optimierungsproblem“ zwischen „fiskalischen Anforderungen“ und „finanzpolitischen Gestaltungsaufgaben“[1] anzusehen ist, läßt die Berücksichtigung der internationalen Wirtschaftsverflechtungen auch noch den Einfluß der Budgetpolitik auf das Erreichen bestimmter Wechselkursziele oder auf die Entwicklung des Außenbeitrags relevant erscheinen.

Es entsteht damit ein zusätzliches dynamisches Optimierungsproblem zwischen fiskalpolitischen Stabilisierungsaufgaben bzw. finanzpolitisch notwendigen Veränderungen der Budgetstruktur einerseits und dem Bestreben nach außenwirtschaftlichem Gleichgewicht bzw. Wechselkursstabilität andererseits. Zugleich können sich jedoch bei Nutzung der Kenntnisse über die gesamtwirtschaftlichen Zusammenhänge in einer *offenen* Volkswirtschaft auch zusätzliche *Chancen* für das Erreichen budgetpolitischer Zielsetzungen ergeben, da sich die induzierten außenwirtschaftlichen Reaktionen für manche budgetpolitische Strategien auch als komplementär erweisen. Vor diesem Hintergrund außenwirtschaftlicher Rückkoppelungen erscheint dabei die Budget*struktur* neben dem Budget*ausmaß* von besonderer Bedeutung für den Erfolg staatlicher Budgetpolitik.

[1] Vgl. Rürup (1980), S. 424 ff.

Anhang I: Stabilitätsbetrachtung

Im vorliegenden Fall würde eine allgemeine Stabilitätsuntersuchung auf den drei aus Gleichung (33), (27) und (21) ableitbaren Steady-state-Bedingungen fußen.

$$(1^*) \qquad S(\overset{+}{Y}, \overset{+}{C}, \overset{+}{P}, \overset{-}{w}, \overset{-}{AL}, \overset{-}{A^{pr}}, \overset{-}{B}, \varepsilon) = 0$$

$$LBS(\overset{-}{P}, \overset{-}{Y^{rv}}, \overset{-}{W}, \overset{+}{F}, \overset{-}{WP^2}, \overset{-}{r}, \overset{+}{e}, \varepsilon) = 0$$

$$I^{pr}(\overset{-}{K^{pr}}, \overset{-}{r}, \overset{+}{Q}, \varepsilon) = 0$$

Nach Einsetzen von

$$(2^*) \qquad r = r(\overset{+}{Y}, \overset{+}{W}, \varepsilon) \qquad \text{aus Gleichung (1)}$$

$$V = V(\overset{-}{r}, \overset{-}{e}, \overset{+}{W}, \varepsilon) \qquad \text{aus Gleichung (9)}$$

$$WP^2 = WP^2(\overset{+}{r}, \overset{+}{e}, \varepsilon) \qquad \text{aus Gleichung (4)}$$

$$F = F(\overset{-}{r}, \overset{-}{e}, \overset{+}{W}, \varepsilon) \qquad \text{aus Gleichung (8)}$$

$$W = W(\overset{+}{B}, \overset{-}{r}, \overset{+}{K^{pr}}, \overset{+}{P}, \overset{+}{V}, \varepsilon) \qquad \text{aus Gleichung (2)}$$

$$Q = Q(\overset{+}{A^{pr}}, \overset{+}{K^{pr}}, \varepsilon) \qquad \text{aus Gleichung (19)}$$

$$P = P(\overset{+}{w}, \overset{+}{Y^{rv}}, \overset{+}{W}, \overset{+}{e}, \overset{-}{K^{pr}}, \varepsilon) \qquad \text{aus Gleichung (19), (25)}$$

$$A^{pr} = A^{pr}(\overset{-}{w}, \overset{+}{P}, \varepsilon) \qquad \text{aus Gleichung (22)}$$

$$AL = AL(\overset{-}{A^{pr}}, \varepsilon) \qquad \text{aus Gleichung (22)}$$

$$w = w(\overset{+}{P}, \overset{+}{e}, \overset{-}{AL}, \varepsilon) \qquad \text{aus Gleichung (23)}$$

$$C = C(\overset{+}{Y^{rv}}, \overset{+}{W}, \overset{-}{P}, \varepsilon) \qquad \text{aus Gleichung (26)}$$

$$Y = Y(\overset{+}{Q}, \overset{+}{P}, \overset{+}{w}, \overset{+}{B}, \overset{-}{WP^2}, \overset{-}{r}, \overset{+}{e}, \overset{+}{F}, \varepsilon) \qquad \text{aus Gleichung (34)}$$

$$Y^{rv} = Y^{rv}(\overset{+}{Y}, \overset{-}{P}, \overset{+}{AL}, \overset{+}{A^{pr}}, \overset{-}{e}, \varepsilon) \qquad \text{aus Gleichung (36), (35)}$$

in (1*) lassen sich folgende Verhaltensannahmen über die dynamischen Anpassungsprozesse nach Abweichungen vom Steady-state-Gleichgewicht ableiten[1].

[1] Die Stabilitätsanalyse erfolgt nach dem Korrespondenz-Prinzip. Vgl. hierzu Gandolfo (1980), S. 376ff. und Dernburg/Dernburg (1969), S. 214ff.

(3*)
$$\begin{aligned} dB/dt &= \dot{B} = l_1 \cdot S = l_1 \cdot g_1(B, e, K^{pr}) \\ de/dt &= \dot{e} = l_2 \cdot LBS = l_2 \cdot g_2(B, e, K^{pr}) \\ dK^{pr}/dt &= \dot{K}^{pr} = l_3 \cdot I^{pr} = l_3 \cdot g_3(B, e, K^{pr}) \\ l_i\ (i &= 1, 2, 3) = \text{positive Konstante} \end{aligned}$$

mit
$$\begin{aligned} &\delta g_1/\delta B = S_B; && \delta g_1/\delta e = S_e; && \delta g_1/\delta K^{pr} = S_{Kpr}; \\ &\delta g_2/\delta B = LBS_B; && \delta g_2/\delta e = LBS_e; && \delta g_2/\delta K^{pr} = LBS_{Kpr}; \\ &\delta g_3/\delta B = I_B^{pr}; && \delta g_3/\delta e = I_e^{pr}; && \delta g_3/\delta K^{pr} = I_{Kpr}^{pr}; \end{aligned}$$

Eine Variable im Index bedeutet die partielle Ableitung nach dieser Variablen.

Die Berücksichtigung der in (2*) erfaßten interdependenten Wirkungszusammenhänge ergibt, daß schon ein Großteil dieser partiellen Ableitungen in ihren Vorzeichen ohne numerische Abgrenzung nicht eindeutig bestimmbar sind.

Für die Stabilitätsuntersuchung sind jedoch des weiteren die Minoren erster und zweiter Ordnung sowie die Hauptdeterminante der folgenden Matrix D abzuleiten.

$$D = \begin{bmatrix} l_1 \cdot S_B & l_1 \cdot S_e & l_1 \cdot S_{Kpr} \\ l_2 \cdot LBS_B & l_2 \cdot LBS_e & l_2 \cdot LBS_{Kpr} \\ l_3 \cdot I_B^{pr} & l_3 \cdot I_e^{pr} & l_3 \cdot I_{Kpr}^{pr} \end{bmatrix}$$

Nach dem Routh-Hurwitz-Kriterium ist die Stabilität des Systems dann gesichert, wenn alle „führenden" Minoren der — folgenden „Stabilitätsmatrix" positiv sind.

$$ST = \begin{bmatrix} d_1 & d_3 & 0 \\ d_0 & d_2 & 0 \\ 0 & d_1 & d_3 \end{bmatrix}$$

mit

$$\begin{aligned} d_0 &= 1 \\ d_1 &= -(l_1 \cdot S_B + l_2 \cdot LBS_e + l_3 \cdot I_{Kpr}^{pr}) \lesseqgtr 0 \\ d_2 &= l_1 \cdot l_2 \cdot (S_B \cdot LBS_e - S_e \cdot LBS_B) \\ &\quad + l_1 \cdot l_3 \cdot (S_B \cdot I_{Kpr}^{pr} - S_{Kpr} \cdot I_e^{pr}) \\ &\quad + l_2 \cdot l_3 \cdot (LBS_e \cdot I_{Kpr}^{pr} - LBS_{Kpr} \cdot I_e^{pr}) \lesseqgtr 0 \\ d_3 &= -l_1 \cdot l_2 \cdot l_3 \cdot \text{Det}\, D \lesseqgtr 0\,. \end{aligned}$$

Es ist klar ersichtlich, daß bei der Vielfalt der gegenläufigen Effekte, die sich schon in z. T. nicht eindeutigen Vorzeichen der Elemente der Matrix D widerspiegeln, die Elemente der Stabilitätsmatrix d_0, d_1, d_2 und d_3 und erst recht die Hauptminoren der Stabilitätsmatrix in *allgemeiner* Form nicht mehr als positiv oder negativ deklariert werden können.

Ob Stabilität des Modells vorliegt, kann also hier nur noch anhand konkreter numerischer Parameterwerte festgestellt werden, so daß die Sensitivitätsanalyse numerischer Simulationen als geeignetes Instrument erscheint, um die Stabilitätseigenschaften des Modells zu erfassen.

Anhang II: Modellstruktur im Überblick

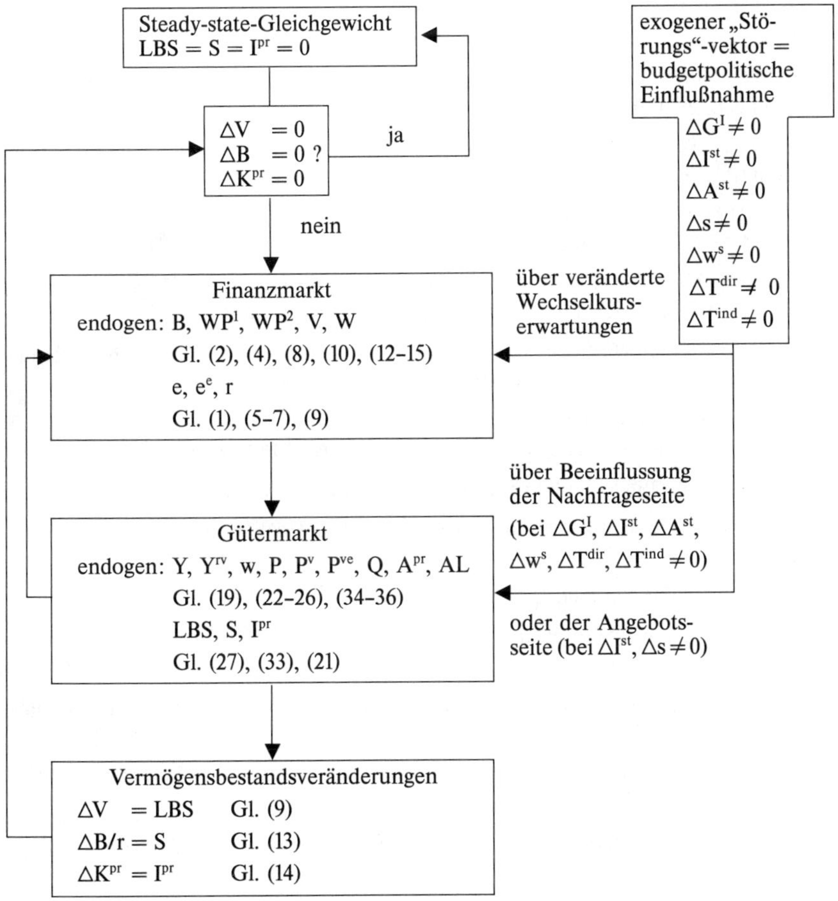

Literaturverzeichnis

Allen, P.R. (1977): Financing Budget Deficits, in: European Economic Review, Bd. 10, S. 345-373.

Andel, N. (1969): Zur These von den unsozialen Verteilungswirkungen öffentlicher Schulden, in: Public Finance, Vol. 24, S. 69-79.

Anderson, L., R. *Sheldon* (1982): Bonds versus Money Financing and Fiscal Policy: An Empirical Note, in: The Review of Economics and Statistics, Vol. 64, S. 170-172.

Ando, A. (1974): Some Aspects of Stabilization Policies, the Monetarist Controversy and the MPP-Model, in: International Economic Review, Vol. 15, S. 541-571.

Arestis, P. (1979): The "Crowding-Out" of Private Expenditure by Fiscal Actions: An Empirical Investigation, in: Public Finance, Vol. 34, S. 36-50.

Argy, V., J. *Salop* (1979): Price and Output Effects of Monetary and Fiscal Policy Under Flexible Exchange Rates, IMF Staff Papers, Vol. 26, S. 224-256.

Artis, M.J. (1979): Recent Developments in the Theory of Fiscal Policy: A Survey, in: S.T. Cook, P.M. Jackson, (Hrsg.), Current Issues in Fiscal Policy, Oxford, S. 15-43.

Assenmacher, W. (1980): Einführung in die Ökonometrie, München.

Baetge, J. (1977): Systemtheorie, in: Albers u.a. (Hrsg.), HdWW, Bd. 7, Stuttgart, S. 510-534.

Bailey, M.J. (1962): National Income and Price Level, New York.

Baltensperger, E. (1977): Government Expenditure Policies in Equilibrium and Disequilibrium, in: Kyklos, Vol. 30, S. 421-442.

Barro, R.J. (1974): Are Government Bonds Net Wealth, in: Journal of Political Economy, Vol. 82, S. 1095-1117.

— (1981): Output Effects of Government Purchases, in: Journal of Political Economy, Vol. 89, S. 1086-1121.

Benavie, A. (1976): Monetary and Fiscal Policy in a Two-Sector Keynesian Model, in: Journal of Money, Credit and Banking, Vol. 8, S. 63-84.

Bender, D. (1982): Finanzmarkttheorie des Wechselkurses, in: Albers, W. (Hrsg.), HdWW, Bd. 9, Stuttgart, S. 748-764.

— (1983): Nettoinvestition, Lohnbildung und Beschäftigung bei flexiblen Wechselkursen, in: M. Feldsieper, R. Groß (Hrsg.), Wirtschaftspolitik in weltoffener Wirtschaft, Berlin, S. 29-45.

—, *Lang*, P., R. *Ohr* (1982): Geldpolitik, Arbeitsmarkt und Wechselkursdynamik. Eine Simulationsstudie, in: Jahrbücher für Nationalökonomie und Statistik, Vol. 197, S. 521-543.

Biehl, D. (1980): Finanzausgleich IV: Internationaler Finanzausgleich, in: Albers, W. (Hrsg.), HdWW, Bd. 2, Stuttgart, S. 689-713.

Blinder, A. (1973): Can Income Tax Increases Be Inflationary? An Expository Note, in: National Tax Journal, Vol. 26, S. 295-301.

—, R. *Solow* (1973): Does Fiscal Policy Matter? in: Journal of Political Economy, Vol. 2, S. 319-337.

Borchert, M. (1983): Einige außenwirtschaftliche Aspekte staatlicher Verschuldung, in: Kredit und Kapital, 16. Jg., S. 513-527.

Boulding, K. (1971): Zur Verteidigung der Statik, in: R. Jochimsen, H. Knobel (Hrsg.), Gegenstand und Methoden der Nationalökonomie, Köln, S. 321-338.

Boyer, R. (1978), Financial Policies in an Open Economy, in: Economica, Vol. 45, S. 39-57.

Branson, W. (1973): Macroeconomic Equilibrium With Portfolio Balance in Economies Open to Trade, Princeton.

— (1977): Asset Markets and Relative Prices in Exchange Rate Determination, in: Sozialwissenschaftliche Annalen, Bd. 1, S. 69-80.

Brennon, G., D.A.L. *Auld* (1968): The Tax Cut as an Anti-Inflationary Measure, in: Economic Record, Vol. 44, S. 520-525.

Bruce, N. (1977): The IS-LM Model of Macroeconomic Equilibrium and the Monetarist Controversy, in: Journal of Political Economy, Vol. 85, S. 1049-1062.

Brunner, K., A.H. *Meltzer* (1976): An Aggregative Theory for a Closed Economy, in: J.L. Stein (Hrsg.), Monetarism, Amsterdam, S. 69-103.

Buchanan, J.M. (1958): Public Principles of Public Debt, Homewood.

—, R.E. *Wagner* (1977): Democracy in Deficit, The Political Legacy of Lord Keynes, London.

Buiter, W. (1977): "Crowding Out" and the Effectiveness of Fiscal Policy, in: Journal of Public Economics, Vol. 7, S. 309-328.

Buscher, H. (1984): Zur Stabilität der Geldnachfrage, in: Kredit und Kapital, 17. Jg., S. 507-539.

Camilleri, A., D.-T. *Nguyen,* R. *Campbell* (1984): Policy Changes and External Disturbances in a Small Open Economy: Stability and Dynamic Responses, in: International Economic Review, Vol. 25, S. 123-158.

Cansier, D. (1982): Zur Bestimmung des verschuldungsbedingten Ausgabenspielraums, in: Jahrbücher für Nationalökonomie und Statistik, Vol. 197, S. 97-106.

Caprio, G., D. *Henderson,* P. *Hooper,* R. *Lubitz,* St. *Symansky* (1983): Deficit-Savings Ratios as Indicators of Interest-Rate Pressure: A Collection of Notes, International Finance Discussion Papers, No. 234, Washington.

Carlson, K.M., R.W. *Spencer* (1975): Crowding Out and Its Critics, in: Federal Reserve Bank of St. Louis Review, S. 2-17.

Cavaco-Silva, A. (1977): Economic Effects of Public Debt, New York.

Cebula, R. (1973): Deficit Spending, Expectations and Fiscal Policy Effectiveness, in: Public Finance, Vol. 28, S. 362-370.

— (1978): An Empirical Analysis of the "Crowding Out" Effect of Fiscal Policy in the United States and Canada, in: Kyklos, Vol. 31, S. 424-436.

Cerea, G. (1982): Public Expenditure and Decisions on Private Consumption, in: Public Finance, Vol. 37, S. 350-360.

Christ, C. (1967): A Short-Run Aggregate-Demand Model of Interdependence of Monetary and Fiscal Policy With Keynesian and Classical Interest Elasticities, in: American Economic Review, Vol. 57, S. 434-443.

— (1968): A Simple Macroeconomic Model With a Government Budget Constraint, in: The Journal of Political Economy, Vol. 76, S. 53-67.

Cohen, D., J. St. *McMenamin* (1978): The Role of Fiscal Policy in a Financially Disaggregated Macroeconomic Model, in: Journal of Money, Credit and Banking, Vol. 10, S. 322-336.

Cook, S.T., P.M. *Jackson* (Hrsg.), (1979): Current Issues in Fiscal Policy, Oxford.

Currie, D. (1979): Stabilization Policy in an Open Economy, in: S.T. Cook, P.M. Jackson (Hrsg.), S. 108-122.

David, P.A., J.L. *Scadding* (1974): Private Savings: "Ultrarationality", Aggregation and Denison's Law, in: Journal of Political Economy, Vol. 82, S. 225-249.

Denison, E. (1958): A Note on Private Saving, in: The Review of Economics and Statistics, Vol. 40, S. 261-267.

Dernburg, J., T. *Dernburg* (1969): Macroeconomic Analysis, London.

Dernburg, T.F. (1974): The Macroeconomic Implications of Wage Retaliation Against Higher Taxation, in: IMF Staff Papers, Vol. 21, S. 758-788.

Dickertmann, D. (1980): Die Bedeutung öffentlicher Finanzierungshilfen für den Kreditmarkt, WiSt, 9. Jg., S. 401-406.

—, L. *Häberle* (1979): Finanzierung durch Auslandsverschuldung?, in: Wirtschaftsdienst, 59. Jg., S. 336-340.

Dieckheuer, G. (1978): Staatsverschuldung und wirtschaftliche Stabilisierung, Baden-Baden.

— (1980): Der crowding-out-Effekt — Zum gegenwärtigen Stand von Theorie und Empirie, Vierteljahreshefte zur Wirtschaftsforschung, S. 126-147.

— (1983a), Budgetdefizit, Wachstum und Inflation, in: Zeitschrift für die gesamte Staatswissenschaft, Bd. 139, S. 80-99.

— (1983b): Realeinkommenseffekte einer Substitution von staatlicher Inlands- durch staatliche Auslandsverschuldung, in: Finanzarchiv, Bd. 40, S. 418-444.

Diller, K.D. (1982): Entlastung heimischer Kreditmärkte durch staatliche Auslandsverschuldung?, in: Sparkasse, 99. Jg., S. 341-347.

Duwendag, D. (1983): Staatsverschuldung — Notwendigkeit und Gefahren, Baden-Baden.

Ehrlicher, W. (1979): Grenzen der öffentlichen Verschuldung, in: Wirtschaftdienst, 59. Jg., S. 393-400.

Felderer, B., St. *Homburg* (1984): Makroökonomik und neue Makroökonomik, Berlin.

Feldsieper, M. (1983): Gibt es eine normale Staatsverschuldung? in: Hansmeyer (Hrsg.), Staatsfinanzierung im Wandel, Berlin, S. 311-331.

Feldstein, M. (1976): Perceived Wealth in Bonds and Social Security: A Comment, in: Journal of Political Economy, Vol. 84, S. 331-336.

— (1982): Government Deficits and Aggregate Demand, in: Journal of Monetary Economics, Vol. 9., S. 1-20.

Filc, W. (1983): Internationale Wirtschafts- und Währungsprobleme: Floating, Arbeitslosigkeit und Geldpolitik, in: Kredit und Kapital, 16. Jg., S. 81-97.

Findley, R., C.A. *Rodriguez* (1977): Intermediate Imports and Macroeconomic Policy Under Flexible Exchange Rates, in: Canadian Journal of Economics, Vol. 43, S. 208-217.

Fleming, J. M. (1962): Domestic Financial Policies Under Fixed and Under Floating Rates, in: IMF Staff Papers, Vol. 9, S. 369-379.

Floyd, J. (1980): Tax Policy in the Small Open Economy: A Monetary Approach to a Keynesian Problem, in: The Scandinavian Journal of Economics, Vol. 82, S. 378-397.

Frenkel, J., M. *Mussa* (1981): Monetary and Fiscal Policies in an Open Economy, in: American Economic Review, Papers and Proceedings, Vol. 71, S. 253-258.

Friedman, B.M. (1978): Crowding Out or Crowding in? Economic Consequences of Financing Government Deficits, in: Brooking Papers, S. 593-641.

Friedman, M. (1970): A Theoretical Framework for Monetary Analysis, in: Journal of Political Economy, Vol. 78, S. 193-238.

Fromm, G., L. R. *Klein* (1973): A Comparison of Eleven Econometric Models of the United States, in: American Economic Review, Vol. 63, S. 385-393.

Gärtner, M. (1983): Asset Market Models with Endogenous Expectations, in: Zeitschrift für die gesamte Staatswissenschaft, Bd. 139, S. 643-659.

Galbraith, J.K. (1963): Gesellschaft im Überfluß, München.

Gandenberger, O. (1970): Öffentlicher Kredit und Einkommensverteilung, in: Finanzarchiv, N.F. Bd. 29, S. 1-16.

— (1972): Intertemporale Verteilungswirkungen der Staatsverschuldung, in: H. Haller, W. Albers (Hrsg.), Probleme der Staatsverschuldung, Schriften des Vereins für Socialpolitik, N.F. Bd. 61, S. 189-214.

— (1974): Die Wirkung des öffentlichen Kredits auf die Einkommensverteilung, in: WISU, 3. Jg., S. 383-387.

— (1981): Staatsverschuldung in der wissenschaftlichen Diskussion, in: G. Triesch (Hrsg.), Staatsfinanzen und Wirtschaft, Köln, S. 159-174.

Gandolfo, G. (1980): Economic Dynamics: Methods and Models, Amsterdam.

Gantner, M. (1979): Zur Frage nach den Grenzen der öffentlichen Verschuldung, in: E. Nowotny (Hrsg.), Öffentliche Verschuldung, Stuttgart.

Goldstein, M., M.S. *Khan* (1976): Large Versus Small Price Changes and the Demand for Imports, in: IMF Staff Papers, Vol. 23, S. 200-225.

— (1978): The Supply and Demand for Exports: A Simultaneous Approach, in: Review of Economics and Statistics, Vol. 60, S. 275-286.

Gschwendtner, H. (1980): Fiskalpolitik und wirtschaftliche Stabilität, Tübingen.

Helliwell, J.F. (1969): Monetary and Fiscal Policies for an Open Economy, in: Oxford Economic Papers, Vol. 21, S. 35-5.

Henderson, D., T. *Sargent* (1973): Monetary and Fiscal Policy in a Two-Sector Aggregative Model, in: American Economic Review, Vol. 63, S. 345-365.

Herberg, H., H. *Hesse,* A. *Schuseil* (1982): Imports of Intermediate Goods and the Efficacy of Fiscal Policy Under Flexible Exchange Rates, in: Weltwirtschaftliches Archiv, Bd. 118, S. 104-130.

Hoel, M. (1982): Short and Long-Run Effects of a Tax Cut in an Open Economy With a Sticky Real Wage, in: Scandinavian Journal of Economics, Vol. 84, S. 555-569.

Infante, E.F., J. *Stein* (1980): Money-financed Fiscal Policy in a Growing Economy, in: Journal of Political Economy, Vol. 88, S. 259-287.

Jaeger, F. (1982): Die Unterstellung der Staatsverschuldung unter ökonomisch fundierte Regelbindungen, in: Jahrbücher für Nationalökonomie und Statistik, Bd. 197, S. 413-435.

—, B. *Schips* (1980): Zur ökonomischen Analyse einer Staatsverschuldung, Diessenhofen.

Jarchow, H.-J., P. *Rühmann* (1982): Monetäre Außenwirtschaftstheorie, Band 1, Göttingen.

Jorgenson, D. (1971): Econometric Studies of Investment Behaviour: A Survey, in: Journal of Economic Literature, Vol. 9, S. 1111-1147.

Kappel, R. (1979): Kybernetische Simulationsmodelle in der Ökonomie, Frankfurt.

Karmann, A., K.-H. *Ketterer* (1981): Staatsverschuldung und Investitionstätigkeit: Ist ein „crowding out" die zwangsläufige Folge einer Zunahme der Staatsverschuldung?, in: H. Göppl, R. Henn (Hrsg.), Geld, Banken und Versicherungen, Bd. 1, Königstein, S. 227-241.

Kelly, M. (1982): Fiscal Adjustment and Fund-Supported Programs, 1971-80, in: IMF Staff Papers, Vol. 29, S. 561-602.

Kenen, P.B. (1978): New Views of Exchange Rates and Old Views of Policy, in: American Economic Review, Vol. 68, S. 398-405.

Kern, H. (1980): Crowding out durch Staatsverschuldung?, in: Wirtschaftsdienst, 60. Jg., S. 566-572.

McKinnon, R.I. (1976): The Limited Role of Fiscal Policy in an Open Economy, in: Quarterly Review of the Banca Nationale del Lavoro, S. 95-117.

Knoll, D. (1983): Strukturwandel bei den öffentlichen Ausgaben — Auswirkungen auf die Staatsquote, in: Die Weltwirtschaft, S. 95-109.

Koetz, A. (1983): Optimale Staatsverschuldung, Berlin.

Koskela, E., M. *Virén,* (1983): National Debt Neutrality: Some International Evidence, in: Kyklos, Vol. 36, S. 575-588.

Kouri, P. (1976): The Exchange Rate and the Balance of Payments in the Short Run and in the Long Run, A Monetary Approach, in: Scandinavian Journal of Economics, Vol. 78, S. 280-304.

Krause-Junk, G. (1982): Konsolidierung der öffentlichen Haushalte, strukturelles Defizit und konjunktureller Impuls, in: Finanzarchiv, Bd. 40, S. 1-22.

Kregel, J. A. (1975): The Reconstruction on Political Economy. An Introduction to Post-Keynesian Economics, London.

Krelle, W., K. *Conrad*, G. *Grisse*, J. *Martiensen* (1979): The Effects of Foreign Monetary Impulses and of Fiscal and Monetary Policy Changes on the German Economy: Simulations With the Bonn Forecasting System, in: J. A. Sawyer (Hrsg.), Modelling the International Transmission Mechanism, Amsterdam, S. 347-386.

Krupp, H.-J. (1980): Staatsverschuldung — Mittel oder Hemmschuh?, in: Beihefte der Konjunkturpolitik, Heft 27 (Probleme der Staatsverschuldung), S. 141-159.

— (1982): Möglichkeiten und Grenzen der Staatstätigkeit, in: G. Bombach, B. Gahlen, A. Ott (Hrsg.), Möglichkeiten und Grenzen der Staatstätigkeit, Tübingen, S. 1-51.

Kühn, B. (1979): Rationale Erwartungen und Wirtschaftspolitik, Baden-Baden.

Kurz, R. (1984): Staatsverschuldung und Einkommensverteilung, in: Konjunkturpolitik, 30. Jg., S. 217-232.

Lachmann, W. (1982a): Crowding out und die Budgetrestriktion des Staates: Eine Kritik, in: Kredit und Kapital, Jg. 15, S. 113-133.

— (1982b): Crowding out und die Rolle der Staatsausgaben in der Makroanalyse: Eine Mikrosicht, in: Jahrbücher für Nationalökonomie und Statistik, Bd. 197, S. 479-496.

Lahnstein, M. (1981): Zum Kredit-Management des Bundes, in: D. Simmert, K.-D. Wagner (Hrsg.), Staatsverschuldung kontrovers, Köln, S. 317-327.

Laidler, D. (1977): The Demand for Money, Theories and Evidence, 2. Aufl., New York.

Lang, F. P. (1980): Computer in der Wirtschaftstheorie, in: Datascope, Jg. 11, S. 36-43.

—, R. *Ohr* (1981): Dynamische Wechselkursanalyse — Eine rechnergestützte Verbindung von Devisenmarkttheorie und Portfolio-Analyse, in: Jahrbuch für Sozialwissenschaften, Bd. 32, S. 295-310.

Lehment, H. (1980): Internationale Aspekte der Staatsverschuldung, in: Beihefte der Konjunkturpolitik, Heft 27, (Probleme der Staatsverschuldung), S. 55-68.

— (1983): Wechselkurs- und zinsbedingte crowding-out-Effekte kreditfinanzierter Staatsausgaben in der offenen Wirtschaft, in: K.-H. Hansmeyer (Hrsg.), Staatsfinanzierung im Wandel, Berlin, S. 423-431.

— (1985): Crowding-Out in der Bundesrepublik: Wechselkurseffekte, Zinseffekte und empirischer Befund, in: Außenwirtschaft, Jg. 40, S. 53-70.

Leibfritz, W. (1980): Die Staatsverschuldung im internationalen Vergleich, in: Beihefte der Konjunkturpolitik, Heft 27 (Probleme der Staatsverschuldung), S. 69-83.

Lenk, R. (1980): Konjunkturelle Wirkungen der Staatsverschuldung, in: IFO-Studien, Bd. 26, S. 217-240.

Leroy-Beaulieu, P. (1906): Traité de la Science des Finances, Paris.

Levin, J. (1980): The Dynamics of Stabilization Policy Under Flexible Exchange Rates: A Synthesis of the Asset and Neo-Keynesian Approaches, in: Oxford Economic Papers, Vol. 32, S. 411-427.

Lipp, E.-M. (1983): Steigende Staatsverschuldung in offener Wirtschaft, in: K.-J. Hansmeyer (Hrsg.), Staatsfinanzierung im Wandel, Berlin, S. 401-421.

Littmann, K. (1975): Definition und Entwicklung der Staatsquote, Göttingen.

— (1976): Struktur- und Wachstumsprobleme der Staatsausgaben, in: D. Duwendag (Hrsg.), Der Staatssektor in der sozialen Marktwirtschaft, Berlin, S. 67-88.

Loef, H. E. (1982): Geldnachfrage in offenen Volkswirtschaften, in: Kredit und Kapital, Jg. 15, S. 517-537.

Maier, G. (1983): Hat die Staatsverschuldung die Rezession mit verursacht?, in: Wirtschaftsdienst, 63. Jg., S. 255-260.

Mathieson, D. (1977): The Impact of Monetary and Fiscal Policy Under Flexible Exchange Rates and Alternative Expectations Structures, in: IMF Staff Papers, Vol. 24, S. 535-568.

Melon, J. F. (1734): Economistes Financiers du 18me siecle, Paris; zitiert nach Buchanan (1958), S. 17.

Meissner, W. (1970): Zur Methodologie der Simulation, in: Zeitschrift für die gesamte Staatswissenschaft, Bd. 126, S. 385-397.

Meyer, L. (1974): Wealth Effects and the Effectiveness of Monetary and Fiscal Policies, in: Journal of Money, Credit and Banking, Vol. 6, S. 481-502.

Miegel, M. (1981): Staatsverschuldung ohne Ende, in: D. Simmert, K.-D. Wagner (Hrsg.), Staatsverschuldung kontrovers, Köln, S. 214-223.

Milbradt, G. (1980): Darstellung und Analyse der Staatsverschuldung in der BRD, Köln.

Modigliani, F. (1961): Long Run Implications of Alternative Fiscal Policies and the Burden of the National Debt, in: Economic Journal, Vol. 71, S. 730-755.

—, A. *Ando* (1976): Impacts of Fiscal Actions on Aggregate Income and the Monetarist Controversy: Theory and Evidence, in: J. Stein (Hrsg.), Monetarism, Amsterdam.

Myhrman, J. (1978): A Macroeconomic Model With Asset Equilibrium for an Open Economy, in: Journal of Monetary Economics, Vol. 4, S. 249-262.

Mundell, R. A. (1962): The Appropriate Use of Monetary and Fiscal Policy for Internal and External Stability, in: IMF Staff Papers, Vol. 9, S. 70-79.

— (1963): Capital Mobility and Stabilization Policy Under Fixed and Flexible Exchange Rates, in: Canadian Journal of Economics and Political Science, Vol. 29, S. 475-485.

— (1968): International Economics, New York.

Musgrave, R. (1959): The Theory of Public Finance, New York.

Muth, J. F. (1961), Rational Expectations and the Theory of Price Movements, in: Vol. 29, S. 315-335.

Naggl, W. (1981): Kurzfristige Schätzfunktionen für den Warenhandel der BRD, in: Weltwirtschaftliches Archiv, Bd. 117, S. 687-705.

Negishi, T. (1979), Microeconomic Foundations of Keynesian Macroeconomics, Amsterdam.

Neumann, M. (1981): Inflation und Staatsverschuldung, in: D. Simmert, K.-D. Wagner (Hrsg.), Staatsverschuldung kontrovers, Köln, S. 89-102.

Neuthinger, E. (1980): Bestimmungsgründe und gesamtwirtschaftliche Auswirkungen der staatlichen Kreditfinanzierung in der BRD seit 1974/75, in: IFO-Studien, Bd. 26, S. 255-286.

Nguyen, D.-T., St. *Turnovsky* (1979): Monetary and Fiscal Policies in an Inflationary Economy, in: Journal of Money, Credit and Banking, Vol. 11, S. 259-283.

— — (1983): The Dynamic Effects of Fiscal and Monetary Policies Under Bond Financing, in: Journal of Monetary Economics, Vol. 11, S. 45-71.

Niehans, J. (1977): Exchange Rate Dynamics With Stock/Flow Interaction, in: Journal of Political Economy, Vol. 85, S. 1245-1257.

Niskanen, W. (1978): Deficits, Government Spending and Inflation, in: Journal of Monetary Economics, Vol. 4, S. 591-602.

Nowotny, E. (1981): Zur politischen Ökonomie der öffentlichen Verschuldung, in: D. Simmert, K.-D. Wagner (Hrsg.), Staatsverschuldung kontrovers, Köln, S. 27-42.

Oates, W. E. (1966): Budget Balance and Equilibrium Income: A Comment on the Efficacy of Fiscal and Monetary Policy in an Open Economy, in: Journal of Finance, Vol. 21, S. 489-498.

Oberhauser, A. (1975): Stabilitätspolitik bei steigender Staatsquote, Göttingen.

— (1983): Die Bedeutung der Verteilungszusammenhänge für Geldtheorie und Geldpolitik. Dargestellt am Beispiel der Staatsverschuldung, in: Jahrbücher für Nationalökonomie und Statistik, Bd. 198, S. 3-20.

Ohr, R. (1980): Internationale Interdependenz nationaler Geld- und Gütermärkte bei flexiblen Wechselkursen, Hamburg.

— (1984): Staatsverschuldung und Liberalisierung der Weltwirtschaft, in: Sparkasse, 101. Jg., S. 439-442.

— (1985 a): Wechselkurserwartungen und Stabilität des Devisenmarktes, in: Jahrbücher für Nationalökonomie und Statistik, Bd. 200, S. 289-309.

— (1985 b): Expansion of the Public Sector, the Current Account, and the Exchange Rate, in: Intereconomics, 20. Jg., S. 296-300.

Ott, D., A. *Ott* (1965): Budget Balance and Equilibrium Income, in: Journal of Finance, Vol. 20, S. 71-77.

Oudiz, G., J. *Sachs* (1984): Macroeconomic Policy Coordination Among the Industrial Economies, in: Brooking Papers on Economic Activity, S. 1-75.

Peacock, A. T., J. *Wiseman* (1967): The Growth of Public Expenditure in the United Kingdom, 2. Aufl., Princeton.

Penati, A. (1983): Expansionary Fiscal Policy and the Exchange Rate, in: IMF Staff Papers, Vol. 30, S. 542-569.

Pfähler, W. (1982): Kurz-, mittel- und langfristige Effekte der Fiskalpolitik in diskreter Analyse, in: Finanzarchiv, N.F. Bd. 40, S. 281-305.

Pohl, R. (1980): Die Auswirkungen der Staatsverschuldung auf die Finanzmärkte, in: Beihefte der Konjunkturpolitik, Heft 27 (Probleme der Staatsverschuldung), Berlin, S. 85-104.

— (1981): Staatsverschuldung, Inflation und Wachstumsschwäche, in: DIW Wochenbericht, 48. Jg., S. 305-312.

Prachowny, M. (1977): The Effectiveness of Fiscal and Monetary Policies Under Fixed and Flexible Exchange Rates: Some Empirical Evidence for Canada, 1950-1970, in: Weltwirtschaftliches Archiv, Bd. 113, S. 462-486.

Provopoulos, G. A. (1982): Public Spending and Deficits: The Greek Experience, in: Public Finance, Vol. 37, S. 422-427.

Pyle, D., St. *Turnovsky* (1976): The Dynamics of Government Policy in an Inflationary Economy, in: Journal of Money, Credit and Banking, Vol. 8, S. 411-437.

Rahmeyer, F. (1975): Ökonomische und politische Hemmnisse einer Erhöhung der Staatsquote, Köln.

Recktenwald, H.C. (1980): Finanzwirtschaft öffentliche; I. Allgemeines, in: W. Albers (Hrsg.), HdWW, Bd. 3, Stuttgart, S. 144-164.

Ricardo, D. (1951): On the Principles of Political Economy and Taxation, Vol. 1, Cambridge.

Riley, C.J. (1980): The Wage-Price Mechanism and the Long-Run Effects of Fiscal and Monetary Policies Under Alternative Exchange Rate Regimes, in: The Scandinavian Journal of Economies, Vol. 82, S. 332-351.

Rose, M. (1980): Finanzwissenschaftliche Makrotheorie, München.

Rürup, B. (1980): Staatsverschuldung: Kein Anlaß zur Besorgnis, in: Wirtschaftdienst, 60. Jg., S. 424-429.

Sachs, J. (1980): Wages, Flexible Exchange Rates, and Macroeconomic Policy, in: Quarterly Journal of Economics, Vol. 94, S. 731-747.

Sachverständigenrat zur Begutachtung der Gesamtwirtschaftlichen Entwicklung, Jahresgutachten, verschiedene Jahrgänge, Bonn.

— (1981): Sondergutachten vom 4. 7. 1981, Bonn.

Salin, P. (1972): Macroeconomic Policy in an Open Economy, in: Claassen, Salin (Hrsg.), Stabilization Policies in Interdependent Economies, North-Holland, S. 174-201.

Scarth, W.M. (1975): Fiscal Policy and the Government Budget Restraint Under Alternative Exchange Rate Systems, in: Oxford Economic Papers, Vol. 27, S. 10-20.

Schäffle, A.E.F. (1980): Die Grundsätze der Steuerpolitik, Tübingen.

Schmidt, G. (1982): Wirtschaftsentwicklung und Staatsverschuldung: Gilt die Lückentheorie, in: Wirtschaftsdienst, 62. Jg., S. 124-128.

Schmidt, J. (1977): Zur Bedeutung der Staatsausgaben für die Beschäftigung, in: DIW Beiträge zur Strukturforschung, Heft 46, Berlin.

Schmidt, K. (1966): Entwicklungstendenzen der öffentlichen Ausgaben im demokratischen Gruppenstaat, in: Finanzarchiv, N.F., Vol. 25, S. 213-241.

Shah, A. (1984): Crowding Out, Capital Accumulation, the Stock Market, and Money-financed Fiscal Policy, in: Journal of Money, Credit and Banking, Vol. 16, S. 461-473.

Siebke, J. (1977): Der „crowding-out effect" in einem Portfolio-Makromodell, in: H. Albach (Hrsg.), Quantitative Wirtschaftsforschung, Tübingen, S. 655-662.

—, D. *Knoll,* W.-D. *Schmidberger* (1981): Theoretische Grundlagen des crowding out Effektes, in: W. Ehrlicher (Hrsg.), Geldpolitik, Zins und Staatsverschuldung, Berlin, S. 227-262.

Signer, A. (1980): Budgetgleichgewicht und Erhaltung der effektiven Nachfrage: Ein Zielkonflikt?, Frankfurt.

Silber, W. (1970): Fiscal Policy in IS-LM Analysis, A Correction, in: Journal of Money, Credit and Banking, Vol. 2, S. 461-472.

Sinn, H.W. (1983a): Pro and contra Crowding-Out, in: Kredit and Kapital, 16. Jg., S. 488-512.

— (1983b): International Capital Movements, Flexible Exchange Rates, and the IS-LM Model: A Comparison Between the Portfolio-Balance and the Flow Hypotheses, in: Weltwirtschaftliches Archiv, Bd. 119, S. 36-63.

Sohmen, E. (1969): Flexible Exchange Rates, Revised Edition, Chicago.

Stein, J. (1976): The Monetarist Criticism of the New Economics, in: J. Stein (Hrsg.), Monetarism, North-Holland, S. 1-16.

von Stein, L. (1878): Lehrbuch der Finanzwissenschaft, Leipzig.

Stern, R.M., J. *Francis,* B. *Schumacher* (1976): Price Elasticities in International Trade — An Annoted Bibliography, London.

Stützel, W. (1978): Ober- und Untergrenzen der öffentlichen Verschuldung, in: Kredit und Kapital, 11. Jg., S. 429-450.

Taylor, C.T. (1979): Crowding Out: Its Meaning and Significance, in: S.T. Cook, P.M. Jackson (Hrsg.), S. 86-107.

Tewes, T. (1982): Kreditfinanzierte Staatsausgaben und private wirtschaftliche Aktivitäten in der Bundesrepublik Deutschland, in: Die Weltwirtschaft, S. 38-47.

Timm, H. (1961): Das Gesetz der wachsenden Staatsausgaben, in: Finanzarchiv, N.F., Bd. 21, S. 201-247.

Tobin, J. (1974): Ein allgemeiner Gleichgewichtsansatz zur Geldtheorie, in: Brunner, K. u.a. (Hrsg.), Geldtheorie, Köln.

—, (1978): Grundsätze der Geld- und Staatsschuldenpolitik, Baden-Baden.

—, W. *Buiter* (1976): Long-Run Effects of Fiscal and Monetary Policy on Aggregate Demand, in: J. Stein (Hrsg.), Monetarism, Amsterdam, S. 273-309.

Turnovsky, St. (1976): The Dynamics of Fiscal Policy in an Open Economy, in: Journal of International Economics, Vol. 6, S. 115-142.

— (1980): Monetary and Fiscal Policy in a Long-Run Macroeconomic Model, in: Economic Record, Vol. 56, S. 158-170.

—, G. *Kingston* (1977): Monetary and Fiscal Policy Under Flexible Exchange Rate and Perfect Myopic Foresight in an Inflationary World, in: Scandinavian Journal of Economics, Vol. 79, S. 424-441.

—, D.-T. *Nguyen* (1980): Perfect Myopic Foresight and the Effects of Monetary and Fiscal Policy in a Simple Inflationary Model, in: European Economic Review, Vol. 14, S. 237-269.

Völling, J. (1981): Auslandsverschuldung des Staates — Analyse der Möglichkeiten und Grenzen, in: D. Simmert, K.-D. Wagner (Hrsg.), Staatsverschuldung kontrovers, Köln, S. 269-279.

Wagner, A. (1892): Grundlegung der politischen Ökonomie, 1. Teil, 3. Aufl., Leipzig.

Westphal, U. (1981): Empirische Aspekte des Crowding-Out, in: W. Ehrlicher, (Hrsg.), Geldpolitik, Zins und Staatsverschuldung, Schriften des Vereins für Socialpolitik, N. F., Bd. 111, Berlin, S. 209-225.

Willms, M. (1978): Volkswirtschaftliche Wirkungen einer zunehmenden Staatsverschuldung, in: Wirtschaftdienst, 58. Jg., S. 439-445.

Wissenschaftlicher Beirat beim Bundesministerium der Finanzen (1979): Gutachten zur Schuldenstrukturpolitik des Staates, Schriftenreihe des BMF, Heft 27, Bonn.

— (1984): Gutachten zu den Problemen einer Verringerung der öffentlichen Netto-Neuverschuldung, Schriftenreihe des BMF, Heft 32, Bonn.

Wittmann, W. (1982): Mechanismen wachsender Staatsausgaben, in: G. Bombach, B. Gahlen, A. Ott (Hrsg.): Möglichkeiten und Grenzen der Staatstätigkeit, Tübingen, S. 294-317.

Yang, J.-H. (1980): Budget Deficits and Trade Deficits: Is There a Link? in: Federal Reserve Bank of St. Louis Review, Vol. 60, S. 9-15.

Zimmermann, K. (1984): Der Beitrag des öffentlichen Sektors zur Entwicklung der Produktivität, in: Konjunkturpolitik, 30. Jg., S. 93-118:

Zwicker, E. (1981): Simulation und Analyse dynamischer Systeme in den Wirtschafts- und Sozialwissenschaften, Berlin.

Zwiener, R. (1983): „Crowding-out" durch öffentliche Investitionen?, in: Konjunkurpolitik, 29. Jg., S. 121-140.

Volkswirtschaftliche Schriften

Seit Sommer 1981 sind erschienen:

306 **Direktinvestitionen.** Von H. Adebahr. 95 S. 1981. DM 28,60

307 **Die negative Einkommensteuer.** Von J. van Almsick. 298 S. 1981. DM 98,—

308 **Frauenerwerbstätigkeit, weibliche Arbeitskräftereserve und Probleme des Arbeitsmarktausgleichs in der Bundesrepublik Deutschland bis 1985.** Von W. Freisberg. 222 S. 1981. DM 76,—

309 **Wechselkursänderungen, Importpreisschwankungen und Beschäftigung.** Von D. Pickelmann. XII, 229 S. 1981. DM 38,—

310 **Die Keynessche Beschäftigungsfunktion.** Von M. Ambrosi. 195 S. 1981. DM 98,—

311 **Entwicklungsprobleme mittelständischer Unternehmen.** Hrsg. von R. Blum. 163 S. 1981. DM 48,—

312 **Umwegproduktion und Positivität des Zinses.** Von W. Reiß. 152 S. 1981. DM 68,—

313 **Die verfassungsrechtliche Problematik konjunkturpolitischer Regelbildungen.** Von H. U. Rehhahn. 173 S. 1981. DM 66,—

314 **Arbeitslosigkeit und Information.** Von W. Ötsch. 187 S. 1981. DM 68,—

315 **Wettbewerbs- und Industriepolitik der Europäischen Gemeinschaft.** Von H.-A. Geister. 203 S. 1981. DM 68,—

316 **Effizienzforschung im Bildungsbereich.** Von M. Weiß. 306 S. 1982. DM 48,—

317 **Beschäftigungspolitik bei anhaltend geringem Wirtschaftswachstum.** Von B. Rohwer. 336 S. 1982. DM 98,—

318 **Wettbewerb, Unternehmenskonzentration und Investitionsverhalten.** Von W. Fassing. 194 S. 1982. DM 68,—

319 **Struktur und Verhalten des kybernetischen Realsystems Wirtschaft.** Von N. Brachthäuser. 90 S. 1982. DM 39,60

320 **Öffentliche Unternehmen als Mittel einer interventionistischen Wettbewerbspolitik.** Von R. Schneider. 111 S. 1982. DM 44,—

321 **Die natürliche Wirtschaftsordnung der wirtschaftlichen Arbeitsdreiteilung.** Von E. Eckelt. 226 S. 1982. DM 78,—

322 **Zur Leistungsfähigkeit der konsumtheoretischen Analyse der Nachfrage nach öffentlichen Gütern.** Von H.-D. Stolper. 173 S. 1982. DM 76,—

323 **Die Gesetze des Wirtschaftswachstums.** Von A. Strassl. 277 S. 1982. DM 94,—

324 **Außenhandelseffekte in linearen Wachstumsmodellen.** Von K. Nobel. 265 S. 1982. DM 128,—

325 **Über die Grenzen und Möglichkeiten der Kontrollierbarkeit der Komponenten der Zentralbankgeldmenge durch die Oesterreichische Nationalbank.** Von W. Penker. 182 S. 1982. DM 76,—

326 **Die Beschäftigungspolitik in der Bundesrepublik Deutschland in den Jahren 1974 - 1978.** Von F. Hemmerich. 170 S. 1982. DM 78,—

327 **Zur Vertretbarkeit von Störungen der Marktwirtschaft aus ideellen und sonstigen Gründen.** Von R. Meimberg. 62 S. 1983. DM 28,—

328 **Krankenhäuser im Wettbewerb.** Von W. Buchholz. 229 S. 1983. DM 80,—

329 **Inflation und Wirtschaftswachstum.** Von H. Wagner. IV, 234 S. 1983. DM 94,—

330 **Ökonomische Sicherungspolitik.** Von E. Forster. 280 S. 1983. DM 96,—

331 **Auszahlungsaufteilungsverhalten in Apex-Spielen und Versteigerung der Spielerrollen.** Von B. Schwarze. 168 S. 1983. DM 98,—

332 **Grundlagen und Probleme der indikativen sektoralen Planung in marktwirtschaftlich orientierten Systemen.** Von D. Wolfertz. 165 S. 1983. DM 66,—

333 **Grundzüge einer Gesamtverkehrsplanung unter dem Gesichtspunkt des Umweltschutzes.** Von J. Kandler. 198 S. 1983. DM 78,—

334 **Ökonometrische Analysen und statistische Inferenzkonzepte.** Von A. Poscher. 207 S. 1983. DM 112,—

335 **Armutsorientierte Entwicklungspolitik.** Von S. Schönherr. 291 S. 1983. DM 88,—

336 **Nationalökonomie und Realität.** Von W. Dichmann. 488 S. 1983. DM 178,—

337 **Zur Theorie der Direktinvestitionen im Ausland.** Von W. Jahrreiß. 352 S. 1984. DM 148,—

338 **Bürokratie und Effizienz staatlichen Handelns.** Von L. Thürmer. 177 S. 1984. DM 78,—

339 **Wirtschaft und Gesellschaft in Deutschland und Großbritannien im Übergang zum ‚organisierten Kapitalismus'.** Von W. Berg. 888 S. 1984. DM 220,—

340 **Strukturelle Auswirkungen der Energieverknappung und -verteuerung.** Von D. Larmann. 191 S. 1984. DM 80,—

341 **Die personelle Einkommensverteilung in der Landwirtschaft.** Von H. von Witzke. 226 S. 1984. DM 68,—

342 **Zur Bedeutung der finanziellen Infrastruktur in Entwicklungsländern.** Von B. Wolf. 139 S. 1984. DM 68,—

343 **Wohnungspolitik am Scheideweg.** Von K.-H. Peters. 391 S. 1984. DM 128,—

344 **Neue Wege zur Vollbeschäftigung.** Von H.-J. Rüstow. 105 S. 1984. DM 28,—

345 **Intergenerationelle Gerechtigkeit und erschöpfbare Ressourcen.** Von W. Buchholz. 140 S. 1984. DM 74,—

346 **Die kurz- und langfristige währungspolitische Effizienz von Regeln für Devisenmarktinterventionen.** Von B. Reszat. 175 S. 1984. DM 82,—

347 **Energiestrategien und Verteilung des Weltenergieverbrauchs.** Von G. Cremer. 191 S. 1984. DM 88,—

348 **Wohnungspolitik als Sozialpolitik.** Von S. Brander. 280 S. 1984. DM 128,—

349 **Wettbewerbsdruck und Problemlösungsinitiative.** Von K.-E. Wirtz. 136 S. 1985. DM 58,—